DAXUE GONGKE XUESHENG ZHIYE SHENGYA ZHISHENGJI

大学工科学生
职业生涯制胜技

董春利 编著

中国电力出版社
CHINA ELECTRIC POWER PRESS

内 容 提 要

本书根据企业对于应用类本科和高等职业学校毕业生的要求，以培养工科学生职业生涯的职业技能与职业素养为目的，介绍工科学生应该具有的学习与思维方法、工厂与车间管理知识、管理工具与方法、工程项目管理、数据分析与处理技术、技术文档编写、项目汇报与答辩、故障差错与处理等工厂实际工作中要用到的基础技能。以期这些工科生进入工厂工作岗位从事实际工作时，能够顺利度过过渡期，完成身份的改变，成为一个具有职业技能、懂工作规则、有健康安全意识的专业技术人员。

本书内容涵盖从入学起，至就业两三年内能用到的一些内容，这些内容在现行的教科书中、在课堂的授课过程中，在工厂入职培训中都很少涉及，但对工科学生的职业生涯却是必不可少的实用内容。

本书可作为应用类本科和高职高专工科学生的课外读物，也可作为公共选修课的参考教材，还可作为应用类本科和高职高专工科专业教师的参考书。

图书在版编目（CIP）数据

大学工科学生职业生涯制胜技/董春利编著．—北京：中国电力出版社，2019.12
ISBN 978-7-5198-2960-5

Ⅰ.①大… Ⅱ.①董… Ⅲ.①工科（教育）－大学生－职业选择 Ⅳ.①G647.38

中国版本图书馆 CIP 数据核字（2019）第 242911 号

出版发行：中国电力出版社
地　　址：北京市东城区北京站西街 19 号（邮政编码 100005）
网　　址：http://www.cepp.sgcc.com.cn
责任编辑：孙　静（010—63412543）
责任校对：黄　蓓　常燕昆
装帧设计：郝晓燕
责任印制：钱兴根

印　　刷：三河市百盛印装有限公司
版　　次：2019 年 12 月第一版
印　　次：2019 年 12 月北京第一次印刷
开　　本：787 毫米×1092 毫米　16 开本
印　　张：14.5
字　　数：317 千字
定　　价：49.00 元

版权专有 侵权必究

本书如有印装质量问题，我社营销中心负责退换

前言

　　提高劳动者素质，主要是依靠教育，包括学校教育、社会教育和家庭教育，其中学校教育尤为重要，因为它是一种规范化的教育，是要求学生德、智、体、美全面发展的教育，是有目的、有计划、有组织的教育，这种教育对提高劳动者素质起到了决定性作用。

　　职业教育，是指对受教育者实施可从事某种职业或生产劳动所必需的职业知识、技能和职业道德的教育，包括职业学校教育和职业培训。职业学校教育是学历性教育，分为初等、中等和高等职业学校教育。

　　高等职业教育，是指以技能培训和技术应用为代表的高等级的职业教育，是专指培养技术类人才的特定教育类型，即培养那些需要一些理论知识指导，但更主要依靠动作技能和经验技艺在生产、服务第一线从事现场工作的直接操作者和管理者的那部分人的职业训练性教育。

　　应用类本科教育，主要培养技术密集产业的高级技术应用型人才，并担负培养生产第一线需要的管理者、组织者及职业学校的师资等任务。应用类本科教育具有鲜明的技术应用性特征，针对的是适应生产、建设、管理、服务第一线需要的高等技术应用性人才；以培养技术应用能力为主线设计学生的知识、能力、素质结构培养方案，重视学生的技术应用能力的培养。

　　本书藉由上述理念，将应用类本科和高等职业教育中工科生应该掌握的学习方法与工具、工厂与车间管理知识、管理工具与方法、工程项目管理、数据分析与处理技术、技术文档编写、演讲汇报与答辩、故障差错与处理等现场实际工作中要用到的基本技能，加以汇总整理提炼。以期以应用类本科和高职工科生为主的读者，将来进入实际工作岗位时，能够把学校理论知识教育与工厂技能教育、学校实训室环境与工厂车间环境更好地衔接，并顺利地用其所学技能、工具、方法和素养，跨越学习与工作的阶梯，迎接身份的改变。

　　希望读过本书的读者，在工作实施前，能够对工作的实施步骤有规划，能对任务进行分解，会对人员有效分工；在工作实施中，会注意操作过程合规、材料使用合理、注意安全事项、实施结果正确、实施过程守纪；在工作完成后，能正确进行数据整理与分析、能完成实施报告书写、能完整做出汇报；在工作有问题时，能使用正确的方法与模式，找出问题、分析问题、解决问题。

　　本书可作为应用类本科和高职高专工科学生的课外读物，也可作为公共选修课的参考教材，还可作为应用类本科和高职高专工科专业教师的参考书，使其在理论教学和实践教学过程中参考本书相关内容，或者把自己的实验实训课程作为载体，融入本书内容做成衔接学校实训室环境与工厂车间环境的、基于工作过程和工作情景的、理实一体化的课程。

　　本书由大连职业技术学院资助出版，本书在编写过程中，得到青岛职业技术学院、烟台职业技术学院、英特尔半导体（大连）有限公司、固特异（大连）有限公司的许多教师与工程师的帮助，编写中参考了许多专家、学者的著作，在此一并表示衷心的感谢！

限于编者水平，本书在内容选择和安排上，难免存在遗漏和不妥之处，恳请读者批评指正。

编 者

2019 年 5 月于大连

目 录

前言
第1章 工科学生基本学习方法 1
1.1 笔记的方法 1
1.2 SQ3R阅读法 7
1.3 思维的方法 14
第2章 工厂与车间的环境与管理 27
2.1 工厂安全健康环境知识 27
2.2 工厂安全生产注意事项 40
2.3 车间5S管理基本知识 49
2.4 现场可视化管理 64
第3章 管理工具与管理方法 72
3.1 PDCA循环 72
3.2 图表工具 77
3.3 分析方法 92
3.4 决策方法 108
第4章 工程项目与项目管理 114
4.1 项目与项目管理概念 114
4.2 工程项目与工程项目管理概念 120
4.3 项目管理知识体系和管理过程 122
第5章 测量数据分析与处理 133
5.1 测量误差的基本知识 133
5.2 测量误差的处理方法 139
5.3 数据处理的基本方法 145
第6章 技术类文档及其编写 154
6.1 实验实训类报告及其书写 154
6.2 实习周记与实习报告 158
6.3 毕业论文及学术论文的撰写 167
6.4 技术文档及其写作 180
第7章 演讲汇报与答辩 185
7.1 复述及其基本训练 185
7.2 口头汇报及其基本训练 190
7.3 答辩及其基本训练 193

第8章　故障分析与问题处理 ·· 198
　8.1　故障分析基本方法 ·· 198
　8.2　解决问题的基本方法 ·· 200
　8.3　解决问题的5Why法 ··· 206
　8.4　解决问题的七步法 ·· 214
参考文献 ··· 223

第1章 工科学生基本学习方法

继蒸汽时代、电气时代、信息时代三大工业革命之后,全球化分工使生产要素加速流动和配置,市场风向变化和产品个性化的需求对企业反应时间和柔性化能力提出前所未有的要求,全球进入空前的创新密集和产业变革时代。

基于此,以物联网和智能制造为主导的第四次工业革命悄然来袭,其主旨在于将传统工业生产与现代信息技术相结合,从而提高资源利用率和生产灵活性、增强客户与商业伙伴紧密度并提升工业生产的商业价值。

在制造工业领域中不可替代的应用型本科和高职高专工科学生,必将在智能制造中起到越来越重要的作用。目前一些大学工科生的学习方法,越来越跟不上时代的要求。本章将从记笔记、阅读理解、思维三个基本学习方法方面进行讲解。

1.1 笔记的方法

学生在课堂上书写的或用于复习课程的材料称为笔记,它是学习中必不可少的重要工具。一些学生和老师认为,记笔记是一个非常直观和表象的技能,却很少人能用正确的方法完成。甚至许多学生都不知道或不理解记笔记的好处,更不知道有效的记笔记除了培养他们的笔记技巧,更重要的是提高他们的学习成效。

好的笔记会使学习者获得更好的学习效果,在课程结论之外,获得更多的提升空间。

1.1.1 康奈尔笔记法

康乃尔笔记法,又称为5R笔记法,是用产生这种笔记法的大学校名命名的。这一方法几乎适用于一切讲授或阅读课,特别是对于听课笔记,5R笔记法应是最佳首选。这种方法是记与学,思考与运用相结合的有效方法。

这种做笔记的方法初用时,可以以一门课程为例进行训练。在一门课程不断熟练的基础上,再应用于其他科目。

运用这种方法,要将笔记本的一页分为左小、右大、底部三部分:右侧为主栏或称笔记栏,约占页面总宽度的70%;左侧为副栏或称提示栏或回忆栏,约占页面总宽度的30%;底部为附栏或称总结栏,约占页面总长度的20%。视情况不同,总结栏并不是在每一页都出现,也可以单独成页,如图1-1所示。

康乃尔笔记法在使用时具体包括以下5个步骤:

1. 记录(Record)

在听讲或阅读过程中,在主栏内尽量多记有意义的论据、概念等内容。用简洁的文字,

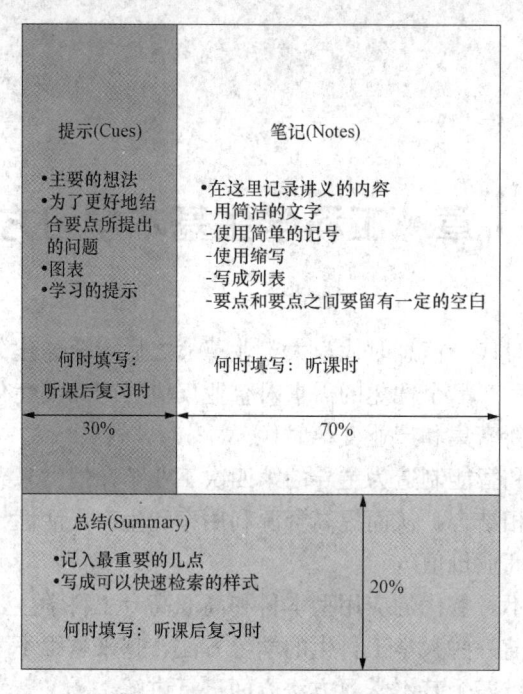

```
┌─────────────────┬──────────────────────────┐
│ 提示(Cues)      │ 笔记(Notes)              │
│                 │                          │
│ •主要的想法     │ •在这里记录讲义的内容    │
│ •为了更好地结   │ -用简洁的文字            │
│  合要点所提出   │ -使用简单的记号          │
│  的问题         │ -使用缩写                │
│ •图表           │ -写成列表                │
│ •学习的提示     │ -要点和要点之间要留有    │
│                 │  一定的空白              │
│                 │                          │
│ 何时填写:       │ 何时填写: 听课时         │
│ 听课后复习时    │                          │
│      30%       │          70%            │
├─────────────────┴──────────────────────────┤
│ 总结(Summary)                              │
│ •记入最重要的几点          20%             │
│ •写成可以快速检索的样式                    │
│ 何时填写: 听课后复习时                     │
└────────────────────────────────────────────┘
```

图 1-1 5R 笔记法的页面分割

使用简单的记号,运用缩写的方式,要点与要点之间要留有一定的空白。必要时,可以写成列表。

2. 简化（Reduce）

下课以后,尽可能及早将这些论据、概念简明扼要地概括在提示栏,即副栏或回忆栏。这里记录的是主要想法,为了更好地结合要点所提出的问题,学习的提示。必要时,可以用图表。

3. 背诵（Recite）

把主栏遮住,只用提示栏中的摘记提示,尽量完满地叙述课堂上讲过的内容,量用自己的语言复述笔记栏的内容。

4. 思考（Reflect）

这是康奈尔笔记法中最精髓的一步,其实就是把知识进行拓展和内化的过程。在浏览记忆笔记之后,给自己留下一些时间进行消化,用以查漏补缺,澄清概念,加深理解,将自己的听课随感、意见、经验体会与讲课内容区分开,总结起来写在下方"总结栏"。

在总结栏记入最重要的几点,写成可以快速检索的形式。这部分可以是卡片或笔记本的某一单独部分,加上标题和索引,编制成提纲、摘要,分成类目,随时归档。

5. 复习（Review）

短期记忆很容易遗忘,间隔复习有助于加深记忆。每周花十分钟左右时间,对某一门课程进行快速复习笔记,主要是先看回忆栏,适当看主栏。

其实康奈尔笔记法是一种集笔记、复习、自测和思考于一体的学习方法,而不仅仅是一种分区式笔记法。预习、复习、自测和思考,可以大幅提高学习效果,康奈尔笔记法的精髓就在于此。因此,并不是简简单单地把笔记分区就是康奈尔笔记法。

记录（Record）之后的四个 R 才是重点。至于笔记的形式并不重要，可以根据自己的需要，灵活改进应用。

1.1.2 符号记录法

在上一小节记笔记的记录环节中讲到，要用简洁的文字，使用简单的记号，运用缩写的方式，快速记录，其中简单的记号就是使用符号记录法。

记笔记的核心：①写要点，不要照搬老师的全部讲解；②灵活运用缩写和符号，简化笔记。

1. 记录用符号

符号记录法是在课本、参考书原文旁加注各种符号，如直线、双线、黑点、圆圈、曲线、箭头、红线、蓝线、三角、方框、着重号、惊叹号、问号等，便于找出重点，加深印象，或提出质疑。

什么符号代表什么意思，需要自己掌握，最好形成自己的一套比较稳定的符号系统。常见的符号见表 1-1。

表 1-1 记录用常见符号

符号	代表的意思	符号	代表的意思	符号	代表的意思
!	惊叹，奇迹	⊖	世界，国际，全球	□	国家
&	与，和，共同	∈	属于	←	来自于
∞	与……的关系	↑	增长，增加	↓	下降，减少，降低
→	导致，结果是	⊕	医院	∽	被替换为
●	会议	↗	渐增	↘	渐降
☆	杰出的，出众的	≈	大约为，差不多	>	大于，强于
<	小于，弱于	∵	因为	∴	所以
♀	男的	♂	女的	≪	远小于，远弱于
≫	远大于，远强于	O	人	po	政治家
Eco	经济学家	⊥	在压力下	H	主持
ho	主持人	*	重要的，优秀的	⌣	开心，愉快，高兴
$	财富，金钱	Σ	总和	+	加上，除此之外
-	减去，除去	:	说，发表，观点是	?	问题，疑惑，难题
@	关于	×	错误，不好，否定	√	正确，好，可行

2. 符号记录的用法

这种方法比较适合于自学笔记和预习笔记。在操作时应注意几点：

（1）读完后再做记号

在还没有把整个段落或有标题的部分读完并停下来思考之前，不要在课本上做记号。在阅读的时候，要分清作者是在讲一个新的概念，还是只是用不同的词语说明同样的概念，只有等读完这一段落或部分以后，才能回过头来看出那些重复的内容。

(2) 要善于选择

不要一下子在很多项目下划线或草草写上许多项目，这样会使记忆负担过重，并使人同一时刻从几个方面来思考问题，加重思维负担。要少做记号，但也不要少得使我们在复习时又不得不将整页内容通读一遍。

(3) 用自己的话

页边空白处简短的笔记应该用自己的话来写，自己的话代表自己的思想，以后这些话会成为这一页所述概念的一些有力提示。

(4) 简洁

在一些虽简短但是有意义的短语下划线，而不要在完整的句子下面划线。页边空白处的笔记要简明扼要，它们会在记忆里留下更深刻的印象，在背诵和复习的时候用起来更得心应手。

(5) 迅速

不可能用一整天的时间来做记号。要先阅读，再回过头来大略地复习一遍，并迅速做下记号；然后学习这一章的下一部分内容。

(6) 整齐

作符号要求整齐，而不能胡写乱画，否则会影响以后的复习和应运。当复习的时候，整齐的记号会鼓励我们不断学习，并可以节省时间。因为整齐的记号便于迅速回忆当初学习时的情景，能容易而清楚地领悟书中的思想。

1.1.3 笔记的整理方法

在课堂上做的笔记往往比较杂乱，课后复习不太好用。为了巩固学习成果，积累复习资料，需要对笔记进一步整理，使之成为比较系统、有条理的参考资料。对课堂笔记进行整理、加工的方法有以下几种：

1. 忆

课后立即抓紧时间，趁热打铁，对照书本、笔记，及时回忆有关信息。这是整理笔记的重要前提。

2. 补

在课堂上所作的笔记，因为是跟着教师讲课的速度进行的，而讲课速度要比记录速度快，所以笔记会出现缺漏、跳跃、省略等情况。因此，需要在忆的基础上，及时作增补，使笔记更完整。

3. 改

仔细审阅在忆、补的基础上完成的课堂笔记。对其中的错字、错句及其他不够确切的地方进行补正、修改。

4. 编

用统一的序号，对笔记内容进行提纲式的、逻辑性的排列。必须用注明顺序号码的方式梳理笔记，整理好笔记的先后顺序。

5. 分

以文字（最好用色笔）或符号、代号等划分笔记内容的类别。例如：哪些是字词术语的定义类，哪些是概念、原理类，哪些是分析类，哪些是问题质疑、探索类，哪些是课后练习题解答等。

6. 舍

省略无关紧要的笔记内容，使笔记简明扼要。要具有舍弃无关内容的能力。

7. 记

分类抄录经过整理的笔记。同类的知识，摘抄在同一个本子上或一个本子的同一部分，也可以用卡片分类抄录。这样，日后复习、使用就方便了，纲目清晰，快捷好用，便于记忆。

1.1.4 笔记方法的运用实例

自从沃尔特·波克博士发明了康奈尔笔记法以来，这一笔记法被广泛应用于听课、阅读、复习和记忆材料。使用这一笔记法可以让笔记系统化，主动融入知识的创造中去，提高学习能力，从而更好的取得学习成果。

1. 准备笔记本

（1）准备一个专门的笔记本。

（2）画一条水平线，连接纸的左右两端的边线。这条线会把页面的上下两部分按比例划分为 3∶1。比如一个 A4 大小的纸面，此线将页面底端留出约 5cm 的空隙，这个区域是预留出来做总结用的区域。

（3）在左侧画一条垂直的线。这条线会把页面的左右两部分按比例划分为 2∶1，对于 A4 大小的纸面，这一竖线应该在距离左侧边线约 6cm 的地方。这一块是用来复习的区域。

如图 1-1 所示，页面右上部空出了很大一部分空白。这一区域是用来做听课笔记或者读书笔记的区域，可以有充足的空间来记录一些要点。

当然，如果不想过于麻烦，可以使用在网上下载的模板。可以将"康奈尔风格"的模板打印出来进行使用。

2. 记笔记

（1）写标题

在页面顶端写上课程名称、日期、授课的题目或者所读书目的标题。

坚持这样做会让笔记更加系统，当复习的时候也更加容易找到想要复习的那部分内容。

（2）做笔记

在每页的最大区域做笔记。在听课或者阅读时，只能把笔记记在右手边的区域。

笔记应该包括：老师在黑板上的所有板书内容或者是幻灯片中的主要内容。

（3）主动听讲

利用笔记做主动学习，包括主动的听讲和阅读。要把遇到的每个要点都记下来。留意重要信息的发出讯号。

如果老师这样说："×××的三个最重要的含义是……"，或者说："×××现象发生，是由两个基本的原因造成的，……"。那么，这样的信息就应该被记到笔记当中。如果在聆听一个讲座，那么被反复强调的东西就有可能是重要的。

这些小窍门在阅读文本的时候也同样受用。课本一般会把重要的内容用粗体字标记出来，而且书中的图表信息也值得再三斟酌。

（4）保持简洁

始终记住：笔记最后要可以成为授课内容或者所读书本的一个大纲。要专注于获取关键词或者关键语句，这样才能跟得上授课人或者演讲人的速度——之后会有足够的时间查缺补漏。

不要试图把每一个字都记在纸上，可使用着重号、特殊符号（比如，用"&"代替"和"）、缩略词、本章第二节介绍的记号或者自己"发明"的速记符号。这样更容易保持注意力去跟上授课人或者演讲人的思路，同时也没有遗漏掉应该记录的信息。

（5）记录中心思想

抛开解释性的例子，只记录听到的和看到的中心思想。把主旨或者主要思想记下来，而不要试着去记录那些例证。那些例证，只是为了证明中心思想而存在的。

对中心思想的记录和转述不仅可以节约时间和空间，也会迫使用自己的语言表述那些给出的观点，这将会更容易记住它们。

（6）下一个题目的学习，应和之前的笔记隔开几行

或者画一条分割线，或者直接翻开下一页吧！这将在脑海里把材料系统化。当需要查看的时候，也可以帮助更快的聚焦到不同的部分。

（7）记下疑问

记下遇到的任何一个疑问，不论是什么时候。

如果有什么地方是不懂的或者不清楚的，那么就把它快速的记下来吧。这些疑问会有助于消化当前知识。

（8）时刻纠正笔记

如果笔记中有任何难以读懂的或者是没有意义的东西，就趁着这些知识还在脑海中的时候改正它。

3. 复习和拓展

（1）总结关键词

当听完一场演讲或者看完一本书的时候，尽快从笔记本右手边的部分提炼出关键思想和关键事实，把浓缩后的要点记录在左手边的那一栏。记录时，要关注那些关键的字词和最为重要的概念。

用一天时间来重温一遍课程材料（也包括演讲或者阅读材料），这将会加强记忆效果。如果是视觉型学习者的话，可以把页面右侧一栏中的主要观点划线标记，或者是用荧光笔圈出。

（2）记下联想

在左栏中写出联想到的相关问题。思考右栏中的笔记内容，猜测可能出现在考试中的问题，然后写在左栏中。接下来，这些联想会成为我们学习中的有效工具。

（3）写出总结

把总结写在页面底部的那一栏。这将会使思路更加明晰。一般来说，总结写上短短几句话就足够了，如果必要的话，可以再附上公式、方程、图表。

可以用自己的语言来总结内容的要旨，这是个检查理解程度的好方法。如果可以用自己的语言来总结要旨，那么就说明对课程材料有了一定程度上的掌握。

然后，可以问问自己："如果我要向别人解释这些观点，我该怎么说？"如果在总结某段

课程材料的时候遇到了困难,不妨看看自己的笔记中是否有什么问题还未弄明白,或者可以直接请教老师。

4. 把笔记学起来

(1) 阅读笔记

专心看左栏和底栏中的笔记。这些地方记录了在测验或者考试中最需要的那些要点。如果喜欢的话,在复习的时候把最重要的部分划线标记。

(2) 用笔记来测验对知识的掌握程度

用手掌或者一张纸盖住右手边部分,试着回答曾经在左栏中写下的问题,然后拿开手掌或者纸片进行核对,也可以请朋友来互相提问。

(3) 尽可能频繁的复习笔记

在较长时间内,保持时时复习的好习惯,而不是在考试前才临时抱佛脚,这将极大地提高记忆,并且深化理解。

通过有效地使用康奈尔笔记法,将会让面对的阻力最小化,保持学习效果的最大化。

1.2 SQ3R 阅 读 法

如今是一个信息爆炸的时代,我们每天都要去处理海量的信息。互联网把全世界的知识带到了我们面前,我们获取知识的便捷程度也是前所未有。然而,我们很难把看到的信息全部都记下来。这时候,我们需要一种高效率的阅读法。

SQ3R 阅读法可以对此有所帮助。SQ3R 阅读法是由美国的教育心理学家弗朗西斯·罗宾逊发明的。他在 1946 年出版的著作《有效的学习》中提出了这一方法。弗朗西斯·罗宾逊是美国爱荷华大学的教授。为了向学生传授有效学习的技巧,他提出了这一方法。如今,它几乎被广泛应用于所有场合。

这一方法可以在阅读中抓住重点,并且可以在适当的学习后记住知识,让阅读和学习效率更高和更有效果。

SQ3R 是这一阅读法五个步骤的英文首字母缩写,这五步是:浏览(Survey)、提问(Question)、阅读(Read)、回想(Recall)、复习(Review)。

在阅读中通过遵循这一系列的步骤,避免在无用的琐碎信息上浪费时间,也不会错过每个关键的细节,使每一次的阅读都恰到好处,把新的知识和旧的知识融会贯通,填补知识体系的空白,从而在较长时间内不会忘掉这些知识。

下面,我们来看一看如何使用这一方法,以及如何把它内化到自身的学习系统中。

1.2.1 浏览以概括内容

浏览(Survey)是阅读的第一阶段。通过对手中材料的浏览,可以大致的对整个主题有个了解;同时,可以判断出这份阅读材料是否有用;然后,分析刚刚获取到的所有线索,判断这本书、这个网站或者这份资料是否有在寻找的信息或者资料。如果这些不能满足需要,就需要换一本书、网站或资料。

1. 一本书

如果想要读一本书,可以先翻看一下目录、内容提要、前言、章节归纳,从而找到这本

书的大概框架。比如本书,以目录为浏览目标,就会知道本书一共讲了下面一些内容:

康奈尔、符号记录等笔记法,SQ3R阅读法、思维导图、头脑风暴等思维方法;安全环境健康(EHS)、5S管理、可视化管理等工厂与车间环境管理知识与技能;PDCA循环、各种常用管理图表等基本管理工具;5W3H、SMART、SWOT等分析方法;波士顿、决策树、德尔菲等决策方法;工程项目与项目管理等管理方法;有效数字及规则,测量误差与误差处理,作图法、最小二乘法等数据处理方法;各类实验、实训、实习报告类文档,毕业论文的书写,技术文档的要求与写作等方法;演讲与口才、复述与口头汇报、答辩答疑等基本训练;直接目测、手动试探、替换排除、逻辑分析等故障分析方法;四关键要素法、PDCA法、5Why法、七步法等解决问题的方法等。

2. 一个网站

如果是一个网站,网站的导航栏(通常在网站页面的上端)会对网站的相关信息做一个分类。我们也可以利用菜单或者网站地图来查看某类文章的位置。

以"知网"为例,如图1-2所示。导航栏给出的信息已经非常详尽。大的标题包括:文献、期刊、博硕士、会议、报纸、外文文献、年鉴、百科、词典、统计数据、专利、标准等。

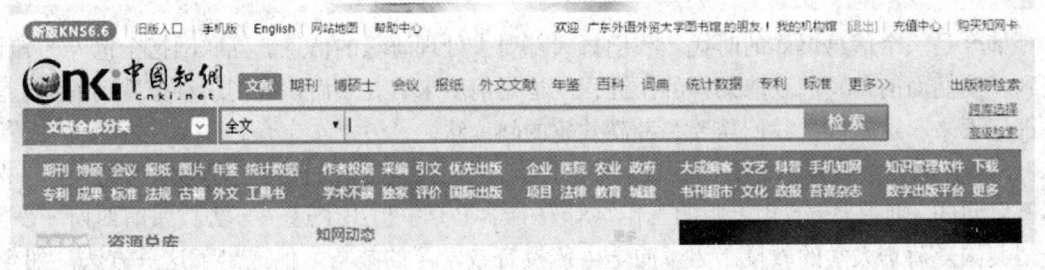

图1-2 "知网"导航栏

然后,留意页面排版所传递的信息。例如,斜体、粗体、次级标题和文本框。这些用特殊格式标示出来的信息对读者通常都十分重要。

3. 一份资料

以"ABW/AOW SERIES PUSHBUTTON SWITCHES"为例,文本框、小标题和粗斜体的内容都是比较重要的。不要忘记浏览里面的图像、照片和嵌在文本中的图表、标识。

使用浏览的方式,先将全部资料的主标题及其子标题阅读一遍,掌握资料的主要内容及对应的位置。

(1) 产品标识区

如图1-3所示,产品标识区在这份资料中左上角区域。

指明这是"INSTALLATION MATERIALS"(安装用技术资料),是对"ABW/AOW SERIES PUSHBUTTON SWITCHES"(ABW/AOW系列的按钮式开关)在选型、订货、安装方面的介绍。

(2) 产品图片区

如图1-3所示,产品图片区在图中右上角区域。产品图片形象地给出了本产品的典型外部视图,用户可以选择其外观、颜色、形状等。

INSTALLATION MATERIALS

PUSHBUTTON SWITCHES
ABW / AOW SERIES

DESCRIPTION

The **ABW / AOW Series** of pushbutton switches is for manual control of fans, pumps, compressors, or control circuits.

FEATURES

- Flush, extended or mushroom style available
- Snap-fit blocks come in N.O. and N.C. contacts
- Silver contacts are self-cleaning
- Rugged oil tight construction

SPECIFICATIONS

Contact rating	10 amps, 600 VAC/DC 5 mA, 3 VAC/DC min.
Contact resistance	50 mΩ maximum (initial value)
Insulation resistance	100 MΩ minimum between live and dead parts
Contact material	Silver
Mechanical life	500,000 minimum operations
Electrical life	500,000 minimum operations
Terminals	#6-40 (M3.5) screws
Mounting	0.858" (2.2 cm) hole
Panel thickness	Panel thickness adjustment ring, 0.04" to 0.24"
Protection rating	NEMA 1, 2, 3, 3R, 4, 4X, 12, 13
Approvals	UL listed file# E70646 CSA certified file# LR48366

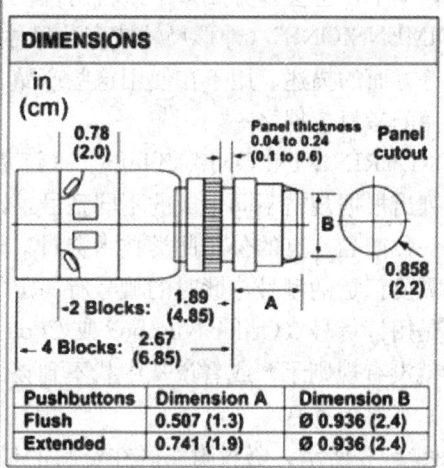

DIMENSIONS

Pushbuttons	Dimension A	Dimension B
Flush	0.507 (1.3)	Ø 0.936 (2.4)
Extended	0.741 (1.9)	Ø 0.936 (2.4)

ORDERING INFORMATION

Styles	Contacts	Momentary Model No.	Maintainted Model No.
Flush Pushbutton (One of each button: Red, Black, Green, always included)	1 N.O.	ABW110	AOW110
	1 N.C.	ABW101	AOW101
	1 N.O.-1 N.C.	ABW111	AOW111
	2 N.O.	ABW120	AOW120
	2 N.C.	ABW102	AOW102
Extended Pushbutton	1 N.O.	ABW210①	AOW210①
	1 N.C.	ABW201①	AOW201①
	1 N.O.-1 N.C.	ABW211①	AOW211①
	2 N.O.	ABW220①	AOW220①
	2 N.C.	ABW202①	AOW202①

In place of ①, specify button color: B=Black, G=Green, R=Red.
Call Kele & Associates for Mushroom Style switches.

KELE & ASSOCIATES • PO Box 34817 • Memphis, TN 38184   901-937-4900 • FAX 901-372-2531 • E-mail info@kele.com

图1-3　技术资料的栏目

(3) 资料正文区

如图1-3所示，资料正文区在资料的主要位置。本样例中依次是"DESCRIPTION"

"FEATURES""SPECIFICATIONS""DIMENSIONS""ORDERING INFORMATION"等几个条目,这是此类技术资料必不可少的内容要素。不同类的产品包含的内容更多一些,如安装(Installation)、接线(Wiring)、调试(Testing)等。

"DESCRIPTION"(产品说明或产品描述),通常会说明这是什么产品,主要用在什么领域或设备上,能完成什么功能。

"FEATURES"(产品特点或特性),通常会说明本产品与其他同类产品有什么不同之处,材质、结构、性能上的独特之处等;能给用户带来哪些好处,安装、质量、尺寸、操作、造价等优势之处等。

"SPECIFICATIONS"(技术规格或技术参数),通常说明本产品的电气参数、机械参数、环境参数、工艺参数、适用标准、供电要求、工作范围、输出形式、可选范围、型号代号等方面,这些进一步的描述通常是用户是否选择此产品,或选择此产品哪些型号的依据。有时候,本条目也会划分成多个条目出现在技术资料中。

"DIMENSIONS"(外形尺寸或安装尺寸),通常说明本产品的外形尺寸、安装要求、接口规格等方面的描述。用于在使用这些产品时,能够正确的安装。同时,也是在选型时是否适于所用的考量依据之一。

"ORDERING INFORMATION"(订货信息),通常用表格的方式,或者是菜单的方式,罗列出根据规格不同生成的不同型号,以便在订货时用唯一的型号标识,区别不同规格的同一种产品。有的公司此类技术资料,附有型号命名规则,可以使用户按照这个规则自己生成需要订货的型号,此时的型号有一定的技术参数指代意义。有的公司不用型号方式区分,而是用订货号(Order Number 或 Code Number)来取代型号的作用。这种订货号的命名一般就没有规则了,或者说从中找不到技术特征表述。

(4)资料附注区

如图1-3所示,资料附注区在资料的最后位置,或者是最后一页。资料附注区通常有公司名称、通信地址、电话、邮箱、网址等联系方式标注。

1.2.2 提问以引出目的

提问(Question)是阅读的第二阶段。试图提出一切相关的问题,并且把这些问题记录下来。那些在浏览过程中遇到的疑问都可以记下来。自然,这些都是围绕阅读的目的进行的。

1. 提出问题

可以想一想这些问题:怎样才能实现这次阅读的目标?需要在文中找出哪些有用的信息?这些信息会帮助到哪些方面?对书中介绍的哪一部分知识最感兴趣?

还有,当提出问题的时候,一定要全神贯注地做好学习准备。这样,才可以对所要探究的知识形成更为深刻的印象。

2. 提出疑问

对图1-3所示资料,在阅读前就应该有指向和目的性的提出疑问。并在阅读时找到答案。比如,疑问1:本产品适用于何种用途?疑问2:此产品的接点容量有多大?疑问3:此开关符合哪些标准?

3. 阅读目的

参加工作之后，阅读的主要目的是完成工作，或者说是指导工作。例如，阅读图 1-3 的目的是选出可以使用的按钮开关，那么，现在要做的可能是下列两个具体目的：

目的 1：想为一个控制柜选用一对开关，一个用于启动设备，带一个常开一个常闭触点的绿色复位式开关，订货号是多少？一个用于紧急切断设备，带两个常开触点红色灯的保持式开关，订货号是多少？如何订货？

目的 2：AOW202R 与 ABW120 有何不同？R、G、B 是什么意思？为什么 ABW120 结尾不加字母 R、G、B？

目的 1 是从现场的应用要求和技术条件去找代码和编号，选择到合适的按钮开关。目的 2 是现在有了这种代码和编号的按钮开关，去查它的技术条件和应用要求。

1.2.3 阅读以答疑解惑

第三阶段，阅读（Read）。现在可以开始精读了，每次要读一个完整的部分。在阅读中要随时记录下感受和困惑。随后再利用这些笔记，去寻找相关的材料来帮助弄懂。

读者通常会发现在这一步骤上消耗的时间会远超想象，特别是当文中内容艰涩难懂的时候。但是这是阅读的第一个目的，答疑解惑。

1. 认真阅读

要把注意力放在每个章节的标题和次级标题上。试着把这些标题转化为具体问题。例如：假如一本书中有一章的标题是"自由泳的优点"，那么就可以把它转化成一个问题来进行思考："和蛙泳、蝶泳等泳姿相比，自由泳的优点有哪些？"当在脑海中对这一问题有了一些初步回答的时候，再继续阅读剩下的内容。

2. 小技巧

阅读时，可以使用康奈尔笔记法来记录那些重要的概念和心得体会，同时也可以用荧光笔把重点的地方做一个标示。

3. 解惑

在上两个阶段提问中提出的疑问，能在阅读中获得解答和答案。比如，上述 3 个问题：本产品适用于何种用途？此产品的接点容量有多大？此开关符合哪些标准？

前文说到，要先使用浏览的方式，先将全部资料的主标题及其子标题阅读一遍，掌握本资料中主要讲了哪些内容，什么内容在什么地方。再按照问题的意思在资料中查找和确认关键词。然后摒弃全文翻译，直接找到原文，理解出来。

【例 1-1】 本产品适用于何种用途？

"某产品适用于某种用途"一般处于技术规格书的"System description""Product overview"的位置。其关键词是"used for""apply to""is for"。

因此，在图 1-3 的"DESCRIPTION"段落找到关键词"is for"，此词后面的内容即所要内容。即：本产品适用于"manual control of fans, pumps, compressors, or control circuits"用途。

答案就是：本产品适用于风机、泵、压缩机、控制电路的手动控制。

【例 1-2】 此产品的接点容量有多大？

"某产品的接点容量"之类的技术参数问题一般处于技术规格书的"Technic Data"

"SPECIFICATIONS"的位置。其关键词是所问的技术参数。

因此，在图 1-3 的"SPECIFICATIONS"段落找到关键词"接点容量"（Contact rating），此词后面的内容即所要内容，即：10 amps, 600 VAC/DC; 5 mA, 3 VAC/DC min。

答案就是：此产品的接点容量是：最大值为交直流电压为 600V 时，可承受 10A；最小值为交直流 3V 时，不能低于 5mA。

【例 1-3】 此开关符合哪些标准？

"某产品符合哪些标准"之类的技术参数的问题一般会处于技术规格书的"Technic Data""SPECIFICATIONS"的位置，也可能处于"产品图片区""产品标识区"的位置。其关键词是此产品常常要符合的某些标准、规范、规定或认证，而且通常是这些组织或机构的 Logo 或 Mark。

本题，在图 1-3 的"产品图片区"找到两个图标："CSA""UL"。同时在"SPECIFICATIONS"位置也可以找到"Approvals：UL listed file♯E70646；CSA certified file♯LR48366"。这就是答案所在。即：CSA 认证文件 LR48366、UL 列表认证文件 E70646。

答案就是：此产品开关符合 CSA 和 UL 的相应标准。

1.2.4　回想以加深记忆

回想（Recall）是阅读的第四阶段。当读完一个完整的部分时，把内容在脑中回想几遍，找出那些重点，并且想清楚其他的内容是如何串联的。这样可以强化记忆，以达到阅读的第二个目的，完成工作。

1. 回想内容

回到在第二阶段中列出的问题清单，试着凭借记忆回答这些问题。如果单单凭借记忆无法解答出某个问题，再翻开书本，回到原文中去寻找答案。直到可以把学到的知识完整的复述出来。

2. 完成工作

阅读的另外一个目的是完成工作，或者说是指导工作。现在回到在第二阶段中列出的阅读目的中的目的 1。

【例 1-4】 目的 1：想为一个控制柜选用一对开关，一个用于启动设备，带一个常开一个常闭触点的绿色复位式开关，订货号是多少？一个用于紧急切断设备，带两个常开触点红色灯的保持式开关，订货号是多少？如何订货？

这个目的在现场通常称为设备选型，是从现场的应用要求和技术条件去找代码和编号，选择到合适的按钮开关。

一般来说，选型通常是经过对"ORDERING INFORMATION"和"SPECIFICATION"信息解读后，以代码或编号的方式描述下来的一个过程；也就是说，将产品应用中的技术要求与产品技术规格书中的技术规格一一对应下来的过程。

本例中，一共要订两个开关，"一个用于启动设备，带一个常开一个常闭触点的绿色复位式开关；一个用于紧急切断设备，带两个常开触点红色灯的保持式开关"。通常可以把这段话根据技术规格书的分类进行分解。从图 1-3 的"ORDERING INFORMATION"中看，可以分解成这样的话：一个用于"启动设备"，带"一个常开一个常闭触点"的"绿色""复位式"开关；一个用于"紧急切断"设备，带"两个常开触点""红色灯"的"保持式"

开关。

用于"启动设备"的，选用"Flush Pushbutton"比较合适；带"一个常开一个常闭触点"的，就要选择"1 N.O.－1 N.C."选项；而"复位式"的开关，就要选用"Momentary"；由于"One of each button：Red，Black，Green，always included"，所以"绿色"要求可以忽略。因此，其订货号是：ABW111。

用于"紧急切断"的，选用"Extended Pushbutton"比较合适；带"两个常开触点"的，选"2 N.O."选项；而"保持式"开关，就得选用"Maintainted"；"红色灯"的选择"R"尾注。因此，其订货号是：ABW220R。

答案就是：两个开关的订货号是ABW111和ABW220R。

1.2.5 复习以灵活运用

第五阶段，复习（Review）。如果可以完整的复述获取到的知识，就可以进入下一步。这就是能够灵活的运用所阅读和记忆的知识，解决更进一步的工作需求。

1. 记忆性需求

首先，需要重温一遍书本，或者是再看一遍笔记本，尤其是当对所学知识认识不够清晰的时候。

其次，与别人探讨所学。与别人的讨论可以使复习更加高效，尽可能多地向他人介绍学习内容。设想出一个有意义的情境，这个情境可以是生活、工作的一个片段，然后在这一情境中运用知识。

最后，通过有计划的复习，使这些学到的东西清晰完整的保留在脑海里。并时常复习这些知识，经年累月，就会形成长期记忆。

2. 完成工作

现在回到在第二阶段中列出的阅读目的中的目的2。

这个目的在现场通常称为替代，是指现在有了这种代码和编号的按钮开关，去查它的技术条件和应用要求是否能用于现场。

【例1-5】 目的2：AOW202R与ABW120有何不同？R、G、B是什么意思？为什么ABW120结尾不加字母R、G、B？

找到"ORDERING INFORMATION"中的AOW202R与ABW120，如此，不同点一目了然。

答案就是：AOW202R为"突出型、二个常闭触点、保持式、带红色"的按钮开关。ABW120为"平板型、二个常开触点、复位式、带红黑绿三色"的按钮开关。

R、G、B的意思是指按钮的罩是红、绿、黑何种颜色的。对于突出型的开关，按钮的颜色必须指定为红、绿、黑其中一种；至于像ABW120这样的平板型，因为每个按钮都带有三色的罩，所以不需要在尾端增加R、G、B这样的尾注。

3. 将SQ3R阅读法变成习惯

SQ3R是五步阅读法，可以更好地记忆阅读内容，有目的性的去阅读，可以构筑完整的知识体系，从而更加有效的学习。

最初运用这一方法可能花费大量时间，但是随着使用频率的增加，思维速度会越来越快。将这一方法养成习惯，会受益无穷。

1.3 思维的方法

思维最初是人脑借助于语言对客观事物的概括和间接的反应过程。思维以感知为基础又超越感知的界限。通常意义上的思维，涉及所有的认知或智力活动。它探索与发现事物的内部本质联系和规律性，是认识过程的高级阶段。

思维的概括性表现在它对一类事物非本质属性的摒弃和对其共同本质特征的反映。思维对事物的间接反映，是指它通过其他媒介作用认识客观事物，即借助于已有的知识和经验，已知的条件推测未知的事物。正确并有效的思维需要掌握一定的思维方法。

1.3.1 思维方法概述

1. 定义与基本概念

（1）定义

思维方法是人们通过思维活动为了实现特定思维目的所凭借的途径、手段或办法，也就是思维过程中所运用的工具和手段。思维方法属于思维方式范畴，是思维方式的一个侧面，是思维方式具体而集中的体现。

思维方法是由诸层次、诸要素构成的复杂系统。按其作用范围的不同，可以把思维方法划分为三大层次：一般的思维方法、各门具体科学共同的思维方法和各门科学所特有的思维方法。

任何思维方法都是主观性和客观性的辩证统一。其辩证关系具体表现在：

1）思维方法归根结底是客观事物之间的关系和规律的反映。

2）思维方法的发展受到社会实践的规模和水平、实践方式的发展程度等客观条件的制约，并随着社会历史实践的发展而发展。

3）思维方法的选择和评价具有客观性，这种客观性在于思维方法的适用性，即思维方法是否与认识对象和实践对象相一致、相适应。

（2）思维方法作用

思维活动是一个由多种因素构成的动态系统，思维对象、思维主体和思维方法是思维活动中最基本和最主要的三个要素。思维对象是思维活动的原材料；思维主体是具有认识能力及相应思维结构的人；思维方法是思维主体对思维对象进行加工制作的方式、工具和手段。

在思维活动中，思维方法具有十分重要的作用。它构成了思维主体和思维对象发生联系的中介和桥梁。没有科学的思维方法，人们的思维活动就不能顺利进行并取得成效。

（3）思维方法内容

1）基础逻辑思维：抽象与概括、分析与综合，归纳与演绎，对比（求同、求异），原因与结果（正推：原因推理结果；逆推：结果推理原因；因果链：原因产生结果，结果作为原因产生下一个结果）。

2）系统：上下层次的事物是归属关系，同一层次的事物是并列关系（通常相互合作），系统是变化的。

3）矛盾的同一性和斗争性，矛盾相互补充或相互消减。

4）静止与运动（不变与变化）：增、删、改（变化类型），量变与质变（变化类型），相对与绝对（变化类型）、现象与本质（变化类型）、内因与外因（变化原因）、偶然与必然（变化原因）。

5）结构：一对一（线状结构、环状结构），一对多（一分为多的事物彼此并列，树状结构，星状结构），多对一（并列的事物结合为一），多对多（网状结构）。

6）判定与筛选：是否的判定、条件的判定，判定起到了筛选作用。

7）逻辑与、逻辑或、逻辑非，充分条件、必要条件、充要条件。

8）假设法、排除法、反证法。

2. 逻辑思维

(1) 归纳与演绎

归纳：从多个个别的事物中获得普遍的规则，例如，黑马、白马，可以归纳为马。

演绎：与归纳相反，演绎是从普遍性规则推导出个别性规则，例如，马可以演绎为黑马、白马等。

(2) 分析与综合

分析是把事物分解为各个部分、侧面、属性，分别加以研究，是认识事物整体的必要阶段；综合是把事物各个部分、侧面、属性按内在联系有机地统一为整体，以掌握事物的本质和规律。

分析与综合是互相渗透和转化的，在分析基础上综合，在综合指导下分析。分析与综合，循环往复，推动认识的深化和发展。事例：在光的研究中，人们分析了光的直线传播、反射、折射，认为光是微粒，人们又分析研究光的干涉、衍射现象和其他一些微粒说不能解释的现象，认为光是波。当人们测出了各种光的波长，提出了光的电磁理论，似乎光就是一种波，一种电磁波。但是，光电效应的发现又是波动说无法解释的，又提出了光子说。当人们把这些方面综合起来以后，一个新的认识产生了：光具有波粒二象性。

(3) 抽象与概括

抽象：抽象是从众多的事物中抽取出共同的、本质性的特征，而舍弃其非本质的特征。具体地说，科学抽象就是人们在实践的基础上，对于丰富的感性材料通过"去粗取精、去伪存真、由此及彼、由表及里"的加工制作，形成概念、判断、推理等思维形式，以反映事物的本质和规律。

概括：概括是形成概念的一种思维过程和方法，即从思想中把某些具有一些相同属性的事物中抽取出来的本质属性，推广到具有这些属性的一切事物，从而形成关于这类事物的普遍概念。概括是科学发现的重要方法。概括是由较小范围的认识上升到较大范围的认识；是由某一领域的认识推广到另一领域的认识。

(4) 比较思维法

按照对象，比较分为同类事物之间的比较和不同类事物之间的比较。按照形式，比较分为求同比较和求异比较。

在相似中，求不同处。事例：香港有一家经营黏合剂的商店，在推出一种新型的"强力万能胶"时，市面上也有各种形形色色的万能胶。老板决定从广告宣传入手，经过研究发现几乎所有的万能胶广告都有雷同。于是，他想出一个与众不同、别出心裁的"广告"，把一枚价值千元的金币用这种胶粘在店门口的墙上，并告示说，谁能用手把这枚金币抠下来，这枚金币就奉送给谁。果然，这个广告引来许多人的尝试和围观，起到了轰动效应。尽管没有一个人能用手抠下那枚金币,但进店买强力万能胶的人却日益增多。

在不同中,求相同或相似处,事例:人类发明飞机时参考了鸟,发明潜水艇参考了鱼。

(5) 因果思维

简单来说,因果关系的逻辑就是:因为 A,所以 B,或者说如果出现现象 A,必然就会出现现象 B(充分关系)。这是一种引起和被引起的关系,而且是原因 A 在前,结果 B 在后。

一切先后关系不一定就是因果关系,例如:起床先穿衣服,然后穿裤子,或者说先刷牙后洗脸,这都不是因果关系。

并不是一切必然联系都是引起和被引起的关系,只有有了引起和被引起关系的必然联系,才是属于因果联系。

因果对应关系:

1) 一因一果:即一个原因产生一个结果。
2) 多因一果:即多个原因一起产生一个结果。
3) 一因多果:即一个原因产生多个结果。
4) 多因多果:即多个原因一起产生多个结果。

(6) 递推法

递推就是按照因果关系或层次关系等方式,一步一步的推理。有的原因产生结果后,这个结果又作为原因产生下一个结果,于是成为因果链,因果链就是一种递推思维。例如:英国民谣:"失了一颗铁钉,丢了一只马蹄铁;丢了一只马蹄铁,折了一匹战马;折了一匹战马,损失一位将军;损失一位将军,输了一场战争;输了一场战争,亡了一个帝国。"

(7) 逆向思维

逆向思维法与因果思维法相反,逆向思维法是由结果推理原因。例如,大家听过司马光砸缸的故事,司马光的朋友掉进大水缸里,常规的思维模式是"救人离水",而司马光面对紧急险情,运用了逆向思维,果断地用石头把缸砸破,"让水离人",救了小伙伴性命。又例如,德国古典哲学中的辩证思想传入英国,法拉第受其影响,认为电和磁之间必然存在联系并且能相互转化,既然电能产生磁场,那么磁场也能产生电。

3. 思维方法补充

(1) 假设法

假设法就是对于给定的问题,先做一个或多个假设,然后根据已知条件来分析,如果与题目所给的条件矛盾,就说明假设错误,再用其他的假设。

(2) 排除法

排除法是已知在有限个答案中,只有一个是正确的,对于一个答案,不知道它是否正确,但是知道这个答案之外的其他答案都是错误的,所以推断这个答案是正确的。著名侦探福尔摩斯说过:"当排除了所有其他的可能性,还剩一个时,不管有多么的不可能,那都是真相。"

(3) 反证法

反证法是"间接证明法"一类,是从反面角度的证明方法,即:肯定题设而否定结论,从而得出矛盾。具体地讲,反证法就是从反论题入手,把命题结论的否定当作条件,使之得到与条件相矛盾,肯定了命题的结论,从而使命题获得证明。

常见步骤：
1) 假设命题结论不成立，即假设结论的反面成立。
2) 从这个命题出发，经过推理证明得出矛盾。
3) 由矛盾判断假设不成立，从而肯定命题的结论正确。

(4) 等级和阶段

等级：事物的发展过程分为多个等级，具备一定的条件，才能进入相应等级。

阶段：事物的发展过程分为多个阶段，具备一定的条件，才能进入相应阶段。

等级和阶段的作用：区分作用。一些事物可以按照所处的等级或阶段来进行区分。描述事物变化、发展的过程。例如：我们常说一个事物发展到什么阶段，或者发展到什么等级。

(5) 筛选思维

筛选：通过淘汰的方式对事物进行挑选。对于多层筛选，需要为每层都设置通过的条件，符合条件的事物可以通过，不符合条件的事物被淘汰，那些符合条件的事物再进入到下一级别筛选，从而实现一层一层的筛选。如图 1-4 所示。

(6) 限定思维

限定是为了缩小范围。语言中的定语就是为了限定主语和宾语，从而缩小了范围。

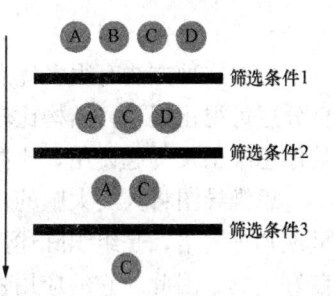

图 1-4 逐级筛选示意图

1) 用形容词限定主语：例如，"猫"→"黑色的猫"，"黑色的"限定，缩小了指定猫的范围。

2) 用名词所有格限定主语：例如，"猫"→"小明的猫"，"小明的"限定，缩小了指定猫的范围。

3) 用数词限定主语：例如，"两只猫"，"两只"是数量上的限定。

(7) 表格法

表格上的一个值，是由某一个行值和某一个列值所确定的值。计算机的 SQL 数据库的数据就是以表格的形式展现的，随着计算机的发展，很多信息以表格的形式来组织。

(8) 作图法

作图法可以描述有些时空关系的问题。例如：基于一维坐标轴的绘图、基于二维坐标轴的绘图、基于三维坐标轴的绘图、基于极坐标的绘图、矩阵绘图、流程图绘图等。

1.3.2 思维导图法

1. 思维导图的概念

(1) 思维导图简介

思维导图又称心智图，是英国著名心理学家 Tony Buzan 发明的一种表达发射性思维的图形思维工具，在多个领域都有广泛的应用。思维导图具有形象生动，结构清晰，层次分明的特点，是一种趣味性比较强的图解形式的记笔记方法。如图 1-5 所示。

思维导图运用图文并重的技巧，把各级主题的关系用相互隶属与相关的层级图表现出来，将主题关键词与图像、颜色等建立记忆链接，充分运用左右脑的机能，利用记忆、阅读、思维的规律，协助人们在科学与艺术、逻辑与想象之间平衡发展，从而开启人类大脑的无限潜能。

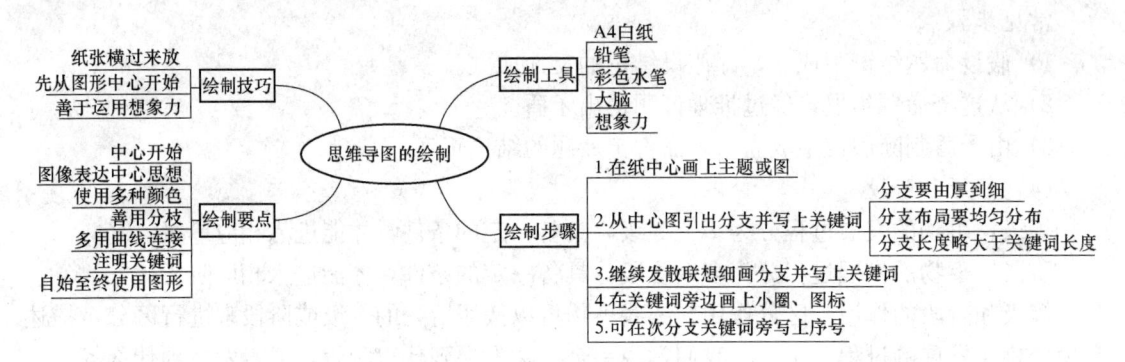

```
                              A4白纸
            绘制工具          铅笔
纸张横过来放                   彩色水笔
先从图形中心开始  绘制技巧      大脑
善于运用想象力                 想象力
              思维导图的绘制
中心开始                     1.在纸中心画上主题或图
图像表达中心思想                                    分支要由厚到细
使用多种颜色     绘制要点   绘制步骤  2.从中心图引出分支并写上关键词  分支布局要均匀分布
善用分枝                                         分支长度略大于关键词长度
多用曲线连接               3.继续发散联想细画分支并写上关键词
注明关键词                4.在关键词旁边画上小圈、图标
自始至终使用图形            5.可在次分支关键词旁写上序号
```

图 1-5 思维导图及其绘制方法

虽然这种方法有很多优点，但它也不是万能的，也有自己的局限性。它是一种树状的信息分层可视化展示，结构比较固定，不适合分支间互相交互比较复杂的信息展示。可以配合其他思维工具一起使用，比如流程图、鱼骨图、SWOT分析等。

思维导图将人类大脑的自然思考方式放射性思考转化为可视化的图形思维工具。它既可呈现知识网络，是组织陈述性知识的良好工具；也可以呈现思维过程，是组织程序性知识的良好工具。因此，它的应用领域非常广，如企业管理、项目计划、商业活动、教育教学等。常见的知识网络图、流程图、解析图等都属于思维导图。

思维导图工具和基于思维可视化原理的理念引入到教育领域以来，已经在教育教学过程中产生了积极的影响，尤其是基于思维导图的学习过程很好地体现了建构主义学习理论的理念。国外对于思维导图在教学中应用的研究已经比较成熟，它已成为教学中很常用的一个方法，有着很好的教学效果。

(2) 思维导图的教学策略

思维导图作为一种教学策略，在新课教学中，教师可以运用思维导图式的板书呈现知识点之间的关系及科学探究的思路；在习题课教学中，可以呈现问题解决的思路或步骤；在复习课中，可以用思维导图软件动态呈现每单元或每章的知识网络图，并能根据需要与新课中的情景进行超链接，能有效地激活学生记忆。

思维导图作为一种学习策略，可以引导学生以画思维导图的形式进行新课的预习、概念间的对比、知识的归纳总结、专题研究等。长期运用这种学习策略，可以很好地促进知识的结构化，使知识的获取、存储、提取更便捷高效，从而培养学生的思维能力，促使学生学会如何更好地学习。

思维导图作为一种评价手段，教师可以从学生画的思维导图中判断学生对所学内容的掌握情况、学生的认知结构情况，以及物理学习的思维情况并及时予以评价、指导。

思维导图教学策略的运用不仅促进学生的发展，同样可以促进教师的发展。教师可以运用思维导图进行教学设计，与传统的教学设计教案相比，思维导图式的教学设计使教学的思路可视化，有利于教师从整体把握教学内容，从而理解根据教学过程的需要而作具体合理的调整，使整个教学过程的流程设计更科学、有效。

2. 概念图与思维导图

概念图与思维导图是两个完全不同的概念，两种思维表达方式，两种学习工具。严格来说它们有本质区别。

(1) 内涵不同

概念图在表达逻辑关系和推理方面发挥着很好的作用。在某种意义上说概念图是一种多线程的流程图，表达由起点到终点的事物发展过程和推理过程，结果可能是一种或多种，使用一些几何图形来作为不同概念的分类和表达。它是引导人们思考问题，了解事物发展过程方面起到积极的推动作用。在很大程度上，它是多线性的思维表达方式。

思维导图则能够帮助人们在认识事物方面拥有一个整体的全局化观念。它注重表达与核心的主题有关联的内容，并可展示其层次关系及彼此之间的关系。思维导图是一种放射状的辐射性的思维表达方式。所表达的观念之间通过与中心的核心主题的远近来体现内容的重要程度，它在了解人们的思维图谱方面的作用积极有效。思维导图强调的是人们的思想发展过程的多向性、综合性和跳跃性。

(2) 背景不同

思维导图和概念图的发展原理和历史背景也不尽相同，它们的理论基础和发展机制也存在很大差异。

思维导图的发明人在充分考虑了人怎样知道如何学习，人的思想的本质是什么，有哪些是最佳的记忆技巧，有哪些是培养创造性思维的最佳技巧，目前最好的阅读技巧有哪些，眼下有哪些最好的普遍思维技巧，有没有开发新的思维技巧或者一个总体方法的可能性存在？它让人类的大脑各个物理方面与智力技巧彼此协同工作，而不是彼此分隔，则其发挥作用的效益和效率都会更高。同时，在受到著名的画家达芬奇笔记的启示下，创造和发明了思维导图。

概念图是康乃尔大学的 J.D·诺瓦克博士根据大卫·奥苏贝尔的有意义学习理论提出的一种教学技术。诺瓦克博士认为"概念图是用来组织和表征知识的工具。它通常将某一主题的有关概念置于圆圈或方框之中，然后用连线将相关的概念和命题连接，连线上标明两个概念之间的意义关系。"作为一种科学的教学策略，主动自觉地在教学活动中运用概念图来帮助教师和学生提高教学质量。

(3) 作用相近

两者相近的地方在于，在帮助人们分析问题，整理思路方面都起到了积极的有效作用，可以展示思维过程，使思维过程可视化，相对于文字的说明表达方式更加卓有成效。在实际的应用过程中，可以将它们作为不同的表达方式，来展示自己的思路、对问题的理解认识和看法，也可以把它们综合运用。

3. 思维导图的作用

理清知识脉络，用大脑易于接受的图画方式表达出来；减少无用信息对思维进行干扰，让思维更集中、头脑更敏捷；对思想进行梳理并使它逐渐清晰；发散的图式及图形的运用极大激发联想力、想象力。

节省时间、快速理解、快速记忆；更容易解决问题；集中注意力、让学习变得快乐；以良好的成绩通过考试。

看到知识体系的"全景"，锻炼统筹思维；表现出更多的创造力、激发无限的点子；让知识变成一张网，从而加速达到融会贯通的境界。

制订计划，帮助分清轻重缓急、运筹帷幄；更有效地与别人沟通、更清楚地认识自己；让目标更清晰，未来更明朗，动力更持久。

4. 思维导图的绘制

绘制思维导图并不像想象的那样复杂，正如成功并不像想象的那样困难一样。其绘制过程如图1-5所示。

（1）绘制工具

只需准备好如图1-5所示的物品，就可以开始画了：A4白纸，彩色水笔和铅笔，大脑，想象力。

（2）绘制步骤

第一步：在纸中心画上主题或中心图。

第二步：在思维导图中心图引出分支并写上关键词。

1）中心图的分支要由厚到细，就像树枝向上生长变细一样，同时分支要有发散感。

2）中心图分支布局要均匀分布，这样整幅图看起来平衡、有美感。

3）分支长度略大于关键词的长度，好像分支把文字包起来一样，也可以用线框把字围起来。

第三步：继续发散联想细画分支并写上关键词（注意不同分支采用不同颜色）。

画分支要用曲线；线长略大于词长；每个分支写上一个关键词。

第四步：在关键词旁边画上小图、图标。

小图可以用简笔画、漫画等形式。画小图的过程，就是联想、想象的过程，帮助记忆。

第五步：如要强调顺序，可以在次分支关键词旁写上序号。

如果关键词很有必要再详细分析，可以在关键词旁写上引号，然后在纸的一个空白地方写上对应的引号和分析的内容。如果想强调各关键词的关系，还可以用箭头等直观表示。如果用箭头不方便直观表示各关键词的关系，也可以在有关系的关键词旁分别画上相同的图标来表示。

（3）绘制技巧

就像画画需要技巧一样，绘制思维导图也有一些自己独特的技巧要求。

1）先把纸张横过来放，这样宽度比较大。在纸的中心，画出能够代表心目中的主题形象的中心图，再用水彩笔尽任意发挥思路。

2）绘画时，应先从图形中心开始，画一些向四周放射出来的粗线条。每一条线都使用不同的颜色，这些分枝代表关于主题的主要思想。在绘制思维导图的时候，可以添加无数根线。在每一个分枝上，用大号的字清楚地标上关键词。这样，当想到这个概念时，这些关键词立刻就会从大脑里跳出来。

3）要善于运用想象力，改进思维导图。

可以利用想象，使用大脑思维的要素——图画和图形来改进这幅思维导图。用联想来扩展这幅思维导图。对于每一个正常人来讲，每一个关键词都会想到更多的词。例如，写下"橘子"这个词，就会想到颜色、果汁、维生素C等。

根据联想到的事物，从每一个关键词上发散出更多的连线。连线的数量取决于所想到东西的数量，可能有无数个。

（4）绘制要点

1）从白纸的中心开始画，周围要留出空白。

从中心开始，会让大脑的思维能够向任意方向发散，自由地以自然的方式表达自己。

2）用一幅图像或图画表达中心思想。

"一幅图画抵得上上千个词汇"，它可以充分发挥想象力。一幅代表中心思想的图画越生动有趣，就越能集中注意力，集中思想，让大脑更加兴奋。

3）绘图时尽可能地使用多种颜色。

颜色和图像一样能让大脑兴奋，能让思维导图增添跳跃感和生命力，为创造性思维增添巨大能量。此外，自由地使用颜色让绘画本身也非常有趣。

4）连接中心图像和主要分枝，再连接主要分枝和二级分枝，再连二级分枝和三级分枝，依次类推。

所有大脑都是通过联想来工作的，把分枝连接起来，会很容易地理解和记住更多的东西。这就像一棵茁壮生长的大树，树杈从主干生出，向四面八方发散。假如主干和主要分枝，或是主要分枝和更小的分枝及分枝末梢之间有断裂，那么整幅图就无法气韵流畅。

5）用美丽的曲线连接，永远不要使用直线连接。

大脑会对直线感到厌烦。曲线和分枝，就像大树的枝杈一样，更能吸引眼球。要知道，曲线更符合自然，具有更多的美的因素。

6）每条线上注明一个关键词。

思维导图并不完全排斥文字，它更多地是强调融图像与文字的功能于一体。一个关键词会使思维导图更加醒目，更为清晰。每一个词汇和图形都像一个母体，繁殖出与它自己相关的、互相联系的一系列"子代"。就组合关系来讲，单个词汇具有无限的一定性时，每一个词都是自由的，这有利于新创意的产生。短语和句子却容易扼杀这种火花效应，因为它们已经成为一种固定组合。可以说，思维导图上的关键词就像手指上的关节一样，写满短语或句子的思维导图，就像缺乏关节的手指一样，如同僵硬的木棍。

7）自始至终使用图形。

每一个图像，就像中心图形一样，相当于一千个词汇。所以，假如思维导图里仅有10个图形，就相当于记了一万字的笔记。

1.3.3 头脑风暴法

1. 头脑风暴法的概念

头脑风暴法是由美国创造学家A·F·奥斯本于1939年首次提出、1953年正式发表的一种激发性思维的方法。此法经各国创造学研究者的实践和发展，至今已经形成了一个发明技法群，如奥斯本智力激励法、默写式智力激励法、卡片式智力激励法等。

（1）头脑风暴法的定义

头脑风暴法出自"头脑风暴"一词。所谓头脑风暴（Brain-Storming），最早是精神病理学上的用语，指精神病患者的精神错乱状态而言的，现在则成为无限制的自由联想和讨论的代名词，其目的在于产生新观念或激发创新设想。

头脑风暴法（BS法）又称智力激励法、脑力激荡法、思维共振法或自由思考法（畅谈法、畅谈会、集思法），是一种激发集体智慧产生和提出创新设想的思维方法，指一群人（或小组）围绕一个特定的兴趣或领域，进行创新或改善，产生新点子，提出新办法。头脑风暴是一种极为有效的开启创新思维的方法。头脑风暴通过集思广益、发挥集体智慧，迅速地获得大量的新设想与创意。对于创造性活动具有非常大的实用意义。

（2）头脑风暴法的特性

在群体决策中，由于群体成员心理相互作用影响，易屈于权威或大多数人意见，形成所谓的"群体思维"。群体思维削弱了群体的批判精神和创造力，损害了决策的质量。为了保证群体决策的创造性，提高决策质量，管理上发展了一系列改善群体决策的方法，头脑风暴法是较为典型的一个。

头脑风暴法又可分为直接头脑风暴法（通常简称为头脑风暴法）和质疑头脑风暴法（也称反头脑风暴法）。前者是在专家群体决策尽可能激发创造性，产生尽可能多的设想的方法，后者则是对前者提出的设想、方案逐一质疑，分析其现实可行性的方法。

采用头脑风暴法组织群体决策时，要集中有关专家召开专题会议，主持者以明确的方式向所有参与者阐明问题，说明会议的规则，尽力创造融洽轻松的会议气氛。一般不发表意见，以免影响会议的自由气氛。由专家们"自由"提出尽可能多的方案。

在头脑风暴中，每一个人都被鼓励就某一具体问题及其解决办法，畅所欲言，提供己见，从而产生尽可能多的观点，即便有些主意可能不会被完全采纳。头脑风暴的效用在于较之个体之和，群体参与能够达到更高的创造性协同水平。

头脑风暴通过集思广益、发挥集体智慧，迅速获得大量的新设想与创意，是一种极为有效的开启创新思维的方法。

（3）头脑风暴法的要点

如何能做一次成功的头脑风暴呢？其要点无非如下述：
1）建立一个自由讨论的主题。
2）头脑风暴的组织人让每个人按顺序说出他的想法。
3）将每个想法记录在写字板或白板上。
4）用尽所有的想法，合并类似的想法、删除不合适的想法。
5）如果一个想法需要缩短，要求提出者说出更简短的版本。

2. 头脑风暴法的规则

一次成功的头脑风暴研讨会一般有以下五条主要规则：

(1) 头脑风暴会上没有坏主意

多多鼓励奇怪的、夸张的观点。驯服一个这样的观点比想出一个立即生效的观点要容易得多。观点越"疯狂"越好。那些奇异的和不可行的观点，可以引出更多思考与创意。欢迎各抒己见，自由鸣放。创造一种自由的气氛，激发参加者提出各种荒诞的想法。记住，头脑风暴会上没有坏主意，无论它是多么的不可思议。

(2) 不对任何主意（点子）做积极的或消极的评断

庭外判决原则对各种意见、方案的评判必须放到最后阶段，此前不能对别人的意见提出批评和评价。认真对待任何一种设想，而不管其是否适当和可行。只有到头脑风暴会议结束时，才开始对观点进行评判。进行头脑风暴时，不要暗示某个想法不会有作用或它有什么消极的副作用。头脑风暴会上没有坏主意，它们都有可能成为好的有潜力的观点。

将所有观点记录下来，延迟再对它进行评判。一是避免干扰和妨碍参与者畅所欲言；二是任何评估都是需要花费脑力和时间的，不应该在过程中抽出时间来进行评论。

(3) 注重数量，而非质量

在头脑风暴时，应该寻求的是观点的数量。意见越多，产生好意见的可能性越大。要在给定的时间内，提炼出尽可能多的观点。提出的观点数量越多，最后反思时，就更容易产生高水平的创意。

(4) 在他人提出的观点之上建立新观点

在别人的观点上进行拓展，使用其观点来激发自己的。通过成员相互交换想法，从而实现创意的碰撞与结合，可以将讨论引往意想不到的方向，探索取长补短和改进办法，除提出自己的意见外，鼓励参加者对他人已经提出的设想进行补充、改进和综合。

(5) 每个人和每个观点都有相等的价值

每个人都有对事情和解决方法的独特视角，所有人都应该参与进来。只有每一位成员都自由地、自信地贡献创意和观点，头脑风暴才会取得真正的成功。

3．头脑风暴法的激发机理

头脑风暴之所以能激发创新思维，主要有以下几点：

(1) 联想反应

联想是产生新观念的基本过程。在集体讨论问题的过程中，每提出一个新的观念，都能引发他人的联想。相继产生一连串的新观念，产生连锁反应，形成新观念堆，为创造性地解决问题提供更多的可能性。

(2) 热情感染

在不受任何限制的情况下，集体讨论问题能激发人的热情。人人自由发言、相互影响、相互感染，能形成热潮，突破固有观念的束缚，最大限度地发挥创造性地思维能力。

(3) 竞争意识

在有竞争意识的情况下，人人争先恐后，竞相发言，不断地开动思维机器，力求有独到见解，新奇观念。心理学的原理告诉我们，人类有争强好胜心理，在有竞争意识的情况下，人的心理活动效率可增加50%或更多。

(4) 个人欲望

在集体讨论解决问题的过程中，个人的欲望自由，不受任何干扰和控制，是非常重要的。头脑风暴法有一条原则，不得批评仓促的发言，甚至不许有任何怀疑的表情、动作、神色。这就能使每个人畅所欲言，提出大量的新观念。

4．头脑风暴法的实施

(1) 组织形式

参加人数一般为5～10人（课堂教学也可以班为单位），最好由不同专业或不同岗位者组成；会议时间控制在1小时左右。

设一名主持人，主持人只主持会议，对设想不作评论。设记录员1～2人，要求认真将与会者的每个设想不论好坏都完整地记录下来。

(2) 会议流程

会议提出的设想应由专人简要记载下来或录音录像，以便由分析组对会议产生的设想进行系统化处理，供下一阶段（质疑阶段）使用。系统化处理程序如下：

1) 对所有提出的设想编制名称一览表。

2) 用通用术语说明每一设想的要点。

3) 找出重复的和互为补充的设想，并在此基础上形成综合设想。

4) 提出对设想进行评价的准则。

5）分组编制设想一览表。

（3）会议的类型

设想开发型：这是为获取大量设想、为课题寻找多种解题思路而召开的会议。因此，要求参与者要善于想象，语言表达能力要强。

设想论证型：这是为将众多的设想归纳转换成实用型方案召开的会议，要求与会者善于归纳、善于分析判断。

（4）会前准备工作

会议要明确主题。会议主题提前通报给与会人员，让与会者有一定准备。

选好主持人。主持人要熟悉并掌握该技法的要点和操作要素，摸清主题现状和发展趋势。

参与者要有一定的训练基础，懂得该会议提倡的原则和方法。

会前可进行柔化训练，即对缺乏创新锻炼者进行打破常规思考、转变思维角度的训练活动，以减少思维惯性，从单调的紧张工作环境中解放出来，以饱满的创造热情投入激励设想活动。

（5）会议原则

为使与会者畅所欲言，互相启发和激励，达到较高效率，必须严格遵守下列原则：

1）禁止批评和评论，也不要自谦。对别人提出的任何想法都不能批判、不得阻拦。即使自己认为是幼稚的、错误的，甚至是荒诞离奇的设想，也不得予以驳斥；同时也不允许自我批判，在心理上调动每一个与会者的积极性，彻底防止出现一些"扼杀性语句"和"自我扼杀语句"。诸如"这根本行不通""这想法太陈旧了""这是不可能的""这不符合某某定律"，以及"我提一个不成熟的看法""我有一个不一定行得通的想法"等语句，禁止在会议上出现。只有这样，与会者才可能在充分放松的心境下，在别人设想的激励下，集中全部精力开拓自己的思路。

2）目标集中，追求设想数量，越多越好。在智力激励法实施会上，只强制大家提设想，越多越好。会议以谋取设想的数量为目标。

3）鼓励巧妙地利用和改善他人的设想，这是激励的关键所在。每个与会者都要从他人的设想中激励自己，从中得到启示，或补充他人的设想，或将他人的若干设想综合起来提出新的设想等。

4）与会人员一律平等，各种设想全部记录下来。与会人员，不论是该方面的专家、员工，还是其他领域的学者，以及该领域的外行，一律平等；各种设想，不论大小，甚至是最荒诞的设想，记录人员也要认真地将其完整记录下来。

5）主张独立思考，不允许私下交谈，以免干扰别人思维。

6）提倡自由发言，畅所欲言，任意思考。会议提倡自由奔放、随便思考、任意想象、尽量发挥，主意越新、越怪越好，因为它能启发人推导出好的观念。

7）不强调个人的成绩，应以小组的整体利益为重，注意和理解别人的贡献，人人创造民主环境，不以多数人的意见阻碍个人新的观点产生，激发个人追求更多更好的主意。

（6）会议实施步骤

会前准备：参与人、主持人和课题任务三落实，必要时可进行柔性训练。

设想开发：由主持人公布会议主题并介绍与主题相关的参考情况；突破思维惯性，大胆进行联想；主持人控制好时间，力争在有限的时间内获得尽可能多的创意性设想。

设想的分类与整理：一般分为实用型和幻想型两类。前者是指目前技术工艺可以实现的设想，后者指目前的技术工艺还不能完成的设想。

完善实用型设想：对实用型设想，再用头脑风暴法去进行论证和二次开发，进一步扩大设想的实现范围。

幻想型设想再开发：对幻想型设想，再用头脑风暴法进行开发，通过进一步开发，就有可能将创意的萌芽转化为成熟的实用型设想。这是头脑风暴法的一个关键步骤，也是该方法质量高低的明显标志。

(7) 主持人技巧

主持人应懂得各种创造思维和技法，会前要向与会者重申会议应严守的原则和纪律，善于激发成员思考，使场面轻松活跃而又不失头脑风暴的规则。

可轮流发言，每轮每人简明扼要地说清楚创意设想一个，避免形成辩论会和发言不均。

要以赏识激励的词句语气和微笑点头的行为语言，鼓励与会者多出设想，如"对，就是这样！""太棒了！""好主意！这一点对开阔思路很有好处！"等。

禁止使用下面的话语："这点别人已说过了。""实际情况会怎样呢？""请解释一下你的意思。""就这一点有用。""我不赞赏那种观点。"等。

经常强调设想的数量，比如平均3分钟内要发表10个设想。

遇到人人皆才穷计短出现暂时停滞时，可采取一些措施，如休息几分钟，自选休息方法，散步、唱歌、喝水等，再进行几轮头脑风暴。或发给每人一张与问题无关的图画，要求讲出从图画中所获得的灵感。

根据课题和实际情况需要，引导大家掀起一次又一次头脑风暴的"激波"。如课题是某产品的进一步开发，可以从产品改进配方思考作为第一激波、从降低成本思考作为第二激波、从扩大销售思考作为第三激波等。又如，对某一问题解决方案的讨论，引导大家掀起"设想开发"的激波，及时抓住"拐点"，适时引导进入"设想论证"的激波。

要掌握好时间，会议持续1小时左右，形成的设想应不少于100种。最好的设想往往是会议要结束时提出的。因此，预定结束的时间到了可以根据情况再延长5分钟，这是人们容易提出好的设想的时候。在1分钟时间里再没有新主意、新观点出现时，头脑风暴会议可宣布结束或告一段落。

5. 头脑风暴法的参与人

头脑风暴法的所有参加者，都应具备较高的联想思维能力。在进行"头脑风暴"（即思维共振）时，应尽可能提供一个有助于把注意力高度集中于所讨论问题的环境。有时某个人提出的设想，可能正是其他准备发言的人已经思考过的设想。其中一些最有价值的设想，往往是在已提出设想的基础之上，经过"思维共振"的"头脑风暴"，迅速发展起来的设想，以及对两个或多个设想的综合设想。因此，头脑风暴法产生的结果，应当认为是专家成员集体创造的成果，是专家组这个宏观智能结构互相感染的总体效应。

(1) 头脑风暴法中的专家小组

为提供一个良好的创造性思维环境，应该确定专家会议的最佳人数和会议进行的时间。经验证明，专家小组规模以10~15人为宜，会议时间一般以20~60分钟效果最佳。专家的人选应严格限制，便于参加者把注意力集中于所涉及的问题。

具体应按照下述三个原则选取：

1）如果参加者相互认识，要从同一职位（职称或级别）的人员中选取。领导人员不应参加，否则可能对参加者造成某种压力。

2）如果参加者互不认识，可从不同职位（职称或级别）的人员中选取。这时不应宣布参加人员职位，不论成员的职称或级别的高低，都应同等对待。

3）参加者的专业应力求与所论及的决策问题相一致，这并不是专家组成员的必要条件。专家中最好包括一些学识渊博，对所论及问题有较深理解的其他领域的专家。

头脑风暴法专家小组应由下列人员组成：

方法论学者：专家会议的主持者。设想产生者：专业领域的专家。分析者：专业领域的高级专家。演绎者：具有较高逻辑思维能力的专家。

（2）头脑风暴法中的主持人

头脑风暴法的主持工作，最好由对决策问题的背景比较了解并熟悉头脑风暴法的处理程序和处理方法的人担任。头脑风暴主持者的发言应能激起参加者的思维"灵感"，促使参加者感到急需回答会议提出的问题。

通常在"头脑风暴"开始时，主持人需要采取询问的做法，因为主持人很少有可能在会议开始5~10分钟内创造一个自由交换意见的气氛，并激起参加者踊跃发言。主持人的主动活动也只局限于会议开始之时，一旦参加者被鼓励起来以后，新的设想就会源源不断地涌现出来。这时，主持人只需根据"头脑风暴"的原则进行适当引导即可。应当指出，发言量越大，意见越多种多样，所论问题越广越深，出现有价值设想的概率就越大。

第 2 章　工厂与车间的环境与管理

工厂与车间都属于现场,现场有广义和狭义两种。广义上,凡是企业用来从事生产经营的场所,都称之为现场,如厂区、车间、建筑工地、农场、仓库、运输线路、办公室及营销场所等。狭义上,现场是指企业内部直接从事基本或辅助生产过程组织的结果,是生产系统布置的具体体现,是企业实现生产经营目标的基本要素之一。现场管理是生产第一线的综合管理,是生产管理的重要内容,也是生产系统合理布置的补充和深入。

本章主要介绍工厂安全健康环境(EHS)的基本知识,并把安全作为重要内容进行介绍,希望读者引起足够重视,并遵循各基本指引与注意事项。同时,本章还对现代化现场通常必备的 5S 管理和可视化管理原则进行介绍,这些素养的养成对职业生涯刚刚起步的人是非常重要的训练。

2.1　工厂安全健康环境知识

本节的学习目标是,初步学习工厂安全健康环境(EHS)框架与体系的概念、理念与实务。如何在日常的点滴工作中加强安全管理,提高我们的安全意识,预防事故;掌握安全生产基本知识,作好自身的日常安全管理;掌握事故应急与处理方法;有效辨识危害,掌握危害与风险的辨识、评估及控制,做好事前化解与预防。

2.1.1　工厂 EHS 基本概念

工厂安全健康环境是国内企业管理界的习惯用法,就是英文的 EHS,EHS 分别是 Environment、Health、Safety 单词的第一个字母。E 代表环境(Environment)、H 代表健康(Health)、S 代表安全(Safety)。

企业必须预防为主,从源头消除隐患,才能提升安全管理绩效,建立职业安全卫生风险的指导方法和行动原则及管理目标。

1. 工厂 EHS 的定义

(1) 环境(E)的概念

环境的内容包括:环境的定义和组成,环境的影响,覆盖产品、活动、服务,相关的国际标准 ISO 14000 系列。

环境的定义和组成包括:空气、水、土地、自然资源、植物、动物、人以及它们之间的相互关系。因此,环境是多种介质的组合,如水、空气、土地等,是社会组织运行活动的外部存在。ISO 14001 所关注的环境,区别于人们所营造的软件环境(例如:人文环境、经济环境和政治环境等)。

环境的影响包括：由环境因素而导致的环境变化。环境影响的事例可包括：污染或自然资源枯竭。

一个社会组织应该具有的责任，或者能提供的产品、活动、服务，包括：组织生产的产品，在生命周期内是否考虑并采取措施去减少产品对环境的负面影响，或逐步采用对环境危害小的物质。组织采取的活动或付出的服务，是否关注ISO 14000环境认证定义范围内的生产、生活活动与或可望施加影响的活动。

对一个社会组织来讲，参与环境认证，即完善ISO 14001环境管理体系，目的是满足社会日益强烈的环境保护要求，有效地控制环境影响。

（2）健康（H）的概念

健康的内容包括各种工业卫生因素。工作环境的温度、湿度、照明、空气污染物、噪声、振动、辐射、体力强度、人体功效学等，通常也称之为工业卫生，也称为职业健康保护。

与工业卫生相关的标准包括工业企业设计卫生标准、工作场所有害因素职业接触极限、职业病诊断标准、防护卫生标准等。

企业组织在与工业卫生相关的卫生设计，包括选址，总体布局、平面及方向布置，防尘防毒，有害物理因素的控制（防暑防寒、防噪声与振动、电离辐射、超高压电场），人工空气的调节，辅助用室基本卫生要求，应急救援。

（3）安全（S）的概念

安全的内容包括电力安全、机械安全、化学品安全、防火防爆、建筑安全、石油化工安全、矿山安全、其他安全等。对企业而言安全通常称为工业安全。

安全作为客观存在的、具有一定可能性的随机事件，不安全的事件（意外事故）何时、何地、以何种方式和程度发生，需要一定的条件、一定的环境下，有一定的随机性。人们虽然难以从根本上杜绝事故，但是完全可以通过控制事故发生的条件来减少事故发生的概率和损失程度。

2. 工厂EHS管理体系

（1）工厂EHS管理体系的概念

环境管理体系（EMS）和职业健康安全管理体系（OHSMS）的整合，构成环境、职业健康安全管理体系，简称EHS管理体系，业内习惯称为工厂安全健康环境（EHS）管理体系，工厂安全健康环境简称为EHS。

随着全社会对环境健康安全问题的愈加关注，企业管理层对企业经营观念的深入了解，EHS管理已经从企业管理的纯粹辅助工作，变成了企业永续经营的不可或缺的组成部分。

企业为什么要推进EHS呢？是源于企业本身利益所需。关注员工的利益同时是企业本身发展所需，只有员工的敬业才有企业的繁荣。同时也是社会发展进步的需要，法律法规的要求，公众的关注。

EHS管理的目标是员工的身体健康、员工的人身安全和企业的设备安全。

企业要保证生产环境处于良好的状态，如室内的空气质量、照明、温度、地面的清洁、设备的布置，也就是保证生产现场秩序井然、布局合理，为员工提供良好舒适的工作环境。

企业又要考虑员工在生产过程中的健康问题，如操作接触有毒有害化学品、车间噪声、生产设备的振动等可能对员工的身体造成一定的健康影响。车间噪声的影响可能会导致神经系统的紊乱，从而产生焦躁不安、头痛、头晕等不良反应。

企业还要关注整个生产过程可能导致员工受伤、设备损坏的因素，并通过预防控制的手段阻止危害因素诱发至事故的发生。

(2) 工厂EHS中三要素的关系

环境（E）、健康（H）、安全（S）并不是各自独立的部分，而是紧密联系在一起的三个环节，因此在管理中也逐步将其进行整合统一。

EHS管理的核心是预防，这也正符合了"凡事预则立，不预则废"的道理。

无论从EHS的工程层面还是管理层面，EHS的三个方面都是互相制约、互相支持的。比如，我们的生产环境存在很大的问题（现场设备物品乱堆乱放、设备布局空间狭小、光线昏暗、空气污浊等），将直接影响员工的心理和生理健康，在不良的身体状况下（如烦躁不安、疲劳困顿）发生事故的概率就会增大，最终将导致伤害员工或损坏设备的事故发生。因此，如果不能创造良好的现场环境，员工的健康、生产的安全都将不能得到保证。

EHS管理体系是一种应用质量体系方法，来管理EHS活动的过程。这种方法是一个循环的PDCA过程（即规划、实施、评价和调整），就是通过第一个循环获取经验、吸取教训。而后，将获得的经验教训用于下一个循环，来改进和提高EHS管理水平。

体系的关键是人和程序，即通过人和程序将公司的EHS方针、合法要求、经营策略与公司的一系列要求连接在一起，实现与公司EHS方针相符的整体EHS业绩的持续改进。另外，管理体系应含有一套程序，以便发现不符合事项的根本原因并予以解决。

EHS管理体系模式是帮助编制或加强EHS管理体系的一种方法或模板。不过，这并不是意味着必须采用这一特定的管理体系。公司可以分别依据其他现有的体系和程序，或者重点采用其中的某些部分，来组成适合自己实际的管理体系。EHS管理体系模式具有很强的灵活性和适应性，根据企业或设施作业的规模、复杂性等因素，可适当地增减以满足要求。

2.1.2　工厂环境保护指引

1. 废弃物的处理与处置

(1) 企业与员工的义务

企业必须提供合适、合法的废弃物处理方法，合适的废弃物处置地点。提供标识识别危险废弃物及其种类，合适的废弃物存储。提供废弃物辨认、标识和处置培训。提供合适的废弃物容器、标签。提供收集、运输、合适的废弃物明细和追踪系统。不允许焚烧废弃物。

员工也必须接受废弃物处理程序的培训，即废弃物应很好地分离、收集、储存、运输和处理处置。

(2) 废弃物类型

废弃物类型包括：医疗废弃物——用过的急救用品；危险废弃物——泄漏的原料、化学品；非危险废弃物——包装材料、普通食物等卫生垃圾；具全球性影响的废弃物——杀虫剂、电池；生活垃圾。

（3）危险废弃物特性

可燃性：极易引发轰燃，引起火灾并刺激人体，易燃液体；腐蚀性：酸、碱；化学活性：导致爆炸、伴随其他化学品反应产生有毒气体；毒性：当吞食、通过皮肤吸收后可导致疾病、死亡。

（4）废弃物容器

装有废弃物的容器材质、用途要与危险废弃物及储存条件相符，并符合存储实际需要。容器的状态要处于良好状态：无生锈、无凹痕、无泄漏、无凸出。

（5）废弃物标识

废弃物标识有：识别（废弃物类型、名称）；警告（如"有毒""易燃"等）；废弃物收集日期等。这些标识必须是合适且清晰易识别的。

（6）废弃物存储

合适的存储以防着火、泄漏、虫害传染。废弃物必须和容器及其他一起存储的废弃物兼容（不相容的废弃物应分开存储）。张贴危险警告标识。

（7）有盖容器

标识废弃物及储存的日期（储存期最好少于一年）。配备个人防护用品、消防、急救及泄漏处理器材。有第二容器（110％）。足够的走道空间：确保人们可以检查这些容器。

（8）废弃物明细

能提供废弃物产生的记录，包括：日期、废弃物种类代码、废弃物名称、产生量、废弃物处理（方法、数量和地点）。

废弃物清单。能追踪危险废弃物从产生到处理全过程的记录。废弃物产生者可以确认其废弃物已经被正确的转移，及如何、何时被处理。

（9）废弃物处置

废弃物处置包括：再利用、循环再生、返还给卖主、填埋、使用化学、生物、物理的方法现场处理或非现场处理，通过认可的或许可的承包商非现场处理，经由政府许可的现场废弃物焚烧处理。

2．废水的处理及排放

公司要获得法律要求的排污许可证，排放到适当地点应经过适当的废水处理，对废水处理设施进行适当的维护以确保正常运行（如溢流、泄漏等）。

（1）许可证管理

企业在进行以下工作时，必需具有必要的许可证：

安装废水处理设备。排放污水至一个集中处理系统。排放污水至地表水或地面。抽取地表水或地下水。

（2）工业废水来源

1）生产过程，如电镀、洗熨等。

2）生活污水，常见的如滥用生活排水沟、水池来清洗或处置化学品。

3）冷凝水，蒸汽加热过程产生的循环使用的水。

4）大气排放控制系统，气体洗涤塔内用于吸收气态污染物的水。

5）溢流和泄漏，如废水处理设备中的溢流。

(3) 废水污染的预防

1) 循环：处理过的生活废水可用作园林用水、消防用水。

2) 雨污分流排水：用于分别导出雨水、生活和工业污水。

3) 第二容器：防止危险液体泄漏至排水沟。

4) 减少和替代：厂方使用其他较少危险的物质。

5) 防泄漏措施。

6) 培训污染防治意识。

(4) 污水处理

使用的方法应当基于期望处理的污染物。污水处理分为简单处理和复合处理。

1) 简单处理：简单收集，如筛网、污水井；简单处理，如中和、热交换。

2) 复合处理：生物学的（需氧的、厌氧的）、化学的和机械的处理。

生物方法也称为二级处理方法，是利用生物（微生物）处理过程来分解有机物。

物理与化学方法包括：絮凝——以悬浮物或胶体的形式除去废物；浮选——从液体中分离固体或液体粒子（如从水、污泥中分离油）；吸附——使用吸附剂（如活性炭）来去除液相中可溶的污染物；过滤；中和——加入酸或碱，某些反应物质将会从溶液中析出；消毒——用紫外线来杀灭细菌。

(5) 维护

缺乏维护将导致：溢流，从未处理过的污水中释放出难闻气味，污泥的堆积，损坏泵、鼓风机等，超过排放标准等。

3. 废气的处理及排放

(1) 许可证管理

公司应获得法律要求的排污许可证，有用以控制过多灰尘、气味、烟尘、蒸汽或其他气态污染物的适当设备，对大气排放设备合适的维护。

确保烟囱和排气口无过量的物质堆积，通常不许露天焚烧（除非获得政府的批准），露天焚烧的残渣应正确收集和处理，危险物质严禁焚烧。

在进行上述废气的排放情况下，一般需要获得政府发放的许可证，安装大气污染控制设备（如湿式洗涤器、袋式除尘器等）、使用锅炉、发电机、燃料燃烧设备、烟囱排放，工厂在审核时应出示有效的许可与证明。

许可/证明内容包括：烟囱高度、监测持续时间、取样频率、污染物类型。

(2) 预防措施

去除——从发生源除去大气排放物；取代——用更小伤害性的物质取代。所用设备有：旋风除尘器、湿式除尘器、除尘器、电除尘器。

(3) 维护

定期维护和检查来保证控制设备的效能，保留维护记录。

2.1.3 工厂健康卫生指引

1. 工作间的管理

良好的工作间管理是包括工场及其仪器和各项设施的清洁和整理，虽然需要计划和多方面的合作，但这是养成良好职业卫生习惯的第一步，清洁和整齐的工作间是确保员工安全和健康的重要因素。

(1) 环境清洁

需要配备人员来监督区域、设备和工具的日常清理工作，确保达到合格的卫生水平。比如：工作间需要定时打扫，次数和方法要与工作性质配合。垃圾或没有用的东西，应要存放在适当地方的适当器皿或废物箱中，并定期清理。

(2) 地方整理

可以改善工作效率和减少意外发生，比如：仪器、工具、器皿或工作桌面上的细小东西都要整齐地摆放，方便使用，厂房要有充足的空间来安放及储存东西。工具及物料要整齐的摆放，方便使用。

(3) 意外预防

意外的发生可以损害员工健康，甚至导致死亡，要小心使用及存放危险物品。比如，容器要有清晰及适当的标签，说明内容。定期保养和检查各类仪器及工具。采用适当的指示、充足的训练和专责执行工作环境卫生管理的人员，可以避免环境污染和化学品泄漏。

2. 工作间的空气

工作场所的通风可以利用天然或人工的方法来提供，目的是引入清新空气，同时排出混浊废气。一种是自然通风，包括了空气从窗户和缝隙渗透进来或溜走的途径，但受天气影响，难以控制，只适宜用于控制轻微的热负荷和微量气体污染物。一种是机械通风，利用机械装置或风扇来提供新鲜空气，可以增加供给或排放的空气流量。

(1) 新鲜空气的供应

在设计和建造建筑物时，要确保通风系统符合建筑条例的附属规例要求。通风系统的新风入口应远离任何污染源头，并加装隔尘或过滤装置。在可能产生有害物质的地点内，应当设置局部抽气装置，防止污染物扩散。

(2) 维修保养

机械通风设备，要有定期检查，避免机械故障和损坏等情况出现。积聚在风扇或通风管道内的污垢，可以影响身体健康，必须定期清理，例如：通风管道、通风系统的隔尘网、风扇等。

(3) 室内温度

一般通风要保持室内温度的均衡，配合当中进行的活动，有关的因素包括气温、湿度和气流。一般而言，在自然通风的工作环境中是在27℃以下，16℃以上，当有效温度可能超越27℃时，则需要评估和控制热危害。

在空气调节的工厂内，室温昼可能保持在20～26℃及相对湿度在40%～70%间。在安装人工通风系统时，要留意出风口和员工的位置，避免气流直吹员工，引致不适。

(4) 化学污染的空气质素标准

进行危险工序的工厂内，应要有风险评估的制度，当工序有所改变或进行新工序时，需要进行风险评估。若工厂内的污染程度，已经超越了职业卫生标准，有可能需要长期或定期监测空气质量，同时也要考虑有效的控制措施以改善工作环境。

3. 机械控制方法

当工作间的工作会引起一定程度的空气污染，需要有特殊的设施来控制，避免员工接触或吸入空气中的有害物质，同时也要避免污染物积存在工作间。

(1) 全密封的方法

全密封的设备可以防止污染的散播和避免污染物积聚在工作间。喷油应在设有独立通风系统的喷油房内进行，避免影响其他员工。

(2) 屏障设备

可以把特别的工序与一般的活动完全或部分地分隔。例如：在一般办公室内，若有打印、复印或印刷工序在进行，要将其与办公室其他区域分隔开。

(3) 机械通风

抽风设备要安装于适当的位置，才可将污染物抽离工人的呼吸范围。通风设备要将受污染的空气抽走，排放到适当的地方，防止污染物积聚。

(4) 局部抽风

在进行特别危险的工序时，局部抽风系统可以有效地控制空气污染源，包括抽风罩、管道、空气净化设备及抽气扇。抽风罩的进口，要安放在污染源的最短距离内，最佳的装置是要能把污染物包围或控制在抽风罩内。若工作地点不适宜安装固定的局部抽风系统，应考虑使用流动的局部抽风系统。

4．地面及排水设备

良好的排水道可以防止滑倒的意外，并减低霉菌等微生物的滋长。地面要经常清理，保持牢固及避免湿滑。提供合适的地台，避免员工接触湿滑地面，引起意外。排水系统要经常清理。负责人员要经常巡查车间。

5．一般福利设施

(1) 洗手间及清洗设施

工作间要有足够的卫生间及洗手盆，设备应在现场附近。男、女员工要有分开的卫生间。卫生间要整齐、清洁并保持卫生。设备数量要配合员工的人数。

(2) 淋浴设施

在进行十分危险并有化学危害的工序时，在适当地点设有紧急的洗眼设备，设备要保养良好，维持清洁，让员工在紧急时可以使用。

(3) 饮用水的供应

要提供适当的饮用水给员工。饮用水设备要设置在适当地点，不应该安装在危险机器或污染源附近，同样也不可设立在洗手间内。

2.1.4 工厂安全防护指引

1．危险源的一般概念

现代工业社会，生产过程中的危险成为威胁人类安全和健康的主要因素之一。危险与安全是一对相互对立的概念，危险就是可能导致意外事件的一种已存在的或潜在的状态，它包括材料、物品、系统、工艺过程、设施等，当危险受到某种"激发"时，它将会从潜在的状态转化为引起系统损坏的事故。危险是一个泛指的概念，为了将生产过程中的危险具体明确下来，我们通过对某个系统存在的方方面面的危险进行识别，其结果形成系统中的危险源。

(1) 危险源定义

危险源是指系统中具有潜在能量和物质释放危险的，在一定触发因素作用下可能转化为事故的部位、区域、场所、空间、岗位、设备及其位置。这里所指的触发因素是危险源转化为事故的外因，它包括压力、温度、安全措施、环境、工艺等。

根据能量意外释放理论，能量或危险物质的意外释放是伤亡事故发生的物理本质。于是，把生产过程中存在的，可能发生意外释放的能量（能源或能量载体）或危险物质称作危险源。

危险源是可能导致伤害或疾病、财产损失、工作环境破坏或这些情况组合的根源或状态。实际生活和工作中危险源很多，存在的形式也较复杂，这在辨识上给我们增加了难度。生产过程中的危险源，即不安全因素种类繁多、非常复杂，它们在导致事故发生、造成人员伤害和财产损失方面所起的作用很不相同。相应地，控制它们的原则、方法也不相同。如果把各种构成危险源的因素，按照其在事故发生、发展过程中所起的作用划分成类别，无疑会给危险源辨识工作带来方便。

根据危险源在事故发生、发展中的作用，可将危险源划分为两大类，即第一类危险源和第二类危险源。

(2) 第一类危险源

把系统中始终存在的、可能发生意外释放的能量或危险物质称作第一类危险源。一般情况下能量被解释为物体做功的本领。做功的本领是无形的，只有在做功时才显现出来。因此，实际工作中往往把产生能量的能量源或拥有能量的能量载体看作第一类危险源来处理。例如有毒有害的危险化学品、强烈放热反应的化工装置、充满爆炸性气体的空间等。

第一类危险源危险性的大小主要取决于以下几方面情况：能量或危险物质的量；能量或危险物质的意外释放强度；能量的种类和危险物质的危险性质；意外释放的能量或危险物质的影响范围。

(3) 第二类危险源

正常情况下，生产过程中的能量或危险物质受到约束或限制，不会发生意外释放，即不会发生事故；但是，一旦这些约束或限制能量或危险物质的措施受到破坏或失效（故障），则将发生事故。导致能量或危险物质约束或限制措施破坏或失效的各种因素称作第二类危险源，又称作危险因素。通常包括人、物、环境等方面的问题。

第二类危险源往往是一些围绕第一类危险源随机发生的现象，它们出现的情况决定事故发生的可能性。第二类危险源出现的越频繁，发生事故的可能性越大。

一起伤亡事故的发生往往是两类危险源共同作用的结果。第一类危险源是伤亡事故发生的能量主体，决定事故后果的严重程度。第二类危险源是第一类危险源造成事故的必要条件，决定事故发生的可能性。

为了防止第一类危险源导致事故，必须采取措施约束、限制能量或危险物质，控制危险源，减少危险因素。

2. 危险因素的分析

危险因素的发生主要是指能量或有害物质的失控：设备故障和缺陷、人员的失误、管理缺陷、环境因素等。主要包括以下三种：

(1) 物的故障

物的故障是指机械设备、装置、元部件等由于性能低下而不能实现预定的功能的现象。从安全功能的角度，物的不安全状态也是物的故障。物的故障可能是固有的，由于设计、制造缺陷造成的；也可能由于维修、使用不当，或磨损、腐蚀、老化等原因造成。

(2) 人的失误

人的失误是指人的行为结果偏离了被要求的标准，即没有完成规定功能的现象。人的不安全行为也属于人的失误。人的失误会造成能量或危险物质控制系统故障，使屏蔽破坏或失效，从而导致事故发生。

(3) 环境因素

人和物存在的环境，即生产作业环境中的温度、湿度、噪声、振动、照明或通风换气等方面的问题，会促使人的失误或物的故障发生。

3. 危险源与事故发生的关联性

(1) 危险源产生的原因

危险源产生的原因是存在能量和有害物质。能量就是做功的能力，可以造福人类，也可以造成人员伤亡和财产损失；有害物质能损害人员健康，破坏设备和物品性能。

一起伤亡事故的发生往往是危险源和危险因素共同作用的结果。危险源是伤亡事故发生的能量主体，决定事故后果的严重程度。危险因素是危险源造成事故的必要条件，决定事故发生的可能性。危险源和危险因素相互关联、相互依存。危险源的存在是危险因素出现的前提，危险因素的出现是危险源导致事故的必要条件。因此，危险源辨识的首要任务是辨识危险源，在此基础上再辨识危险因素。

此外，还可从一些广义的角度对危险源进行分类，例如：机械类、电气类、辐射类、物质类、火灾与爆炸类；物理性、化学性、生物性、心理和生理性、行为性、其他。

(2) 危险源与事故

危险源由三个要素构成：潜在危险性、存在条件和触发因素。

危险源的潜在危险性是指一旦触发事故，可能带来的危害程度或损失大小，或者说危险源可能释放的能量强度或危险物质量的大小。

危险源的存在条件是指危险源所处的物理、化学状态和约束条件状态，例如：物质的压力、温度、化学稳定性、盛装容器的坚固性、周围环境障碍物等情况。

触发因素虽然不属于危险源的固有属性，但它是危险源转化为事故的外因，而且每一类型的危险源都有相应的敏感触发因素。例如，对于易燃、易爆物质，热能是其敏感触发因素；又如，对压力容器，压力升高是其敏感触发因素。因此，一定的危险源总是与相应的触发因素相关联的。

在触发因素的作用下，危险源转化为危险状态，继而转化为事故。

对重大危险源分析主要从能量储存的安全条件和影响能量储存的不安全因素出发进行。这类不安全因素包括物理因素、化学因素和人的不安全行为等。

4. 危险源的辨识

危险源的辨识评价和控制是企业安全管理的主要内容，它对于明确企业安全管理的重点，控制事故的发生，以寻求最低事故率、最少的人员伤亡和经济损失起着重要的作用，同时，也是建立《职业健康安全管理体系》的重要内容。所以，对企业危险源的识别、评价和控制是预防和控制工伤事故和职业危害的必要手段。

通过对系统的分析、界定出危险源，并评价其危险的性质、危害程度、存在状况、危险源能量与物质转化过程的规律、转化的条件、触发因素等，以便有效地控制能量和物质的转化、使危险源不至于转化为事故。

(1) 辨识范围

从以下方面可以对危险化学品的危险源进行辨识。

1) 工作环境：包括周围环境、工程地质、地形、自然灾害、气象条件、资源交通、抢险救灾支持条件等。

2) 平面布局：

各功能分区：生产、管理、辅助生产、生活区等；各种设施：高温、有害物质、噪声、辐射、易燃、易爆、危险品等；各建筑物：建筑物布置、构筑物布置、风向、安全距离、卫生防护距离等。

3) 运输路线：施工便道、各施工作业区、作业面、作业点的贯通道路及与外界联系的交通路线等。

4) 施工工序：物质特性（毒性、腐蚀性、燃爆性）、温度、压力、速度、作业及控制条件，事故及失控状态。

5) 生产设备：高温、低温、腐蚀、高压、振动、关键部位的备用设备；控制、操作、检修、故障和失误时等紧急异常情况下的机械设备及其运动部件；电气设备的断电、触电、火灾、爆炸。

6) 构筑物与设施：防静电、防雷电、防火、防爆等建筑物结构与设施；运输通道、采光结构、开门朝向、生产卫生设施等结构与设施。

7) 特殊装置与设备：锅炉房、动力机房、危险品库房、柴油机、油罐等。

8) 有害作业部位：粉尘、毒物、噪声、振动、辐射、高温、低温等。

(2) 危险源辨识方法

1) 直观经验法：该方法适用于有可供参考先例，有以往经验可以借鉴的危险源辨识过程，不能应用在没有可供参考先例的新系统中。

可以进行对照和依据经验进行辨析。对照有关标准、法规、检查表或依靠分析人员的观察分析能力，借助于经验和判断能力直观地辨识危险源、评价危险性的方法。该方法的优点是简便、易行；缺点是受知识、经验、资料限制，易遗漏（如建筑行业的安全检查表）。

可以进行类比方法辨析。利用相同或相似系统或作业条件的经验和职业安全卫生的统计资料类推辨识危险源、评价危险性的方法。

其他类似的辨析方法有物质及作业环境危险源辨识法、事故和职业危害和直接原因辨识法、事故辨识法等。

2) 系统安全分析方法：即应用系统安全工程评价方法的部分方法进行危险源辨识、评价危险性，系统安全分析方法常用于复杂系统，没有事故经验的新开发系统。

通常的方法有事件树法（ETA）、事故树法（FTA）和危险性预先分析法（PHA）等。

(3) 危险化学品重大危险源的辨识

重大危险源是指能导致重大事故发生的危险源。危险化学品重大事故特指为重大火灾、爆炸、毒物泄漏事故，重大事故包括以下几种。

由易燃易爆物质引起的事故：产生强烈辐射和浓烟的重大火灾；威胁到危险物质，可能使其发生火灾、爆炸或毒物泄漏的火灾；产生冲击波、飞散碎片和强烈辐射的爆炸。

由有毒物质引起的事故：有毒物质缓慢或间歇性地泄漏；由于火灾或容器损坏引起的毒物逃散；设备损坏造成毒物在短时间内急剧泄漏；大型储存容器破坏、化学反应失控、安全装置失效等引起的有毒物大泄漏。

由上述重大事故分类可以看出，导致危险化学品重大事故发生的最根本的危险源是存在导致火灾、爆炸、中毒事故发生的危险有害物质。

(4) 其他有效辨识

危险源的来源无非是来自：物的不安全状态；人的不安全行为；管理缺陷及环境方面的因素。

环境因素是组织活动产品或服务中能与环境发生相互作用的要素。识别环境因素时应考虑大气污染、水体污染、土壤污染、废弃物污染、原材料与自然资源的使用，对社区的影响及其他地方性环境影响。

在进行危险源辨识时也可列出一份问题的提示单，例如：
- 在平地上滑倒（跌倒）；
- 人员从高处坠落；
- 工具、材料等从高处坠落；
- 头上部空间不足；
- 与工具、材料等的手提、搬运有关的危险源；
- 与装配、试车、操作、维护、改型、修理和拆卸有关的装置、机械的危险源；
- 车辆危险源，包括场地运输和公路运输；
- 火灾和爆炸；
- 对员工的暴力行为；
- 可吸入的物质；
- 可伤害眼睛的物质或试剂；
- 可通过皮肤接触和吸收而造成伤害的物质；
- 可通过摄入（如通过口腔进入体内）造成伤害的物质；
- 有害能量（如电、辐射、噪声、振动）；
- 由于经常性的重复动作而造成的与工作有关的上肢损伤；
- 不适当的热环境，如过热；
- 照明度；
- 易滑、不平坦的场地或地面；
- 不适当的楼梯护栏或手栏；
- 合同方人员的活动。

上面所列并不全面。企业应该且必须根据其工作活动的性质和工作场所的特点，编制危险源辨识与风险评价表，见表 2-1。据此，在不同的区域为员工编制有针对性的危险源提示单。

表 2-1 危险源辨识与风险评价表

部门/工序：设备部

序号	部门/地点	工作步骤/活动	危险源	危险因素(人/机/物/法/环)	可能导致的事故/事件 事故结果	可能导致的事故/事件 事故类别	危险源类别 物理	危险源类别 化学	危险源类别 行为	危险源类别 其他	风险评价 发生的可能性(L)	风险评价 暴露危险环境频度(E)	风险评价 事故产生后果(C)	风险值(D)	危险源风险等级 极高 I	危险源风险等级 高 II	危险源风险等级 一般 III	危险源风险等级 可接受 IV	现有控制措施 现有控制文件 文件编号	现有控制措施 无控制文件，但已采取的控制措施	建议改进的措施	备注
1	全厂区域	电源、开关接驳	电源线磨损、潮湿、线头裸露	机	触电	触电	电危害				3	3	6	54			√		NK/XR-012			纳入检查
2			操作失误	人	触电	触电			操作失误		3	3	6	54			√		NK/XR-012			编入新建制度
3			设备设施缺陷	机	高处坠落	高处坠落	设备缺陷				1	3	6	18				√	EOWI-033			
4			操作失误	人	高处坠落	高处坠落			操作失误		3	3	6	54			√		EOWI-033			
5			电源线磨损、潮湿、线头裸露	机	触电	触电	电危害				3	2	15	90			√		NK/XR-012			
6			操作失误	人	触电	触电			操作失误		3	2	15	90			√		NK/XR-012			
31	设备维修间	设备维修	没带焊工手套	人	灼烫	灼烫			违规作业		6	3	3	54			√		ZW4/DH 63.47			
32			火花飞溅	机	灼烫	灼烫	运动危害				6	3	3	54			√		ZW4/DH 63.48			
33			高温物体焊条	机			高温物质				3	3	15	135			√		ZW4/DH 63.50			

续表

序号	部门/地点	工作步骤/活动	危险因素(人/机/物/法/环)	危险源	可能导致的事故/事件		危险源类别				风险评价				危险源风险等级				现有控制措施			建议改进的措施	备注
					事故结果	事故类别	物理	化学	行为	其他	发生的可能性(L)	暴露危险环境频度(E)	事故产生后果(C)	风险值(D)	极高 I	高 II	一般 III	可接受 IV	现有控制文件	文件编号	无控制文件,但已采取的控制措施		
34			人	操作失误	未带眼镜操作	其他伤害			操作失误		3	2	3	18				√					
35		加工零件	机	运动物	碎片飞出伤人	机械伤害	运动危害				3	2	3	18				√		NK/SG 001			
36	设备维修间		法	粉尘	呼吸、眼睛	其他伤害				其他	3	2	3	18				√					
37		粘结	法	高温物质	烫伤	灼烫				其他	3	2	3	18				√					纳入检查

2.2　工厂安全生产注意事项

工厂的员工有安全生产的义务。遵守本单位的安全生产规章制度和安全操作规程，服从管理，正确佩戴和使用劳动防护用品；接受安全生产教育和培训；及时报告事故隐患和不安全因素；参加事故抢险和救援。

2.2.1　消防安全注意事项

1. 灭火基本原理

火灾过程一般分为初起、发展、猛烈、下降、熄灭五个阶段。在灭火中，要抓紧时机，正确运用灭火原理，力争将火灾扑灭在初起阶段。

(1) 冷却灭火

将水直接喷洒在燃烧的物质上，使可燃物质的温度降到燃点以下，从而使燃烧停止。用水冷却灭火，是扑救火灾的常用方法，用二氧化碳灭火剂冷却效果更好。还可用水冷却建筑构件、生产装置和容器等，以防止它们受热后压力增大导致变形或爆炸。

(2) 隔离灭火

隔离灭火是根据发生燃烧必须具备可燃物这个条件，将燃烧物与附近的可燃物隔离或分散开，使燃烧停止。

这种灭火方法，是扑救火灾比较常用的一种方法，适用于扑救各种固体、液体和气体火灾。

(3) 窒息灭火

窒息灭火是根据可燃物质发生燃烧通常需要足够的空气（氧气）这个条件，采取适当措施来防止空气流入燃烧区，或者用惰性气体稀释空气中氧的含量，使燃烧物质因缺乏或断绝氧而熄灭。

这种灭火方法适用于扑救封闭性较强的空间或设备容器内的火灾。

2. 正确使用灭火器

灭火器是扑灭初起火灾的有效器具，正确掌握灭火器的使用方法，就能准确、快速地处置初起火灾。

(1) 二氧化碳灭火器的使用方法

二氧化碳灭火器不导电，用于扑救电气、精密仪器、油类和酸类火灾，不能扑救钾、钠、镁、铝物质火灾。

使用方法：先拔出保险销，再压合压把，将喷嘴对准火焰根部喷射。

注意事项：使用时要尽量防止皮肤因直接接触喷筒和喷射胶管而造成冻伤。扑救电器火灾时，如果电压超过600V，切记要先切断电源后再灭火。

应用范围：适用于A（固体）、B（液体）、C（气体）类火灾，不适用于D（金属）火灾。扑救棉麻、纺织品火灾时，应注意防止复燃。由于二氧化碳灭火器灭火后不留痕迹，因此适宜扑救家用电器火灾。

(2) 干粉灭火器使用方法

干粉灭火器不导电，可扑救电气设备火灾，但不宜扑救旋转电机火灾。可扑救石油、石油产品、油漆、有机溶剂、天然气和天然气设备火灾。

使用方法：与二氧化碳灭火器基本相同。但是，应注意干粉灭火器在使用之前要颠倒几次，使筒内干粉松动。使用干粉灭火器扑救固体火灾时，应将喷嘴对准燃烧最猛烈处左右喷射，尽量使干粉均匀地喷洒在燃烧物表面，直至把火全部扑灭。因干粉冷却作用甚微，灭火后一定要防止复燃。

应用范围：同样适用于A（固体）、B（液体）、C（气体）类火灾，不适用于D（金属）火灾。ABC干粉灭火器适用于各类初起火灾，BC干粉灭火器不适用于固体可燃物火灾，它们都不能用于扑救轻金属火灾。手提式ABC干粉灭火器使用方便、价格便宜、有效期长，它既可以扑救燃气灶及液化气钢瓶角阀等处的初起火灾，也能扑救油锅起火和废纸篓等固体可燃物质的火灾。

（3）手提式泡沫灭火器的使用方法

泡沫灭火器有一定导电性，用于扑救油类，或其他易燃液体火灾。不能扑救忌水和带电物火灾。

使用方法：用手握住灭火器的提环，平稳、快捷地提往火场，不要横扛、横拿。灭火时，一手握住提环，另一手握住筒身的底部，将灭火器颠倒过来，喷嘴对准火源，用力摇晃几下，即可灭火。

注意事项：具有一定的导电性，不可扑救忌水和带电物的火灾。

3. 火灾预防与火场逃生

（1）火灾预防

1）不要随意乱扔烟头。不要躺在床上或沙发上吸烟，尤其是在酒后或疲劳时。

2）在使用明火或电熨斗、电吹风等电热器具时，人不要离开。

3）过道里、楼梯上不要堆放物品，安全出口不要上锁。

4）室内供电线路应套管保护，要按照功率要求配置电源线和配电盘。

5）电焊、气割作业时注意通风和温度，严禁明火和排除可能产生的火花，氧气瓶和乙炔瓶必须分开5m以上并保持直立状态。

（2）火场逃生

火场逃生十三诀：逃生预演，临危不乱。熟悉环境，暗记出口。通道出口，畅通无阻。扑灭小火，惠及他人。保持镇静，明辨方面，迅速撤离。不入险地，不贪财物。简易防护，捂鼻匍匐。善用通道，莫入电梯。缓慢逃生，滑绳自救。避难场所，固守待援。缓晃轻抛，寻求援助。火已及身，切勿惊跑。跳楼有术，虽损求生。

4. 动火作业

动火作业是指在具有火灾爆炸危险场所内进行的施工作业过程。凡进入具有火灾爆炸危险场所动火作业的必须严格执行本动火安全管理规定。动火作业涉及进入受限空间、设备内作业、高处作业、断路作业、临时用电等情况时，必须办理相应的作业许可证。

三级动火即指在生产中动用明火或可能产生火种的作业。如熬沥青、烘砂、烤板等明火作业和凿水泥基础、打墙眼、电气设备的耐压试验、电烙铁锡焊、凿键槽、开坡口等易产生火花或高温的作业等都属于动火范围。动火作业根据作业区域火灾危险性的大小分为特级、一级、二级3个级别。动火作业所用的工具一般是指电焊、气焊（割）、喷灯、砂轮、电钻等。

(1) 特级动火

特级动火是指在处于运行状态的易燃易爆生产装置和罐区等重要部位的具有特殊危险的动火作业。所谓特殊危险是相对的，而不是绝对的。如果有绝对危险，必须坚决执行生产服从安全的原则，就绝对不能动火。特级动火的作业一般是指装置、厂房内包括设备、管道上的作业。凡是在特级动火区域内的动火必须办理特级动火证。

(2) 一级动火

一级动火是指在甲、乙类火灾危险区域内动火的作业。甲、乙类火灾危险区域是指生产、储存、装卸、搬运、使用易燃易爆物品或挥发、散发易燃气体、蒸气的场所。凡在甲、乙类生产厂房、生产装置区、储罐区、库房等与明火或散发火花地点的防火间距内的动火，均为一级动火。其区域为30m半径的范围，凡是在30m范围内的动火，均应办理一级动火证。

(3) 二级动火

二级动火是指特级动火及一级动火以外的动火作业，即指化工厂区内除一级和特级动火区域外的动火和其他单位的丙类火灾危险场所范围内的动火。凡是在二级动火区域内的动火作业均应办理二级动火许可证。

以上分级方法只是一个原则，但若企业生产环境发生了变化，其动火的管理级别也应做相应变化。如全厂、某一个车间或单独厂房的内部全部停车，装置经清洗、置换分析都合格，并采取了可靠的隔离措施后的动火作业，可根据其火灾危险性的大小，全部或局部降为二级动火管理。若遇节假日，或在生产不正常的情况下动火，应在原动火级别上做升级动火管理，如将一级升为特级，二级升为一级等。

2.2.2 用电雷电安全注意事项

1. 预防电伤害

(1) 预防触电伤害

触电事故是由电流的能量造成的，是电流伤害事故，分为电击和电伤，要注意以下几点安全要求：

1) 电气设备发生故障或损坏，如刀闸、电灯开关的绝缘或外壳破裂等，应及时报告，请电工检修，不要擅自拆卸修理。

2) 在生产中，如遇照明灯坏了或熔断器熔体熔断等情况，应请电工来调换或修理，调换熔体，粗细应适当，不能随意调大或调小，更不能用铁丝、钢丝代替。

3) 使用的电气设备，其外壳应按安全规程，必须进行保护性接地或接零。

4) 使用手电钻、电砂轮等手用电动工具，应有漏电保护器，其导线、插销、插座必须符合三相四线的要求，要有接零（接地）保护。不得将导线直接插入插座孔内使用。

5) 在清扫环境时，不要用水冲洗电器开关箱或电器设备，更不要用碱水擦拭，以免使设备受潮受蚀，造成短路和触电事故。

6) 在雷雨天，不要走进高压电杆、铁塔、避雷针的接地导线周围20m以内，以免有雷击时发生雷电流入产生跨步电压触电。

7) 对设备进行维修时，一定要切断电源，并在明显处放置"禁止合闸，有人工作"警示牌。

8) 遵守一切电气操作规程。在做维护维修时,一定要按照生产厂家的设备使用手册进行。

(2) 预防雷电伤害

在高雷爆区,雷击具有极大的破坏力,可造成电线杆、房屋等被劈裂倒塌,以及人、畜伤亡,还会引起火灾及易爆物品的爆炸。

雷电基本防护要注意以下几点:

1) 建筑物上装设避雷装置,即利用避雷装置将雷电流引入大地而消失。

2) 在雷雨时,人不要靠近高压变电室、高压电线和孤立的高楼、烟囱、电杆、大树、旗杆等,更不要站在空旷的高地上或在大树下躲雨。

3) 不能用有金属杆的雨伞。在郊区或露天操作时,不要使用金属工具,如铁撬棒等。

4) 不要穿潮湿的衣服靠近或站在露天金属商品的货堆上。

5) 雷雨天气时在高山顶上不要开手机,更不要打手机。

6) 雷雨天不要触摸和接近避雷装置的接地导线。

7) 雷雨天,在户内应离开照明线、电话线、电视线和网络线等线路,以防雷电侵入被其伤害。

8) 打雷时不要开窗、打手机和电话,不要拿喷头洗澡,不要游泳。

9) 野外遇雷不要平躺地面,应两脚并拢,双手抱头,蹲下身体,披上不透水的雨衣。

2. 电气焊机安全注意事项

(1) 使用之前

1) 非指定人员及无证人员禁止作业。

2) 至现场作业前先开具"明火作业申请单"并由担当主管确认后方可作业。

3) 每班使用前应检查焊机的绝缘是否完好,裸露的带电部分要有防护罩。

4) 劳保用品完好、合适、有效、正确使用。

5) 对焊机、维修和检查须由电工进行,焊工不得擅自拆修。

6) 移动焊机、维修焊机、改换接线等操作应在切断电源后进行。

(2) 使用之时

1) 焊接现场10m内不能有易燃易爆物品。

2) 接地或接零必须正确牢靠。

3) 现场许配备适用的灭火器。

4) 严禁在带压的容器、设备上操作。

5) 作业完成应清理场地,检查现场是否留有火灾隐患。

6) 工作完毕应及时切断电源,收好焊接电缆线,注意焊钳和回线接口的分离。防止焊钳和接口接触后短路而引发事故。

2.2.3 机械动力安全注意事项

1. 机械设备安全注意事项

(1) 一般机械伤害

危险机械设备是否具有安全防护装置,要看设备在正常工作状态下,是否能防止操作人员身体任何一部分进入危险区,或进入危险区时保证设备不能运转(运行)或者能作紧急制动。

首先,企业必须采取措施保证机械本身处于安全状态。其次,作为员工要明白,在操作机械时,危险是时时存在的。操作者应注意:

1)上岗前必须经过培训,掌握设备的操作要领后方可上岗。
2)严格按照设备的安全操作规程进行操作。
3)操作前要对机械设备进行安全检查,在确定正常后,方可投入使用。
4)机械设备的安全防护装置,必须按规定正确使用,不准不用或将其拆掉。
5)必须正确穿戴好个人防护用品。长发者必须戴工作帽,必须穿三紧(领口紧、袖口紧、下摆紧)工作服,不能佩戴项链等悬挂物,操作旋转机床不能戴手套。
6)切忌长期加班加点,疲劳作业。

(2)防止机械设备伤害

开车前,应检查机械设备主要紧固件有无松动,操纵机构、离合器、制动器是否正常,安全防护装置是否完好。

机械加工操作包括送料、定料、操作机床、清废、润滑工件及模具安装、调整、拆卸模具等一系列的工艺操作。

1)每完成一次操作后,手或脚必须离开按钮或踏板,以防误动作。
2)在使用单次行程操作时,设备应在一次操作后即分离,而滑块必须停在死点位置。
3)不要把两个坯料放在冲模上,这样有可能损坏设备,也可能发生人身事故。
4)设备在运转中,不准进行擦拭或其他清洁工作。
5)发现非正常情况时,应采取恰当的应急措施。有机械设备的场所,必须要做到"有轴必有套、有轮必有罩、有台必有栏、有洞必有盖"。
6)禁止超长度、超宽度和超厚度的加工材料使用设备。
7)两人以上同时操作,应定人开车,统一指挥,注意协调配合。
8)工作中要及时清理废料,清理、调整、检修及停电离岗前,必须停车,切断电源。
9)必须检查传送带等是否有损坏或裂纹现象,若发现损坏应及时更换。

2.动力设备安全注意事项

(1)天车安全注意事项

1)启用天车前要检查葫芦、吊绳、吊钩、电机刹车等的性能,发现有异常应及时排除,不能强行作业。
2)天车操作员要注意装运人员,服从指挥,密切配合。
3)操作员应熟悉天车各控制方向,并能准确判别出天车的运行方向。
4)起吊斜度不得超过15°,吊钩离葫芦至少保持1m以上距离。在一般情况下,所吊物品离地面为1m左右,待需要升高才可以升至所需高度。
5)升高以后,吊物下面严禁站人。天车在运行时,操作员应集中精神,被吊物品应避免跨越生产设备及机台人员。
6)天车转换方向时,应待天车停稳后才能进行换向。
7)天车严禁高频率点动或骤行骤停,保持被吊物品平稳运行。

8) 天车应定时检查，确保天车合格使用。
9) 保持轨道畅通。

（2）叉车操作注意事项

1) 经培训并持有驾驶执照的司机方可开车。
2) 在开车前检查各控制和警报装置，如发现损坏或有缺陷时，应在修理后操作。
3) 搬运时不应超过规定负荷，货叉须全部插入货物下面，并使货物均匀放在货叉上，不许用单个货叉尖挑货物。
4) 平稳地进行起动、转向、行驶、制动和停止，在潮湿的或光滑的路面，转向时须减速。
5) 装物行驶应把货物放低，门架后倾。
6) 坡道行驶应小心行驶，在大于十分之一的坡道上行驶时，上坡应向前行驶，下坡应后退行驶，上、下坡忌转向，叉车在行驶时，请勿进行装卸作业。
7) 行驶时应注意行人、障碍物和坑洼路面，并注意叉车上方的空隙。
8) 不准人站在货叉上，车上不准载人。
9) 不准人站在货叉下，或在货叉下行走。
10) 不准从司机座以外的位置上操纵车辆和属具。
11) 不要搬运未固定或松散堆垛的货物，小心搬运尺寸较大的货物。
12) 起升高度大于 3m 的高门架叉车应注意上方货物掉下，必要时须采取防护措施。工作时应尽量使门架后倾，并在最小范围内做前后倾。
13) 加燃油时，司机不要在车上，并使发动机熄火，在检查电瓶或油箱液位时，不要点火。
14) 离车时，将货叉下降着地，并将挡位手柄放在空挡位置，发动机熄火并断开电源，将手制动拉好，在坡道停车时，还须用垫块垫住车轮。

（3）燃煤锅炉安全注意事项

燃煤锅炉有多种类型，可按燃烧方式、除渣方式及结构安装方式分类。燃煤锅炉主要由煤粉制备系统、燃烧器、受热面、空气预热器等主要部分组成。保证锅炉减速机准确、灵敏是非常重要的。主要注意事项有：

1) 司炉工必须经过安全技术培训，经有关部门考试及体检合格，持证方可独立操作。学徒、实习人员必须由师傅带领，否则不准操作。
2) 锅炉投入运行必须经过上级锅炉监察部门检查、登记或定期检验，凭证使用，否则，司炉人员可拒绝操作。
3) 操作人员应熟悉锅炉汽水系统、给水系统、燃烧系统情况，工作前必须巡视、检查设备的各部分运行情况和安全附件（安全阀、水位表、压力表、排污阀、自动保护装置）及通风除尘设备、防噪声设备、给水设备等，以及锅筒、水管有否明显变形、鼓包、泄漏，并进行交接。确认良好后，方可接班操作。
4) 锅炉房内的操作地点、各种仪表处，应足够照明。作业人员应熟知备用照明设备或灯具的存放地点和使用方法。
5) 锅炉房内不准堆放杂物，特别是易燃、易爆物品。当日用的燃料也不得堆放过多。
6) 运煤与加煤时，应慎重检查，不准有爆炸物投入炉内。清炉渣应在用汽量少时

7) 严禁在无安全措施情况下，进入煤仓斗捅煤；或冬季在室外煤堆取煤时，掏洞挖煤，以防煤层突然陷落伤人。

8) 锅炉房门在锅炉运行期间，不准锁住或关住。非工作人员严禁进入锅炉房。

9) 锅炉房的除尘设备应保持完好，定期检查并清除所收集的尘埃。操作时，应防止二次扬尘。发现除尘设备严重失效时，应停炉检修。

10) 作业人员在锅炉运行时，不得从事与锅炉操作无关的事情。

2.2.4 高空作业安全注意事项

1. 高空作业的定义

凡在高地面 2m 及以上的地点进行的工作，都应视作高处作业。凡能在地面上预先作好的工作，都必须在地面上操作，尽量减少高处作业。

担任高处作业人员必须身体健康，患有精神病、癫痫病及经医师鉴定患有高血压，心脏病等不宜从事高处作业病的人员，不准参加高处作业。凡发现工作人员有饮酒、精神不振时，禁止登高作业。

高处作业均须先搭建脚手架或采取防止坠落措施，方可进行。在 6 级及以上的大风以及暴雨、打雷、大雾等恶劣天气，应停止露天高处作业。

在坝顶、陡坡、屋顶、悬崖、杆塔、吊桥及其他危险的边沿进行工作，临空一面应装设安全网或防护栏杆，否则工作人员须使用安全带。

2. 高空作业注意事项

(1) 安全带的使用

1) 在没有脚手架或者在没有栏杆的脚手架上工作，高度超过 1.5m，必须使用安全带，或采取其他可靠的安全措施。

2) 安全带在使用前应进行检查，并应定期（每隔 6 个月）进行静荷重试验，试验荷重为 225kg，试验时间为 5min，试验后检查是否有变形、破裂等，并做好试验记录。不合格的安全带应及时处理。

3) 安全带的挂钩或绳子应挂在结实牢固的构件上或专为挂安全带用的钢丝绳上。禁止挂在移动或不牢固的物件上。

(2) 其他注意事项

1) 峭壁、陡坡的场地或人行道上的冰雪、碎石、泥土须经常清理，靠外面一侧须设 1m 高的栏杆。在栏杆内侧设 18cm 左右高的侧板或土埂，以防坠物伤人。

2) 高处工作应一律使用工具袋。较大的工具应用绳拴在牢固的构件上，不准随便乱放，以防止从高空坠落发生事故。

3) 在进行高处工作时，除有关人员处，不准他人在工作地点的下方通行或逗留，工作地点下方应设围栏或装设其他保护装置，防止落物伤人。

4) 不准将工具及材料上下投掷，要用绳系牢后往下或往上吊送，以免打伤下方工作人员或击毁脚手架。

5) 上下层同时进行工作时，中间必须搭设严密牢固的防护隔板、罩棚或其他隔离设施，工作人员必须戴安全帽。

6) 冬季在低于－10℃进行露天高处工作，必要时应该在施工地区附近设有取暖的休息所，取暖设备应有专人管理，注意防火。

7) 禁止登在不坚固的结构上（如石棉瓦屋顶）进行工作。为了防止误登，应在这种结构的必要地点挂上警告牌。

2.2.5 警示标识和求救报警

1. 安全色

安全色是用以表达禁止、警告、指令、指示等安全信息含义的颜色，具体规定为红、蓝、黄、绿四种颜色。安全色的对比色是黑白两种颜色，红、蓝、绿色的对比色为白色，黄色的对比色为黑色。

(1) 红色

表示禁止、停止、防火等信号，能使人在心理上产生兴奋感和醒目感。

(2) 黄色

表示警告、注意，和黑色相间组成的条纹是视认性最高的色彩。

(3) 蓝色

表示指令或必须遵守的规定，和白色配合使用效果较好。

(4) 绿色

表示提示、安全状态、通行，能使人感到舒畅、平静和安全感。

2. 安全标志

安全标志是由几何图形和图形符号所构成，用以表达特定的安全信息。安全标志的作用是引起人们对不安全因素的注意，防止事故发生，但不能代替安全操作规程和防护措施。

(1) 禁止标志

禁止标志是禁止人们不安全行为的图形标志，其基本形式是带斜杠的圆形边框，颜色为白底、红圈红杠黑图案。如图2-1所示。

图2-1 禁止标志
(a) 禁止烟火；(b) 禁止通行；(c) 禁止合闸；(d) 禁止乘人

(2) 警告标志

警告标志是提醒人们对周围环境引起注意，以避免可能发生危险的图形标志，其基本形式是正三角形边框，颜色为黄底黑边黑图案。如图2-2所示。

(3) 指令标志

指令标志是强制人们必须做出某种动作或采用防范措施的图形标志，其基本形式是圆形

图 2-2 警告标志

(a) 当心触电；(b) 当心火灾；(c) 当心坠落；(d) 当心伤手

边框，颜色为蓝底白图案，如图 2-3 所示。

图 2-3 指令标志

(a) 必须加锁；(b) 必须系安全带；(c) 必须戴安全帽；(d) 必须穿防护鞋

(4) 提示标志

提示标志是向人们提供某种信息的图形符号，基本形式是正方形边框，颜色为绿底图案。也可以辅加方向文字，呈长方形，如图 2-4 所示。

图 2-4 提示标志

(a) 紧急出口；(b) 可动火区；(c) 避险处

3. 求救报警

事故发生时，本单位和家人首先要紧急抢救。同时，打电话求救报警。事故报警电话：

(1) 人员受伤

拨打"120"电话，请求急救中心进行急救。注意要讲清楚受伤人数、什么伤、程度等。

(2) 发生火灾、爆炸事故

拨"119"火警电话。注意要讲清楚着火单位名称、地址、着火物质、火情大小等。

(3) 发生道路交通事故

拨打"122"电话报警。注意要讲清楚事故发生地、情况。

(4) 危急时刻

拨打"110"报警电话。包括刑事、治安案件,群众突遇的、个人无力解决的紧急危难。

2.3 车间 5S 管理基本知识

2.3.1 车间 5S 管理概念

1. 车间基础管理的目的

车间管理指的是在生产现场中对人员、机器、材料、方法等生产要素进行有效管理,是企业独特的一种现场管理方法。这种管理对于塑造企业形象、降低成本、准时交货、安全生产、高度的标准化、创造令人心旷神怡的工作场所、现场改善等方面发挥了巨大作用,逐渐被各国的管理界所认识。

良好的直觉感受;有助于导入,强化和规范标准化工作;减少浪费,提高质量和保障安全;设备更易于维护,提高设备的使用价值;体现了客户与员工之间的相互尊重;保持积极的精神状态;让车间洋溢着正面情绪。

一进入车间,如果物品堆放杂乱,合格品、不合格品混杂,成品、半成品未很好区分,那么产品的质量一定难以保障。如果工装、夹具随地放置,工人和设备的效率会损失,成本一定增加。如果机器设备保养不良,故障多;那么产品精度一定降低,生产效率一定下降。如果地面脏污,设施破旧,灯光灰暗;意味着现场安全性差,易感疲倦。

一流企业,每个员工自觉维护环境整洁,没人乱扔垃圾。如图 2-5 所示。二流企业,垃圾有专人捡,如图 2-6 所示。三流企业,垃圾到处都是,无人处理,如图 2-7 所示。

图 2-5 一流企业

2. 车间基础管理 5S 的含义

什么是 5S 呢? 最初的 5 个 S 是来自日语的五个术语假名拼写开头的字母。在转换为英语时替换成了相近的词。

5S 是指:Separate(Seiri 整理)、Sort/straighten(Seiton 整顿)、Sweep/Shine(Seiso 清扫)、Standardize(Seiketsu 清洁)、Sustain(Shitsuke 素养),如图 2-8 所示。

整理是清楚地区分必需品和非必需品,将非必需品处理掉。整顿是将必需品有条理地定

图 2-6 二流企业

图 2-7 三流企业

位在较近的位置以便使用和归还。清扫是清洁和检查车间所有区域的地面、设备、器具等。清洁是持续改进，将前 3 个 S 标准文件化并加以验证。素养是形成纪律或养成习惯来完整地维护 5S 的正确流程。

图 2-8 5S 的基本含义

3. 车间基础管理的学习目标

学习和理解 5S（整理、整顿、清扫、清洁、素养）的真正含义。使用精益生产工具 5S，实现目视化管理的车间。说明精益生产工具 5S 和标准化工作之间的关系。学习开展 5S 活动的实施步骤。了解和掌握车间目视化管理工具的使用及其重要性。

5S就是通过创造自明自觉、自我控制的环境来消除混乱不清的情况,从而实现一个干净、整洁、安全、高效的车间。

4. 学习5S的益处

学习5S的益处可以从安全、质量、效率三个方面来衡量。安全方面,可以减少损失工时事件指数、员工赔偿、职业安全和健康管理局的不良记录。质量方面,可以消除使用以前报废的零件或使用不当工具的可能性,提高清洁度,确保执行标准流程。效率方面,可以消除寻找工具浪费的时间,减少生产周期,通过对设备经常的清洁、检查而减少设备的故障时间。

混乱的工作场所很可能会导致受伤,比如,踩到因为没有存储好,导致从设备泄露出的油而跌倒。一个干净的工作场所才是一个安全的工作场所。所以,学习5S对个人的益处也显而易见。使工作环境更舒适,工作更方便,工作更安全,与同事合作更愉快。

2.3.2 车间管理的整理(S1)

1. 整理的内容与目的

整理的主要内容是清楚地区分必需品和非必需品,将非必需品处理掉。那么,如何判定必需品呢?对于一个物品,问几个问题:这个作什么用?一定要用吗?多久用一次?其他人是否也有?确保剩下的只是真正需要的。不要让只在非正常状态下偶尔使用一次的东西阻碍进度。

整理是改善生产现场的第一步。其要点是对生产现场摆放和停滞的各种物品进行分类;其次,对于现场不需要的物品,诸如用剩的材料、多余的半成品、切下的料头、切屑、垃圾、废品、多余的工具、报废的设备、工人个人生活用品等,要坚决清理出现场。

整理的目的是:改善和增加作业面积;现场无杂物,行道通畅,提高工作效率;消除管理上的混放、混料等差错事故;有利于减少库存,节约资金。

2. 整理的方法

人们为什么会在工作中积累起那么多额外的用不着的东西?很多时候人们会把那些过时的或陈旧的东西保留着,岂不知过时的文档会导致操作错误,陈旧的设备也会导致生产错误。为确保正确完成整理,通常使用5个"为什么",确认哪些才是真正需要的。这是整理的基本方法。

例如,在工作区,对每一样物品都要问:为什么需要这个?为什么要这样使用它?如确实需要,为什么没有它自己固定的位置?为什么不能做到可视化管理?为什么没有标准或标准化工作来告之如何使用它而且有人对它负责?

这里的物品是指包括物料、设备或信息、文档。一般车间里需要确认的物品包括:

生产区:抽屉、部件、文件、量具、机器设备、包装材料、零件、印刷品、架子、工作台、工具、毛巾、垃圾等。

办公区:书籍、表格、抽屉、目录、信件、办公设备、杂志、纸张、零件、记录、样品、架子等。

3. 物品的分类处理

将物品分成三类:很少使用、偶尔使用、经常使用。很少使用的物品并不需要总是保留在工作区域。

将很少使用的物品从工作区中删除。至于哪些将来会偶尔使用得到的，在工作区设置一个明确的指示位置，需要时使其可很容易的找到。整理前和整理后的生产区例图如图2-9所示。

图2-9　生产区
(a) 整理前；(b) 整理后

办公室经常需要不同方式的整理，有很多时候，几乎所有的时间都在从成堆的文书中，翻找现在工作急需的文件。整理前和整理后的办公区例图如图2-10所示。

图2-10　办公区
(a) 整理前；(b) 整理后

4. 物品分类的挂红牌法

扔掉完全不需要的物品后，将物品分成必需品和非必需品。采用"红牌策略"，将红牌悬挂于所有非必需品上。对非必需品挂红牌为了目视化的辨别和跟踪处理。挂红牌也是为了防止意外地把昂贵、重要的物品丢掉。在明显的非必需品处理掉以后，剩下的物品挂上红牌以便正确处置。

挂红牌不应滥用。明显的垃圾只需要简单的废弃处理，不需要挂红牌。挂红牌的物品在另一个地方也许有价值，但不是本区域马上要用的。5S活动之后，挂红牌的物品不应忘记。后续的活动应该安排挂红牌的物品。典型的红牌示例如图2-11所示。

一个完善的红牌建议尽可能大些，使用亮红色使之异常醒目，并最好附有预先印刷的序列号，如图2-12所示。

不需要创建一个挂红牌物品的"仓库"，因为很多时候非必需的设备可以在另一个区域

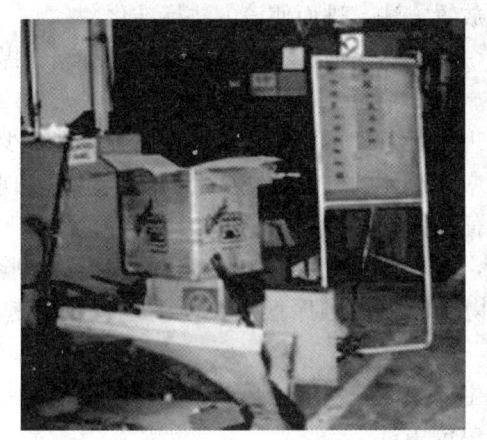

图 2-11 红牌使用示例

图 2-12 红牌示例

或设施使用。更昂贵的物品甚至可以出售。作为 5S 的另一部分，可能后续的步骤，挂红牌的物品会被另一个项目或车间使用和占有。

2.3.3 车间管理的整顿（S2）

1. 物品的定位

整顿是将必需品重新组织、定位在较近的位置以便使用和归还。将必需品放在最佳位置，且该区域被目视化定置管理。

整顿是把需要的人、事、物加以定量和定位，对生产现场需要留下的物品进行科学合理地布置和摆放，以便在最快速的情况下取得所要之物，在最简洁有效的规章、制度、流程下完成事务。简言之，整顿就是人和物放置方法的标准化。

整顿的关键是要做到定位、定品、定量。抓住了上述三个要点，就可以制作看板，做到可视化管理，从而提炼出适合本企业的物品放置方法，进而使该方法标准化。

生产现场物品的合理摆放使得工作场所一目了然，创造整齐的工作环境有利于提高工作效率。

首先，确定物品的位置以便易于使用和理解其条理性，用合适的存储方法来减少存货量和提升目视化管理。所谓目视化指出了物品应该返还的位置，缺少的物品容易被发现。制作标识板来说明存货量、设备、其他物品，让任何人都明了。

最好的策略是将物品按单元的顺序摆放，可以按顺序使用它们。这不仅提供了验证真正需要的处理过程，而且它使团队有机会按物品的使用顺序摆放，而不是仅仅看起来摆放有序。

物品的定位是指在目视化的区域，明确生产线区域，定位必需品位置，划分车夹具等工具位置，对于消耗品除了定位外，还要标明单位用量。

定位和摆位，只要有可能尽量使用直线和直角，同时要符合人体工程学。一部分物品的取放要符合流程动线，更重要的是要符合安全。

图2-13为整顿前后的对比图。避免那些可以藏污纳垢的杂乱区域和柜子。橱柜隐藏杂乱无章的物品，但绝不是一个好习惯。要努力把一切做成可视的。所有物品都应该有一个存放的地方。而且必须是显而易见的。如果不见了，会有人注意到。比如，柜子的左边缺了什么？

图2-13　整顿前后的对比图
（a）整顿前；（b）整顿后

一切物品都应该有一个明确的位置，包括垃圾容器。要确保物品的定位符合工厂的安全规则。如果安全规则不允许员工在工作区域饮食，就不应该在物品存放区域创建一个就餐位置。

2. 整顿的方法

选择合适的位置存放物品；制订符合一定规律的规则存储物品；采用位置标识索引物品位置；对于复杂物品，采用影像板做分类标识；按照国际惯例制作彩色标识板对物品的类别进行标识。

在选择一个物品存放区域，定位物品时，一定要注意人体工程学，以确保所有操作人员都可以轻松地拿到所需物品。如图2-14的整顿后的示例图所示。

图 2-14 整顿后的效果示例图

3. 颜色代码标准化

颜色代码标准化的目的是使用普通的颜色，来标识工厂内的重要物品、零件、区域，让所有员工或参观者均能理解。

通常黄色表示过道，黑色表示垃圾桶，红色表示报废和返工，蓝色表示原材料，白色表示在制品，绿色表示成品，黑白相间的方格表示空容器，橘黄色表示可移动夹具，黄黑相间的方格表示危险品等。如图 2-15 所示。

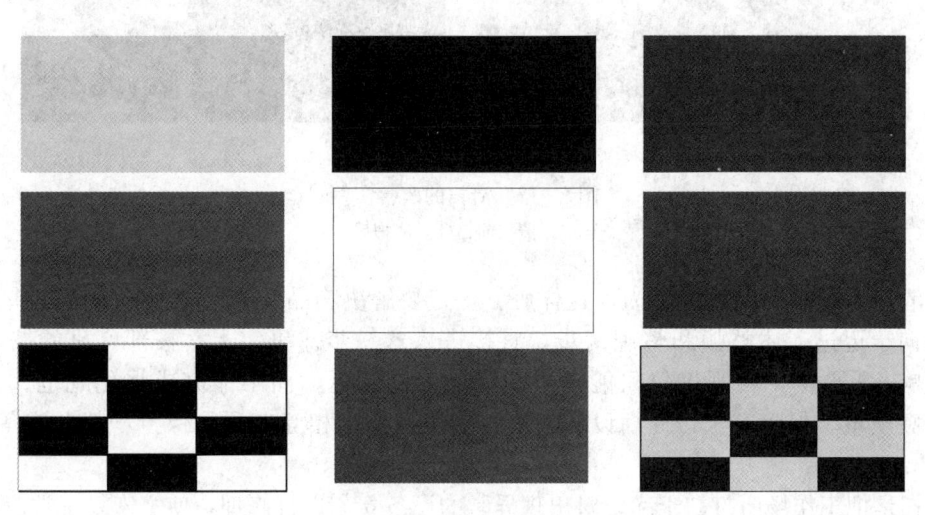

图 2-15 颜色代码标准化示例图

4. 整理实例

整理后，工作区的轮廓会清晰的显示出，什么物品在哪个地方。这个做法是为了让物品处于明显的地方。让操作员不需要浪费时间，在一个凌乱的抽屉里，寻找某个特定尺寸的工具。整理后其效果示意如图 2-16 所示。

2.3.4 车间管理的清扫 (S3)

1. 清扫的内容

清扫是清洁和检查车间所有区域的地面、设备、器具等。清扫会让车间变的干净起来，它将所有区域打扫干净，将地面扫清并拖净，把设备和器具里里外外清洁干净，倒掉车间所有垃圾。清扫的改善实例如图 2-17 所示。

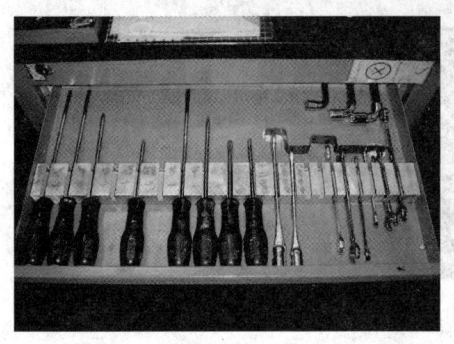

图 2-16 整理后的效果示意图

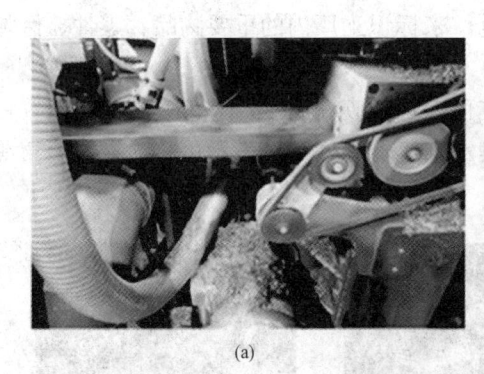

图 2-17 清扫的改善实例
（a）清扫前；（b）清扫后

在清扫的同时要问自己，为何这样脏？一定要解决物品变脏的根本原因。一些团队通常会倾向于迈过上述整顿和整理两步，直接进入这一步。事实上，按部就班的按顺序完成 5S 是很重要的，否则仅仅只能解决周围的清洁问题，而不能完成强化规范、减少浪费、提高质量、保障安全，提高设备的使用价值，增强相互尊重，保持积极状态等 5S 的目标。

清扫是把工作场所打扫干净，对出现异常的设备立刻进行修理，使之恢复正常。清扫过程是根据整理、整顿的结果，将不需要的部分清除掉，或者标示出来放在仓库之中。清扫活动的重点是必须按照企业具体情况决定清扫对象、清扫人员、清扫方法、准备清扫器具、实施清扫的步骤，方能真正起到效果。

现场在生产过程中会产生灰尘、油污、铁屑、垃圾等，从而使现场变得脏乱。脏乱会使设备精度丧失，故障多发，从而影响产品质量，使安全事故防不胜防。脏乱的现场更会影响人们的工作情绪。因此，必须通过清扫活动来清除杂物，创建一个明快、舒畅的工作环境，以保证安全、优质、高效率地工作。

2. 清扫的过程

扫除和洁净是清扫的基本步骤，清扫的过程就是检查的过程。清扫后的车间会让在车间工作的人充满自豪感，去除污垢会提高设备价值。

清扫之后便于检查，检查之后才会发现问题，发现了问题才能纠正。清扫活动应遵循下列原则：

自己使用的物品,如设备、工具等,要自己清扫不要依赖他人,不增加专门的清扫工。

对设备的清扫要着眼于对设备的维护保养,清扫设备要同设备的点检和保养结合起来。

清扫的目的是为了改善,当清扫过程中发现有油水泄露等异常状况发生时,必须查明原因,并采取措施加以排除,不能听之任之。

2.3.5 车间管理的清洁(S4)

1. 清洁的内容

清洁是对前三个S的持续性改进,并将前三个S给予标准化、文件化。

持续改进可以进一步清洁车间,进一步合理规划车间,去除过多的存储面积,增加平坦的表面。持续改进可以使设备易于更快地清洁,从源头去除污垢和漏油。使用标准化的检查表确定每天的清洁和组织活动,设立5S巡查队,来监视5S的进展。

水平的表面往往成为杂乱物品的堆积点。垃圾和杂物不会堆积在一个带斜度的表面,所以,解决杂物堆积的一个办法是把工作面做成斜面,例如:用斜面书桌取代标准的平面办公桌。前半部的斜面保证写东西的时候符合人体工程学,一旦想在其上摞上更多的文件和资料的时候就会脱落。

一旦团队通过了前面的三个S,就要使用第四个S作为车间管理工具。新标准应该成为日常工作的一部分。每日检查清单应该成为员工工作标准的一部分。5S的验证工作应该是领导和主管标准工作的一部分。

2. 清洁的标准化

随着前面三个S的推进,接下来的4S就是前面3S的持续维护和改善的过程。消除污垢,找出泄漏、溢出的原因,建立一个标准系统来保持物品的整洁及条理性。4S清洁需要组织人员形成书面化规定、目视化控制和标准化程序,我们要从发现的问题里,将其升华,提升到去预防问题的发生上。

3. 清洁的作用

维持作用:清洁起到维持的作用,将整理、整顿、清扫后取得的良好成绩维持下去,成为公司内必须人人严格遵守的固定制度。

改善作用:对已取得的良好成绩,不断地进行持续改善,使之达到更高更好的境界。

清洁是通过检查前3S实施的彻底程度来判断其水平和程度,一般要制订对各种生产要素、资源的检查判定表,来进行具体的检查。其内容包括作业台、椅子、货架、通道、设备、办公台、文件资料、公共场所。

4. 清洁需求表与评审表

根据具体应用场合不同,在清洁阶段可以制订不同的清洁需求表与评审表,便于进行有步骤的清洁工作,以及检查和评比。

清洁需求表就是将对清洁的具体期望值列入表格而形成的检查清单,见表2-2。5S评审表就是一份回顾清单,由主管人员对现场实施的5S情况作出评估。其格式见表2-3。

表2-2 清洁需求表

工作中心： 大型制动器工位　#120501

5-S需求表

第___工作周

需求	方法	标准	频率	周一 早班	周一 晚班	周二 早班	周二 晚班	周三 早班	周三 晚班	周四 早班	周四 晚班	周五 早班	周五 晚班
清扫地板	扫帚	无纸片、碎屑	班次										
清洁班组长椅	可视法	无碎屑、物品有序摆放	班次										
用后物品放回	可视法	全部物品有序存放	班次										
整顿操作台区域	可视法	按序排列一贴有标签	每天										
清洁工具箱	精细清洁、抹布揩净	没有污迹	每天										
清洁计算机机箱	精细清洁、抹布揩净	没有污迹	每天										
擦试过滤柜	精细清洁、抹布揩净	没有污迹	每天										
钻床吸尘	真空吸尘器	无碎屑	每天										
拖地	拖布	无油渍、无污点	每天										
物品归位	可视法	物品存放有序	周五										
擦试钻床	精细清洁、抹布揩净	没有污迹	周五										
清空垃圾桶	新塑料袋	运往垃圾站	周五										
检查机柜标签	可视法	标签张贴合适	周五										
擦试全部机床	精细清洁、抹布揩净	没有污迹	周五										

注　每周一换新的检查表。

表2-3　5S 评 审 表

5S 评审表 - 车间用

日期：_____　　　　　　　　　　　　　　　　　　　　　　　　　　　　　　　　　　　　评级因素
区域：_____　　　　　　　　　　　　　　　　　　　　　　　　　　　　　　　　　　　　O表示OK可通过
　　X表示未通过需改进

分类	检查项目	评级	改进事项
整理 1S	工作间非必需的材料		
	工作间非必需的工具		
	工作间非必需的设备		
	工作间非必需的机柜、架子、电源、家具		
	个人物品		
整顿 2S	容器/材料贴标签		
	在合适的地点或指定地点清洗设备		
	工具/仪器移动设备		
	通道过道安全区域划分指定和标记		
	看板/测量板摆板整齐并更新		
清扫 3S	地板清扫垃圾桶清空		
	设备/桌面/工作区清洁		
	工具/仪器工具箱清洁		
	货架/机柜摆整齐按顺序清洁		
	墙壁/吊车/公告栏等清洁		
清洁 4S	编写处理程序和责任书		
	制订维护5S和推行TPM的程序		
	建立前3S的管理审查单（参考每个区域的）		
素养 5S	开发系统性		

关键点	0-4	5-8	9-12	13-16	17-19
循环环	1	2	3	4	5
5S评级					

总得分 _____
5S评级 _____

Rev. 1

2.3.6 车间管理的素养（S5）

素养是能遵守已经规定的或正在规定的规定而改变习惯，改变不合理体制，制造一个有纪律的场所，亦即形成纪律或养成习惯，来维持5S的全部正确流程。

1. **素养的内容**

（1）习惯成自然

如果企业的每位职员都有良好的心态，积极上进的精神，对于规定的事情，大家严格地按要求去执行，就能养成一种习惯，习惯会成自然。

素养，强调的是持续保持良好的习惯。它是一个延续性的习惯，就好像一个人每天早上起来，都习惯刷牙、洗脸。如果哪一天没刷牙、洗脸，就会感觉不自然，这就是一种习惯。

（2）铸造团队精神

每一个人都主动、积极地把其责任区范围内的事情经过整理、整顿、清扫，予以贯彻。试想，每个人都这样做的话，那整个团队的力量将有多大。

素养能让企业的每个员工，从上到下，全员地去严格遵守规章制度，培养良好素质的人才。让每个人都能严格地遵守公司的规章制度，让每个人都知道要在企业里成长，就必须从内而外地主动积极，都能认为"我要成长，我做好了，企业才能做好"。

2. **素养的作用**

素养，必须制订相关的规章和制度，进行持续不断的教育培训，持续地推行5S中的前4S，直到成为全公司员工共有的习惯，每一个人都知道整理、整顿、清扫、清洁的重要性。要求每一个员工都严守标准，整理、整顿、清扫、清洁都要按照标准去作业。

一个优秀的人才，应永远知道如何把东西区分为必需的和非必需的、东西要取放迅速、在责任区域内应该把自己的事情做得很好，力争做到零缺点。所以说，素养是企业文化的起点或最终归属。

3. **素养推行的要领**

（1）持续推行4S

直到成为全员共有的习惯，让每一个员工都能够达到工作的最基本要求，就是素养。

（2）制订相关的规章制度

规章制度是员工行为的准则，是让人们达成共识，形成企业文化的基础。

（3）教育培训

员工，就好像是一张白纸，及时地进行强化教育是非常必要的。一个企业对一个员工进行教育培训，就是告诉员工，要创造一个好的企业，公司从上到下的每一个人都应该严格遵守规章制度，形成一种强大的凝聚力和向心力。

（4）培养员工的责任感，激发起热情

有些企业总认为，培养员工的责任感，激发工作热情，那是人力资源部或某个部门应做的事，而这些高层领导的认识又不统一，员工每天按某个部门的要求去竞争，而有些领导又不管不顾地依然我行我素，这样的企业肯定不是一个很好的企业。

2.3.7 车间 5S 管理的推行

1. 推进 5S 的步骤

(1) 对推进的组织进行培训或教育

不要认为，这是一个很简单的工作而忽略了对员工的教育。往往就是因为很简单，所有的人都认为理所当然，这样一来，最终会因为不同人的不同理解而得到不同的结果，造成无法贯彻实施，又收不到预期的效果，5S 从此夭折的后果。所以整理、整顿、清扫的下一个步骤就是清洁，就是要对员工进行教育。人的思想是复杂而多变的，必须统一思想，才能一起朝着共同目标去奋斗，所以必须要把 5S 的基本思想向企业的全体员工，进行长期而耐心的教育，这是非常重要的一件事情。

(2) 整理，区分工作区的必需品和非必需品

整理，就是区分工作区的必需和非必需品，经过了必要的教育后，就应该带领组织成员到现场，将目前所有的物品整理一遍，并调查它们的使用周期，将这些物品记录起来，再区分必需和非必需品。进行教育以后，要进行现场实际操作。带领他们一起去整理所有的物品，然后区分哪些是必需品，哪些是非必需品。

(3) 向作业者进行确认、说明

作业者就是岗位的主人，现场的作业者就是指岗位上的主人，是这个机器的操作人，或者这个责任区的负责人，他可以做好该岗位的工作，也能使该岗位的工作出现问题。因此，只有使岗位的作业者清楚他的岗位需求，让他们知道，哪些是不完善，或不适用的。所以，在区分必需品和非必需品时，应该先向保管人或作业人进行询问，并确认清楚。这样，在进行清洁时，就能得到更高的效率。

(4) 撤走各个岗位的非必需品

清洁是贯彻整理、整顿、清扫标准化的一个流程，所以应将非必需品从岗位上全部撤走，而且要迅速地撤下来，绝不能以"明日复明日"的态度来对待。在日本企业里，所谓及时处理，就是发现问题，及时解决。

只要是用不着的，或要很长时间才能用一次的，都称之为非必需品，非必需品没有必要留在现场，必须全部撤走，绝对不能用推托的心态来对待。

(5) 整顿，规定必需品的摆放场所

整顿的目的就是把东西特别是必需品，摆在应该放的地方。撤走了非必需品并不就是万事大吉了。现场的必需品应该怎样来摆放，是否妨碍了交通的通道、妨碍操作者或作业者的操作，拿取是不是方便，都是必须解决的问题。必须根据实际条件，作业者的作业习惯，以及作业的合理规定来摆放必需品的位置。

(6) 规定摆放的方法

确认一下摆放的高度、数量、宽度，以便于管理，并将这些规定最终形成文件，便于日后的改进，更好地推进和总结。

(7) 进行标识

所有的工作都做了，下一步就要做一些标识，标识规定的位置、高度、宽度、数量，以方便员工识别，减少员工的记忆劳动。标识好了，就能使员工一目了然。

(8) 将放置和识别的方法对作业者进行说明

要将规定下来的放置和识别的方法告诉作业者、员工。在说明时必须注重原则性的问题。有些作业者开始可能有些不太适应或认为不对时，要做好工作，凡是有必要的就要坚决执行规定。在实施中可以提出改进意见，但不得擅自取消。

(9) 清扫并在地板上画出曲线，明确责任区或责任人

因为工厂的范围很大，所以必须划分责任区和明确责任人，只有规定了责任范围和责任人，严格地按规定去做，工作才能进行下去。

2. 推进5S检查表

表2-4为推进5S进行的检查表例表。不同的工厂或车间，可以在此表的基础上做删减，形成自己的5S推进检查表。

表2-4　　　　　　　　　　　　　推进5S检查表例表

内容	检查重点	评价					得分
		0分（差）	1分（较差）	2分（合格）	3分（良好）	4分（优秀）	
整理	1. 在通道上的物品	很多，且有纸屑和灰尘	虽然可以走过去，但要绕开物品或者台车通过	有物品摆放在通道上	有物品摆在通道上，但有注意标识说明	通道上无任何物品，非常清爽	
	2. 在工作现场的制品、零部件及设备	乱堆放已经1个月以上了	很多非必需品堆放了一个月以上，但放置不碍工作	一个月以内使用的物品，放在并不影响工作的地方，基本上没有杂物	正开始进行"使用时才设置"的管理方法	已经彻底地在实施"使用时才设置"的管理方法	
	3. 柜架里和上面	有纸屑和破布等废物	有不能用的零件或工具等	以马上要用与非马上用的物品进行了区分摆放管理	正开始进行"使用时才设置"的管理方法	已经彻底地在实施"使用时才设置"的管理方法	
	4. 桌子上下和抽屉里	不用的资料、材料等杂乱摆放	放有半个月使用一次的资料	桌子上非必需品放置了一周	对不使用的铅笔等文具进行了各种各样的保管	桌子和抽屉里只放置最小限度的必需品	
	5. 仓库	没有落脚的通道	乱放了许多杂物	仓库中有物品放置区域规定，但没有被遵守	是按物品放置规定放置的，但出入不便	规定了任何人都很容易判断，并且很乐意遵守的方法	
整顿	1. 设备	乱放了一些已经不能用的设备	能使用的和不能使用的设备混放在一起	清理了不能使用的物品，只放着能使用的物品	按使用频率与重要程序的先后放置	准备了任何人在任何时候都很容易明白的目视管理方法	

续表

内容	检查重点	评价					得分
		0分（差）	1分（较差）	2分（合格）	3分（良好）	4分（优秀）	
整顿	2. 工具等	乱放了一些已经生锈的不能用的工具	能使用的和不能使用的工具混放在一起	清理了不能使用的物品，只放着能使用的物品	具有一定的清晰度的可视化管理	谁什么时候用了都能知道，而且需要就可以得到	
	3. 零部件	良品与不良品混放在一起	不良品有专放柜，并有区分	只保管良品，且做了防尘、防潮等措施	放置有区域规定、标识和保管位置图	因有状态管理，任何时候，谁都能清楚、明白地取放	
清扫	1. 通道	烟头、纸屑、铁屑散了一地	烟头和大的杂物没有，但有小的杂物	每天早上进行清扫	清扫时发现的不平地面及洞能够被修补	查明污染源，并彻底根治	
	2. 作业场所	烟头、纸屑、铁屑散了一地	烟头和大的杂物没有，但有小的杂物	每天早上进行清扫	清扫时发现的不平地面及洞能够被修补	查明污染源，并彻底根治	
	3. 桌子、工作台	书籍、工具、零件等要扫都扫除不了	书、工具、零件等下面积有灰尘	每天早上进行清扫，抽屉里面也是干净的	从作业台到桌子脚都被清扫，而且进行了保修	直到下班时桌子和作业台都干干净净	
	4. 窗和窗框	玻璃已有破损，用代用品临时堵塞着	玻璃脏，窗框也积有灰尘	玻璃有点脏，窗框有点灰尘	玻璃和窗框都打扫得干净	有遮光措施，使环境宜人	
	5. 设备、工具	有锈	没锈，有油污手印	用手摸得到的地方是干净的	粉末也被清扫干净，看起来很清洁	在保持清洁上下了不少功夫，一有灰尘马上清除	
清洁	1. 通路和作业物	无区分	有区分	用线区分开，一看便清楚	地面被清扫过，非常清洁	令人心情舒畅的环境	
	2. 地面	积有油和水	有被油等弄污的地方	有了油污马上清洁，小的坑洞有修补	采取了油滴落的防护措施，小的坑洞也都有修补	修理区也干干净净，地面被装饰过，使人心情舒畅	
	3. 作业台、桌子、椅子等	很脏，使人难以落座和使用	已被打扫，但还是有点脏	感觉还是稍微有点脏	公司全员都觉得干净	客人见了也觉得干净	
	4. 洗脸间、洗手间	容器、设备都脏了	干净，但有气味	干净、无气味	有损坏的地方都已经被修补	清洁卫生，心情舒畅	
	5. 其他	照明不足，精细的工作难做好	有采光和照明装置，不会担心受伤	有采光、照明及遮光装置，使人感到清新明亮	空气清新，温度适宜，感觉舒适	对工作环境整体感到舒心	

续表

内容	检查重点	评价					得分
		0分（差）	1分（较差）	2分（合格）	3分（良好）	4分（优秀）	
素养	1.5S的检查、跟踪	完全没有5S的目标	整理、整顿的目标被揭示出来，经常谈及此话题	5S的年度计划和月别跟催体制都有	5S的年度计划被明示，跟催也在管理者的指导下进行	即使没有年度计划和跟催体制，每个人也会自觉进行	
	2. 日常的5S活动	没有什么特别活动	扫除不是计划的5S活动	早晚班指令对5S有要求，而且对5S的实行进行检查	作业区域被整理、整顿、清扫，保持着清洁状态	心情舒畅的工作场所	
	3. 服装	人们穿着的衣服很脏	有时穿着缺纽扣的衣服	厂牌戴在正确位置，衣服清洁	从衣服到鞋子都干净	服装等对品质、安全无影响，根本不用担心，鞋子里面也干净	
	4. 吸烟	到处有吸烟的人	没有吸烟的人，但地面上、通道上有烟灰	在规定的场所，准备有烟灰缸	大的烟缸里有水等措施，吸烟区有防火对策	在规定的时间地点吸烟，保持清洁	
	5. 时间管理	松懈	有时有松懈的人	约定时间迟到时有联络	偶尔有迟到	遵守预定的时间开会和结束会议	

2.4 现场可视化管理

现场，就是指企业为顾客设计、生产、销售产品和服务以及与顾客交流的地方。现场为企业创造出附加值，是企业活动最活跃的地方。例如制造业，开发部门设计产品，生产部门制造产品，销售部门将产品销售给顾客。

企业的每一个部门都与顾客的需求有着密切联系。从产品设计到生产及销售的整个过程都是现场，也就都有现场管理，这里我们所探讨的侧重点是现场管理的中心环节——生产部门的制造现场，但现场管理的原则对其他部门的现场管理也都是适用的。

现场管理就是指用科学的标准和方法对生产现场各生产要素，包括人（工人和管理人员）、机（设备、工具、工位器具）、料（原材料）、法（加工、检测方法）、环（环境）、信（信息）等进行合理有效的计划、组织、协调、控制和检测，使其处于良好的结合状态。达到优质、高效、低耗、均衡、安全、文明生产的目的。现场管理是生产第一线的综合管理，是生产管理的重要内容，也是生产系统合理布置的补充和深入。

2.4.1 可视化管理概念

视觉系统可以不需要语言就能够和那些需要的人进行信息交流和共享。视觉系统是精益生产的基本元素，它能够精确测量生产中的变化过程（机器、材料、方法、人力资源和方法）。因此，它能管理过程实现所需的结果（安全、质量、货期、成本）。在工作场所建立工作纪律，5S管理制度是至关重要的。它是其他工具使用的前提，如可视化管理。

1. 视觉秩序和视觉控制

视觉控制能让任何人都可以走进工作场所并理解工作状态。这意味着在视觉秩序和视觉控制下，能够有效地管理资源和消除浪费。视觉秩序描述的是环境中发生的事，准时、规律、限位。

视觉秩序，从本质上说是一种规律性，是事物存在、运动、发展、变化的一种有序性。视觉控制，或称可视化管理、目视化管理，涉及信息显示的一些概念，图像显示清晰、列表记录准确，性能、问题和故障等记录都是可见的。这个概念很简单，"你不能管理你看不到的东西"。

2. 可视化管理的定义

可视化管理是利用形象直观而又色彩适宜的各种视觉感知信息来组织现场生产活动，达到提高劳动生产率的一种管理手段，也是一种利用视觉来进行管理的科学方法。

所以可视化管理是一种以公开化和视觉显示为特征的管理方式。综合运用管理学、生理学、心理学、社会学等多学科的研究成果。

可视化管理系统通常利用计算机系统，让管理者有效掌握企业信息，实现管理上的透明化与可视化，这样管理效果可以渗透到企业人力资源、供应链、客户管理等各个环节。可视化管理能让企业的流程更加直观，使企业内部的信息实现可视化，并能得到更有效的传达，从而实现管理的透明化。

3. 可视化管理的特点

以视觉信号显示为基本手段，大家都能够看得见。

要以公开化，透明化的基本原则，尽可能地将管理者的要求和意图让大家看得见，借以推动自主管理或称为自主控制。

现场的作业人员可以通过目视的方式将自己的建议、成果、感想展示出来，与领导、同事及工友们进行相互交流。

所以说可视化管理是一种以公开化和视觉显示为特征的管理方式，也可称为看得见的管理，或一目了然的管理。这种管理的方式可以贯穿于各种管理的领域当中，如图2-18所示。

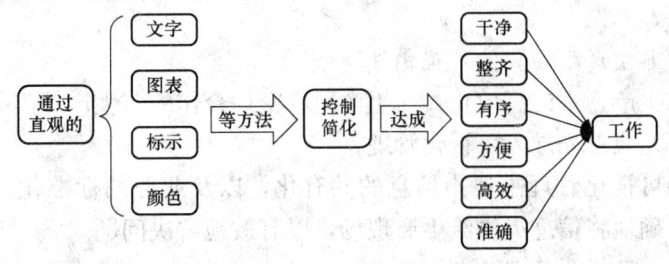

图2-18 可视化管理的特点

4. 可视化管理的层级和要点

可视化管理以企业内一切看得见摸得着的物品为对象，进行统一管理，使现场规范化、标准化。其水平大致分为三个层级：

低级水平：有表示，能明白现在的状态。简单地将物品进行分类、划线、标识。

中级水平：谁都能判断良否。它通过对工具、物品等，运用定位、画线、挂标示牌等方法实现管理的可视化，使员工能及时发现现场发生的问题、异常、浪费现象，从而能及时解决或预防存在的问题。

高级水平：管理方法（异常处理等）都列明。对现场各种生产管理信息业进行可视化管理，能方便员工正确迅速掌握正常与异常情况及执行情况，进行事先预防且及时迅速采取相应措施。

可视化管理的三个要点：一是无论是谁都能判明是好是坏（异常）；二能迅速判断，精度高；三是判断结果不会因人而异。

5. 可视化管理的目的与内容

可视化管理的目的是以视觉信号为基本手段，以公开化为基本原则，尽可能地将管理者的要求和意图让大家都看得见，借以推动看得见的管理、自主管理、自我控制。

可视化管理的内容是：规章制度与工作标准公开化；生产任务与完成情况图表化；与定置管理相结合，实现视角显示信息标准化；生产作业控制手段现象直观与使用方便化；物品码放和运送数量标准化；现场人员着装标准化；色彩的标准化管理。

2.4.2 可视化管理的推行

工厂里的全部构成要素都是可视化管理的对象，例如，制造过程、物料、设备夹具、文件、场所、人、心情等。

生产现场的可视化管理，例如，产品、品质、成本、交期、安全、作业管理、成交期的排期、质量管理、模治具管理等。

间接部门的可视化管理，例如，为支持生产也应导入可视化管理，如文件管理、行动管理、业务管理、办公设备管理等。

1. 可视化管理的区域

（1）厂区整体环境的可视化管理

企业为了塑造形象，培养独有的企业文化，在整体形象上要形成一种独有的标准，比如整体的着色、道路的规划、企业文化的宣传等。

企业内部为了方便各种设备的维护，区分各个职能区，对不同的设施、管理或者设备都要清晰地区分。

（2）办公区（非生产现场）的可视化管理

工厂为了追求生产管理的高效化，与生产现场密切合作的非生产部门（采购、货仓、生管、技术、设计等）应首先导入可视化管理。

非生产现场的可视化管理主要指信息的共有化，以及业务的标准化、原则化、简单化等，借此迅速而正确地将信息提供给生产现场，以有效地解决问题。

（3）生产现场的可视化管理

工厂不但要做好车间内各类物品的放置及其当前状态的可视化管理，同时也要对生产现场的进度状况、物料或半成品的库存状况、品质不良状况、设备故障、停机原因等,以视觉化的工具进行预防管理。

这样,任何人才能了解生产运行状态的好坏,即使是新员工无所适从,也能很快缩小作业上的品质差异。

2. 可视化管理的对象

如果可视化管理存在的第一个理由是要使问题能看得出来的话,那么第二个理由就是要使作业人员及督导人员能当场直接地接触到现场的事实。

可视化管理是一种很可行的方法,用以判定每件事是否在控制状态之下,以及异常发生的时刻,即能发送警告的信息。当可视化管理发挥功能时,现场每个人就能做好流程管理及改善现场。

现场里,管理人员必须管理5个M:人员(Manpower)、机器(Machines)、材料(Materials)、方法(Methods)、测量(Measurements)。任何与5M有关的异常问题,都必须以可视化呈现出来,以下是在这5个范围里,需详细视察使之可视化。

(1) 人员方面

作业员的士气如何呢?可由提案建议件数、质量圈参与率及缺勤次数来衡量。如何知道生产线上,今天谁缺席,由谁替代他的工作?这些事项要在现场做成"可视化"。

如何知道作业员的技能?现场的公布栏,可以张贴出谁已接受过何种工作训练,谁还需要再施以其他的训练。

如何知道作业员的工作方法是正确的呢?"标准化"即是用来规定正确的工作方法之用,例如,作业要领书及作业标准书都必须陈列出来。

(2) 机器方面

如何知道机器正在制造良好质量的产品?是否附有自动化及防错装置,一旦有错误发生时,机器能立即自动停止下来。当管理人员看到一部停下来的机器时,必须知道为什么。是计划性的停机,因换模设置而停机,因质量问题而停机,因机器故障而停机,或因预防保养而停机?

润滑油的液位、更换的频率和润滑油的类别,都必须标示出来。

金属外盖应改为透明式外盖,当机器内部发生故障,作业员能够看见。

(3) 材料方面

如何知道物料的流动是否顺畅?如何知道材料是否超出所能掌握的数量,以及是否生产过多的数量。将附有证明最少库存数量的看板挂在产品的批量上,作为前后流程之间生产指令的沟通工具,就可使异常现象看得见。

物料储存的位置要标示出来,并且要标明库存数量水准及料号。可以用不同颜色做区分,用以防止失误。可以利用信号灯或蜂鸣器,突显异常现象,例如供料短缺。

(4) 方法方面

督导人员如何知道作业员的工作方式是否正确?将作业标准书张贴在每一个工作站上就清楚了。这些标准书上要注明工作的顺序、周期时间、安全注意事项、质量查核点,以及变异发生时,要如何处置。

(5) 测量方面

如何检查流程是否正常运转?量规上必须清楚标示出正常的作业范围。感温贴纸要贴在发动机上,以感测出是否产生过热的现象。

如何知道改善是否完成了,以及是否未达成目标,仍在改善进行中?如何发觉精密的设计是否已经正确地被校正过了?现场要挂出趋势图、提案建议件数、生产进度、质量改善目标、生产力改进、换模时间缩短,以及工业意外事故的降低。

3. 可视化管理的实施

可视化管理是一种以公开化和视觉显示为特征的管理方式,也可称为"看得见的管理"。它是把工厂中潜在的问题呈现出来,让任何人一看就知道异常情况的存在,而且知道其"水准"究竟达到什么程度的现场管理。

可视化管理是实施5S活动的重要方法之一,它是利用形象直观、色彩适宜的各种视觉感知信息来组织现场生产活动,达到提高劳动生产率的目的的一种管理手段,也是一种利用人的视觉进行管理的科学方法。实施可视化管理要做好以下工作:

(1) 明确可视化管理的特征

1) 视觉信号是可视化管理的基本手段。

2) 以公开化、透明化为基本原则,将管理者的要求和意图让大家看见,推动自主管理。

3) 现场工作人员可以通过目视方式,将自己的建议、成果展示出来,与同事进行交流。

(2) 标示置场定位

1) 定位置场区。部品(材料)、工程间半制品(停滞品)、不良品盒以及完成品(良品)置场一旦确定后,就必须定位并做标示,不得用做他用,而且要固定坚持使用,久而久之习惯就会养成,而且无论谁到现场一看就知道投入前部品放在何处,哪个工位不良品较多,都是些什么不良品,完成品与不良品区分明确,这样就会使人一目了然。

2) 标志具体位置。在每个置场的正上方做出标志(包括置场名、工程名、加工名等),特别需要细分的是不良品置场(不良品盒),要具体地在每个不良品盒上贴上不良内容,让人一看就知道不良品盒中装的是什么,是哪个工程制造出来的,这样可为每日不良品分析提供方便。如果不清楚分类,就无法对不良品进行管理跟踪,也无法改善对策。

(3) 可视化管理的基本工具

1) 红牌,通常用来区别要或不要的东西。

2) 看板,是为了让每个人容易看出物品放置场所而做的表示板。

3) 警示灯,是让管理监督者随时看到工程中异常情形的工具。

4) 标准作业表,将工程配置及作业步骤以图表示,使人一目了然。

5) 错误示范板,直接展现何谓不良品。

6) 生产管理板,表示生产线上的生产情况的表示板。

(4) 制作作业指导现场揭示

制作作业指导、基准类资料主要包括作业指导书、加工条件表、管理图(X-R管理)、QC工程图、每日生产进度管理表、每周生产计划、生产计划实绩管理看板等。

作业指导书是一种指导作业员进行正确操作的基准类文件,展示在各工位的正上方,员工时常能看得见的地方。作业指导书包括以下内容:

1) 该工程的工程配置图。标示出该作业的基本配置及部品、设备的摆放位置。从图示中就能看出此工位的基本布局,同时也可跟实际对照确认。

2) 作业顺序及每一项的作业方法、作业内容。要具体详细地对每一顺序的要领及作业重点、内容先后顺序逐一讲解说明。

3) 管理重点（注意事项）。按作业顺序逐项逐条指出作业要领、管理重点及注意事项。

2.4.3 管理看板

管理看板是把希望管理的项目，通过各类管理板显示出来，使管理状况众人皆知的管理方法。管理看板，是一流现场可视化管理的重要组成部分，是给客户信心及在企业内部营造竞争氛围，提高管理透明度的非常重要的手段。

1. 表现形式

管理看板是发现问题、解决问题的非常有效且直观的手段，尤其是优秀的现场管理必不可少的工具之一。

管理看板是管理可视化的一种表现形式，即对数据、情报等的状况一目了然地表现，主要是对于管理项目，特别是情报进行的透明化管理活动。它通过各种形式如标语、现况板、图表、电子屏等把文件上、大脑中或现场等隐藏的情报揭示出来，以便任何人都可以及时掌握管理现状和必要的情报，从而能够快速制订并实施应对措施。因此，管理看板是发现问题、解决问题的非常有效且直观的手段，是优秀的现场管理必不可少的工具之一。

2. 看板的类别

按照责任主管的不同，一般可分为公司管理看板、部门车间管理看板、班组管理看板三级。下面是不同级别的看板的不同类别。

(1) 目标分解展示板

目标分解展示板能使高层领导从日常管理里解脱出来。所谓目标分解，是公司经营管理的一级指标向二级、三级指标层层展开的一个系统验证图。制订时必须根据公司经营方针，对主要的指标进行重点分解管理，一般步骤如下：

1) 综合目标设定：进行对比后选定课题，确定综合目标。

综合目标不宜选定太多，否则会分散注意力。一般选定1个指标或2、3个指标，大多数情况不超过4个指标，其目标值应用数值具体表示出来。

2) 目标展开：按综合生产力目标展开，树立对策体系。目标一般可以按照产品、工序、原因、技术等来分解。但应考虑以下情况，如现象把握难易度，对策实施难易度，成果把握难易度等，然后决定按什么顺序来展开。

3) 对策选定：对策检讨、选定，树立对策方案，验证。

为达成每个目标值应探索能够实践的具体对策。至今为止，企业在以由下到上为主的改善活动中，经常出现一些因对策选定盲目而发生负作用的事例，或是对"什么是对策"进行直观的判定，或是根据以往的经验树立并实施对策而使在对效果不能预测的状态下盲目实施，造成无法获得其改善成果。

为了预防上述问题，提高目标完成率，在目标展开阶段开展原因验证的工作至关重要，这样对于对策手段的选定会大有帮助。

(2) 设备计划保全日历

"设备计划保全日历"是指设备预防保全计划，包括定期检查、定期加油及大修的日程，以日历的形式预先制订好，并按日程实施。优点是就像查看日历一样方便，而且日历上已经记载了必需做的事项，等完成后做好标记。

(3) 区域分担图

"区域分担图"也称责任看板，是将部门所在的区域（包括设备等）划分给不同的班组，由其负责清扫点检等日常管理工作。这种看板的优点是从全局考虑，不会遗漏某区域或设备，是彻底落实责任制的有效方法。

(4) 安全无灾害板

"安全无灾害板"的目的是为了预防安全事故的发生而开展的每日提醒活动，包括安全无灾害持续天数、安全每日一句、安全教育资料与信息。一般设置在大门口员工出入或集中的地方。

(5) 班组管理现况板

"班组管理现况板"是集合部门目标、出勤管理、业务联络、通信联络、资料、合理化建议、信箱等内容，是班组的日常管理看板，一般设置在休息室或早会的地方。

(6) 定期更换板

"定期更换板"是根据备件的使用寿命定期进行更换的管理看板，一般张贴在需要更换作业的部位，方便任何人检查或监督。优点是能将文件上或电脑里要求的作业事项直观表现于现物上，不容易遗忘。

(7) QC 工具

"QC 工具"是开展主题活动必要的手段，主要是针对特定的工作失误或品质不良运用QC工具展开分析讨论，并将结果整理在大家容易看到的地方，以提醒防止发生这样的问题，而且大家随时可以提出新的建议并进行讨论修订。一般适合于工作比较单一的情况，或特定的课题活动，并不是每个小课题都这样。

(8) TPM 诊断现况板

"TPM 诊断现况板"是为了持续推进 TPM 活动而进行的分 7 阶段的企业内部认证用记录板，体现小组活动水平的高低，阶段越高水平越高。

3. 看板管理的应用

管理类看板主要用来展示现场的管理运作状况。常见的有生产计划看板、生产线看板、质量信息看板、制度看板、现场布局看板、发货动态看板等。

(1) 生产计划看板

生产计划看板主要是针对本阶段的工作计划而制成的，主要内容包括产品的名称、本月计划数据、本月实际完成数及序时进度完成情况等，必要时分解到周、日。生产计划看板通常置于生产管理部门办公室的墙面上，班组分解的生产计划看板，也可置于生产现场中，给员工一种赶超目标的动力。

(2) 生产线看板

这种看板在流水线上出现的比较多，随着微电子技术、电子技术的快速发展，管理看板由过去的人工填写改为电子显示屏实时显示，如在流水线头的显示屏上，随时显示生产信息（目标、实际生产数量、差额数等），使各级管理人员随时都能掌握生产情况，直观、一目了然。

(3) 现场看板

这种看板主要采用电子显示屏进行实时显示，所有生产过程全部用电脑进行监控，操作者只要根据电脑显示屏上显示的信息来进行操作，所有生产过程都会在电脑显示屏实时进行动态显示。

（4）电子类看板

电子看板可以将生产、品质、设备状况转化成可视化管理，让相关人员可在第一时间发现问题，并解决问题。电子看板是把信息系统引入传统的看板系统，电子看板采集单片机技术和超大规模现场可编程器件进行设计。

第3章 管理工具与管理方法

管理是指在特定的环境下,管理者通过执行计划、组织、领导、控制等职能,整合组织的各项资源,实现组织既定目标的活动过程。它有三层含义:

(1) 管理是一种有意识,有目的的活动,它服务并服从于组织目标。

(2) 管理是一个连续进行的活动过程,实现组织目标的过程,就是管理者执行计划组织、领导控制等职能的过程。由于这一系列职能之间是相互关联的,从而使得管理过程体现为一个连续进行的活动过程。

(3) 管理活动在一定的环境中进行,在开放的条件下,任何组织都处于千变万化的环境之中,复杂的环境成为决定组织生存与发展的重要因素。

使管理活动围绕和服务于目标中心,以分解和执行目标为手段,以圆满实现目标为宗旨的一系列方法为管理工具和管理方法,其中包括 PDCA 循环、图表工具、分析方法、决策方法。

3.1 PDCA 循环

PDCA 循环应用了科学的统计观念和处理方法。作为推动工作、发现问题和解决问题的有效工具,典型的模式被称为"四个阶段""八个步骤"和"七种工具"。

3.1.1 PDCA 循环的概念

1. PDCA 循环的定义

PDCA 循环又称戴明环,是管理学中的一个通用模型,最早由休哈特于 1930 年构想,后来被美国质量管理专家戴明博士于 1950 年再度挖掘出来,并加以广泛宣传和运用于持续改善产品质量的过程。目前也广泛应用于项目管理及其他非管理领域。

PDCA 是英语单词 Plan(计划)、Do(执行)、Check(检查)和 Action(处理)的首字母,PDCA 循环就是按照这样的顺序进行质量管理,并且循环不止地进行下去的科学程序,如图 3-1 所示。

P 计划,包括方针和目标的确定,以及活动规划的制订。

D 执行,根据已知的信息,设计具体的方法、方案和计划布局;再根据设计和布局,进行具体运作,实现计划中的内容。

C 检查,总结执行计划的结果,分清哪些对了,哪些错了,明确效果,找出问题。

A 处理,对总结检查的结果进行处理,对成功的经验加以肯定,并予以标准化;对于失败的教训也要总结,引起重视。对于没有解决的问题,应提交给下一个 PDCA 循环中去解决。

图 3-1 PDCA 循环图

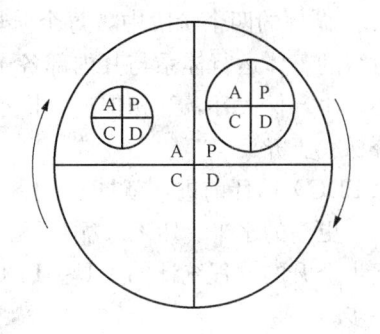

图 3-2 PDCA 循环的大环带小环

以上四个过程不是运行一次就结束,而是周而复始的进行,一个循环完了,解决一些问题,未解决的问题进入下一个循环,这样阶梯式上升。

2. PDCA 循环的功能

管理活动就是对现状的维持和改善过程。

维持是遵照标准从事工作并针对结果的异常状态,采取措施使其恢复正常(安定)状态,使实力能稳定地发挥出来,此为管理活动的基本,若是异常现象不断发生,人员整天忙着处理,是不太可能有什么大改善的。

改善是打破现状、创造变化、提高实力,将目标放在水准高的地方,拟定达成计划并确实执行,当然要随时掌握实施结果,若有反效果或无法达成目标的情形,则须再深入检讨,采取处置措施。

不管是维持活动或改善活动,皆须转动 PDCA 管理循环,而且能自主性地转动 PDCA 从稳定中求发展,如此单位的管理实力才能不断地提高,个人的管理能力也能不断地进步。

PDCA 循环理论不仅仅用于改善产品质量,也可以用于工作与生活的各个方面、所有领域,既包括人们的专业工作,也包括日常生活,它被人们持续地、正式或非正式地、有意识或下意识地使用于自己所做的每件事和每项活动。

大到奥运会的举办,小到一个婚礼的筹备;大到一个大型石化项目的建设,小到一个电机的故障维修,都可以用到 PDCA 循环。将这个原则应用于非管理类的其他领域,其变形和扩展派生出了大量其他方法和理论。

3. PDCA 循环的特点

在管理体系中,PDCA 循环是一个动态循环,它可以在组织的每一个过程中展开,也可以在整个过程的系统中展开。它与产品实现过程及管理体系其他过程的策划、实施、控制和持续改进有密切关系。

(1) 周而复始

PDCA 循环的四个过程不是运行一次就完结,而是周而复始地进行。一个循环结束了,解决了一部分问题,可能还有问题没有解决,或者又出现了新的问题,再进行下一个 PDCA 循环,依此类推。PDCA 循环是综合性循环,4 个阶段是相对的,它们之间不是截然分开的,如图 3-1 所示。

(2) 大环带小环

在 PDCA 循环的四个阶段中，每个阶段都有自己小的 PDCA 循环。类似行星轮系，一个公司或组织的整体运行体系与其内部各子体系的关系，是大环带小环的有机逻辑组合体。大环套小环，小环保大环，互相促进，推动大循环，如图 3-2 所示。

(3) 阶梯式上升

若按照 PDCA 循环前进，就能达到一个新的水平；在新的水平上再进行 PDCA 循环，便能达到一个更高的水平。PDCA 循环不是停留在一个水平上的循环，不断解决问题的过程就是水平逐步上升的过程统计的工具。PDCA 循环是爬楼梯上升式的循环，每转动一周，质量就提高一步。

(4) 关键环节

PDCA 循环中的 A 是关键环节。若没有此环节，已取得的成果无法巩固（防止问题再发生），人们的质量意识可能没有明显提高，也提不出上一个 PDCA 循环的遗留问题或新的质量问题。所以，推动 PDCA 循环的关键是"A，即行动（或处理）"阶段，应特别关注。

(5) 灵活运用

运用 PDCA 方法，可先从 CA 入手，然后再进入 PDCA 循环，即先"检查""处置"（改进）前一循环的实施效果后，再进入"策划"阶段。比如，在制订年度方针、目标及实施计划方案时，应回顾上一年度方针、目标的实现情况，即对上年度的 PDCA 循环效果进行充分验证后，再制订本年度的计划。

这是对 PDCA 循环认识上的深化。事实证明，毫无准备地进入计划阶段与检查前一循环的实施效果后再进入计划阶段，其效果截然不同。所以，进行 PDCA 循环时，尤其要注意 CA 环节，在此基础上进行 P 环节，对提高计划的水平和有效性有着重要的意义。

3.1.2 PDCA 循环的步骤

PDCA 循环的四个环节包含 8 个步骤，包括：①分析现状，发现问题；②分析各种影响因素；③分析主要原因；④选择对主要原因采取的措施；⑤执行，按措施计划的要求去做；⑥检查，把执行结果与目标对比；⑦标准化，总结成功经验，制订相应标准；⑧把没有解决或新出现的问题转入下一个 PDCA 循环中去解决。

1. 计划（P）环节中的步骤

步骤 1：分析和评价现状，以识别改进的区域，找出存在的问题。包括：①确认问题；②收集和组织数据；③设定目标和测量方法。

步骤 2：分析产生问题的各种原因或影响因素，确定改进的目标。主要是指寻找可能的影响因素并验证。

步骤 3：找出影响问题的主要因素，寻找可能的解决办法，以实现这些目标。主要是指比较并选择主要的、直接的影响因素。

步骤 4：针对问题的主要因素，制订措施，提出行动计划。评价这些解决办法并作出选择。包括：①寻找可能的解决方法；②测试并选择；③提出行动计划和相应的资源。

2. 执行（D）环节中的步骤

步骤5：实施行动计划，实施选定的解决办法。包括：①按照既定的计划执行措施（协调和跟进）；②收集数据。

3. 检查（C）环节中的步骤

步骤6：分析数据，评估结果。测量、验证、分析和评价实施的结果，以确定这些目标已经实现。包括：结果同目标相符性；每项措施的有效性；存在的距离；学到的东西；确认措施的程序化；确认新的操作标准。

4. 处理（A）环节中的步骤

步骤7：标准化和进一步推广，正式采纳更改。包括：采取措施以保证长期的有效性；将新规则文件化；设定程序和衡量方法；分享成果；重复解决方法（交流好的经验）。

步骤8：提出这一循环尚未解决的问题，把它们转到下一个PDCA循环。必要时，对结果进行评审，以确定进一步改进的机会。

3.1.3 PDCA循环的应用

1. 精益生产

精益生产（Lean Production，简称LP）是美国麻省理工学院数字国际汽车计划组织（IMVP）的专家对日本丰田准时化JIT（Just In Time）生产方式的赞誉称呼。

（1）精益生产概念

精，即少而精，不投入多余的生产要素，只是在适当的时间生产必要数量的市场急需产品（或下道工序急需的产品）。

益，即所有经营活动都要有益有效，具有经济效益。也就是在需要的时候，按需要的量生产所需的产品。它是当前工业界最佳的一种生产组织体系和方式，也必将成为二十一世纪标准的全球生产体系。

精益生产是通过系统结构、人员组织、运行方式和市场供求等方面的变革，使生产系统能很快适应用户需求不断变化，并能使生产过程中一切无用、多余的东西被精简，最终达到包括市场供销在内的生产的各方面最好结果的一种生产管理方式。与传统的大生产方式不同，其特色是"多品种""小批量"。

从过去关注生产现场转变为库存控制、生产计划管理、流程改进（流程再造）、成本管理、员工素养养成、供应链协同优化、产品生命周期管理（产品概念设计，产品开发，生产线设计，工作台设计，作业方法设计和改进）、质量管理、设备资源和人力资源管理、市场开发及销售管理等企业经营管理涉及的诸多层面。

（2）精益生产的PCDA

精益生产必须采用PCDA循环进行，见表3-1。

P（计划）包括课题和主因的确定以及对策的制订；D（实施）就是具体运作，实现计划中的内容；C（检查）就是要总结执行计划的结果，分清哪些对了，哪些错了，明确效果，找出问题；A（行动）对总结检查的结果进行处理，成功的经验加以肯定，并予以标准化，或制订作业指导书，便于以后工作时遵循；对于失败的教训也要总结，以免重现。对于没有解决的问题，应提给下一个PDCA循环中去解决。

表 3-1　　　　　　　　　　　精益生产检查表

	WHAT	HOW	WHEN									WHERE	WHY	WHO
	项目	采用手法	1	2	3	4	5	6	7	8	9	地点	目标	负责人
P	课题选定	调查表、排列图										生产现场	确定主题	
	现状调查	柱状图、直方图										生产现场	确定主攻	
	原因分析（主因确定）	流程图、关联图 调查表、直方图										生产现场	确定主因	
	对策制订	图表										生产现场	确定方案	
D	实施对策	散布图、控制图										生产现场	不良下降	
C	效果检查	柱状图、雷达图										生产现场	降低 50%	
A	总结巩固	图表										生产现场	对策维持	
	今后课题	排列图											课题确定	

2. 团队培训

任何有效率的团队，都希望通过培训的方式，来统一团队成员的认识、术语、行为准则，改变团队成员的行为、知识、技能、态度。团队培训要遵循 PDCA 循环。如图 3-3 所示。

图 3-3　团队培训 PDCA 循环

（1）计划（P）

计划包括两部分，制订培训计划，规划预算内容。

1）确认培训与人力发展预算。制订培训计划工作的最佳起点是确认公司将有多少预算要分配于培训和人力发展。在不确定是否有足够的经费支持的情况下，制订任何综合培训计划都是没有意义的。通常培训预算都是由公司决策层决定的，但是人力资源部门应该通过向决策层提出为培训投资的"建议书"，说明为什么公司应该花钱培训，公司将得到什么回报。

2）制订课程需求单。根据培训需求，列出清单，写明用来匹配培训需求的所有种类的培训课程。这可能是一个很长的清单，包含了针对少数员工的个性化的培训需求，当然也包含了许多人都想参加的共性化的培训需求。

3）确定培训的供应方。当有了最终版的课程清单，就需要决定如何去寻找这些培训的供应方。首先是决定使用内部讲师还是聘请外部讲师。内部讲师的好处是成本较低，而且有时比外部讲师优秀（因为内部讲师更了解组织现状和流程）。然而，有时内部无法找到讲授某个课程的专家，这时就必须寻找外部讲师。

4）确定教材。一般由培训师确定教材，教材来源主要有四种：外面公开出售的教材、企业内部的教材、培训公司开发的教材和培训师编写的教材。一套好的教材应该是围绕目标、简明扼要、图文并茂、引人入胜。

5) 制订和分发开课时间表。人力资源部应该制订一份包含所有计划运营培训的开课时间表，列明开课的时间和地点。通常的做法是制作包含相关信息的小册子，例如课程描述。这本小册子将被分发给所有部门作为参考文件（在某些组织将拷贝给所有员工）。

(2) 执行（D）

1) 发培训通知。要确保每一个应该来的人都收到通知，因此最后有一次追踪，使每一个人都确知时间、地点与培训基本内容。

2) 为培训安排后勤保障。确定培训地点。培训地点的优劣也会影响到培训效果。培训地点一般有以下几种：企业内部的会议室、企业外部的会议室、宾馆内的会议室。要根据培训的内容来布置培训场所。

准备好培训设备。例如电视机、投影仪、屏幕等。

(3) 检查（C）

检讨培训效果。就像任何其他的投资，应该评估培训的结果。最简单的方式是让参训者上完每门课程后都填写课程评估表格。所有评估表格将作为对讲师授课质量的检查。如果持续好评，代表这门课程取得了成果。对于持续劣评的课程，就要利用这些数据来判断是否需要改变（内容、持续时间或主持人等），要采取行动使课程得到优化与提升。

还有其他课程评价方法，比如，可以让参训人员在培训后召开培训小结会，提出对培训的建议和意见；或者让参训人员在一段时间后书写反馈信函，反映他们将如何将所学知识运用到他们的工作中去。后者是一个非常有效的方法，但需要人力资源部门说服一线经理来做这件事情。

(4) 处理（A）

为实现一定的培训目标，将培训三要素（讲师、学员、教材）进行合理、有计划、有系统的安排而形成的一种指导性文件。通常一个完整的培训体系包括：培训课程体系、培训讲师管理制度、培训效果评估和培训管理体系四部分，其中前三项是培训体系的三大核心工作内容，尤其要和晋升体系、薪酬体系相配合。

3.2 图 表 工 具

通常，图表工具是指在管理工作中广泛应用的图表类工具，比如说上述精益生产中PDCA用到的调查表、排列图、柱状图、直方图、流程图、散布图、控制图、因果图、相关图等。

图表泛指可直观展示统计信息属性（时间性、数量性等），对知识挖掘和信息直观生动感受起关键作用的图形结构，是一种很好的将对象属性数据直观、形象地"可视化"的手段。图表设计隶属于视觉传达设计范畴。图表设计是通过图示、表格来表示某种事物的现象或某种思维的抽象观念。

扇形图、柱状图、折线图和趋势图是图表中四种最常用的基本类型。图表类型还包括条形图、散点图、面积图、圆环图、雷达图、气泡图、股价图等。此外，可以通过图表间的相互叠加来形成复合图表类型。

不同类型的图表可能具有不同的构成要素，如折线图一般要有坐标轴，而扇形图一般没有。归纳起来，图表的基本构成要素有：标题、刻度、图例和主体等。同样的一份数据可以制成不同表现形式的图表,这三种图形侧重各有不同。

数据系列:在图表中绘制的相关数据点,这些数据源自数据表的行或列。图表中的每个数据系列具有唯一的颜色或图案,并且在图表的图例中表示,可以在图表中绘制一个或多个数据系列。

数据点:在图表中绘制的单个值,这些值由条形、柱形、折线、饼图或圆环图的扇面、圆点和其他被称为数据标记的图形表示。相同颜色的数据标记组成一个数据系列。

3.2.1 扇形图

扇形图可以看成数据的合计后的占比,适合突出表现份额。扇形图(Sector Graph,或 Pie Graph)又称饼图,常用于统计学模块。2D 图为圆形,手画时,常用圆规作图,如图 3-4 所示。

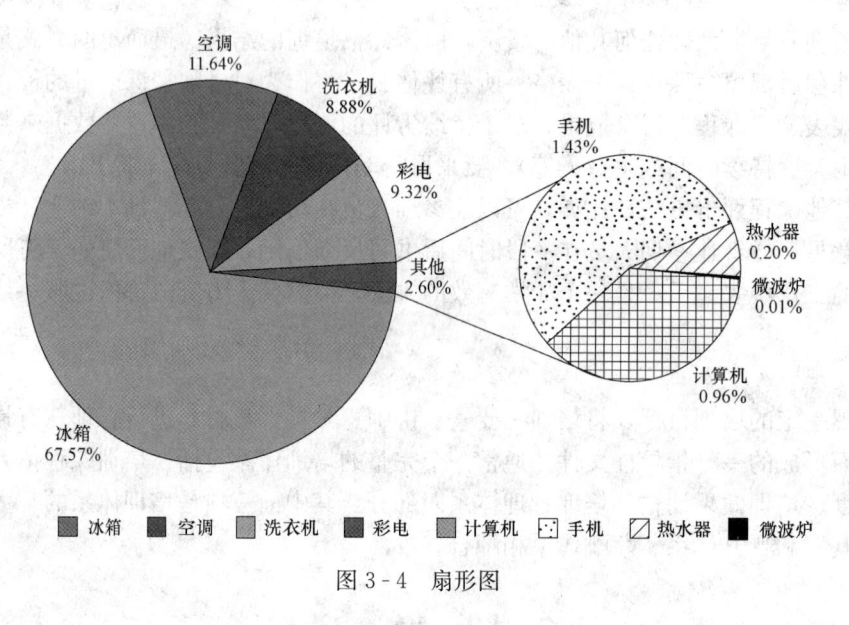

图 3-4 扇形图

仅排列在工作表的一列或一行中的数据可以绘制到扇形图中。扇形图只有一个数据系列。扇形图显示一个数据系列中各项的大小与各项总和的比例。扇形图中的数据点显示为整个饼图的百分比。

如果在工作中遇到需要计算总费用或金额的各个部分构成比例的情况,一般都是通过各个部分与总额相除来计算,而且这种比例表示方法很抽象,我们可以使用一种扇形图表工具,能够直接以图形的方式直接显示各个组成部分所占比例。更为重要的是,由于采用图形的方式,更加形象直观。

3.2.2 柱状图

柱状图长于数据的对比,通常用于 A 和 B 在相同时间的数据对比。柱状图(Bar Chart),是一种以长方形的长度为变量的表达图形的统计报告图,由一系列高度不等的纵向条纹表示数据分布的情况,用来比较两个或以上的价值(不同时间或者不同条件),只有一个变量,通常用于较小的数据集分析。

柱状图也可横向排列，或用多维方式表达。类似的图形表达为直方图，不过后者较柱状图而言更复杂，直方图可以表达两个不同的变量。

主要用于数据的统计与分析，易于比较各组数据之间的差别。早期主要用于数学统计学科中，到现代使用已经比较广泛，比如，现代生产线的产品分析和一些软件的分析测试。此外，相似的还有饼图和折线图，如图3-5所示。

3.2.3 折线图

折线图有利于表现变化的趋势，通过曲线的变化体现增长的速率，所以选取哪种表现形式取决于想表达的中心思想。

排列在工作表的列或行中的数据可以绘制到折线图中。折线图可以显示随时间（根据常用比例设置）而变化的连续数据，因此非常适用于显示在相等时间间隔下数据的趋势。在折线图中，类别数据沿水平轴均匀分布，所有数据沿垂直轴均匀分布，如图3-5所示。

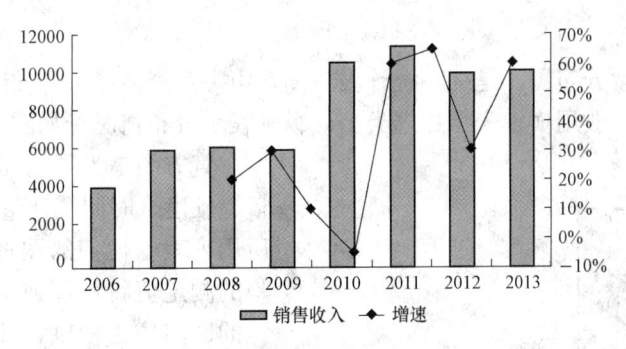

图3-5 柱状图与折线图

折线图用于显示随时间或有序类别而变化的趋势，可能显示数据点以表示单个数据值，也可能不显示这些数据点。在有很多数据点并且它们的显示顺序很重要时，折线图尤其有用。如果有很多类别或者数值是近似的，则应该使用不带数据标记的折线图。

3.2.4 趋势图

趋势图有时也称走向图，是随着序列变化或随着时间的推移，展示不同数值的图表。它用来显示一定时间间隔（例如一天、一周或一个月）内所得到的测量结果。以测得的数量为纵轴，以时间为横轴绘成图形，如图3-6所示。

有助于确定测得的变化是随机变化的还是有与之相关联的；可以说明性能在实施"之前"和"之后"的变化；趋势图从班期、运转、周期、离散或自然模式的变化中寻找规律，解释什么原因导致这样的结果。

走向图就像不断改变的记分牌。它的主要用处是确定各种类型问题是否存在重要的时间模式。这样就可以调查其中的原因。例如，按小时或按天画出次品出现的分布图，就可能发现只要使用某个供货商提供的材料就一定会出问题。这表示该供货商的材料可能是原因所在。或者发现某台机器开动时一定会出现某种问题，这就说明问题可能出在这台机器上。

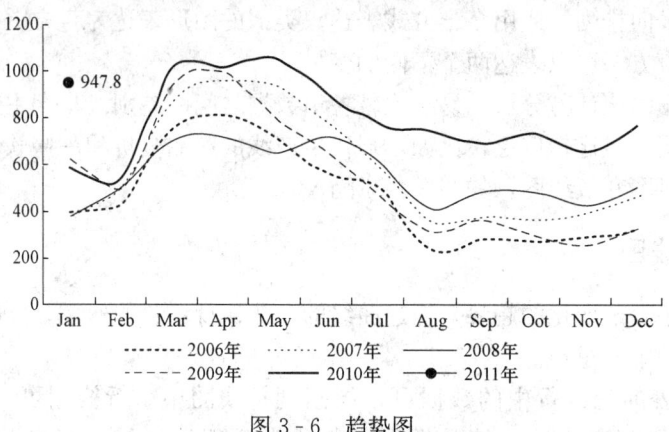

图 3-6　趋势图

3.2.5　直方图

1. 基本概念

直方图又称质量分布图，是一种统计报告图，由一系列高度不等的纵向条纹或线段表示数据的分布情况。一般用横轴表示数据类型，纵轴表示分布情况，如图 3-7 所示。

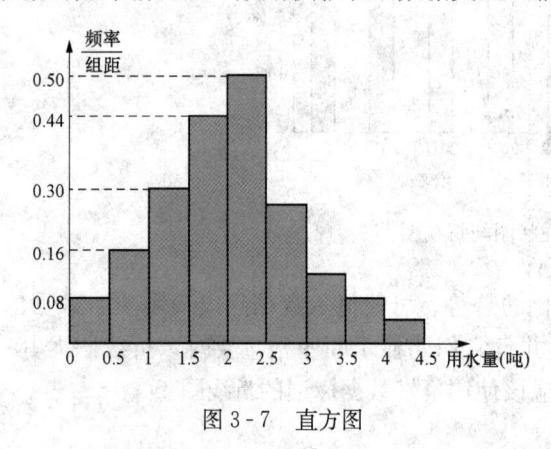

图 3-7　直方图

直方图是为了易于判断出如长度、重量、硬度、时间等计量值的数据分配情形，所用来表示他们的图形。直方图是将所收集的测定值特性值或结果值，分为几个相等的区间作为横轴，并将各区间内所测定值依所出现的次数累积而成的面积，用柱子排起来的图形。因此，也称为柱状图。

在质量管理中，对于预测并监控产品质量状况，对质量波动进行分析，直方图是最好的工具。它是一目了然地把这些问题图表化处理的工具，它通过对收集到的貌似无序的数据进行处理，来反映产品质量的分布情况，判断和预测产品质量及不合格率。

2. 直方图的制作方法

（1）搜集数据并记录

搜集数据时，对于抽样分布必须特别注意，不可取部分样品，应全部均匀的加以随机抽样。所搜集的数据应大于 50 以上。

（2）找出数据中最大值 L 与最小值 S

先从各行或列中求出最大值及最小值，再予以比较。求出全部数据中的最大值 L 与最小值 S。

（3）求全距（R）

设数据最大值为 L，最小值为 S，则全距 R 为：
$$R = L - S$$

(4) 决定组数（K）

组数过少，固然可得到相当简单的表格，但却失去次数分配的本质与意义；组数过多，虽然表列详尽，但无法达到简化的目的。通常，应先将异常值剔除后再行分组。

一般可用数学家史特吉斯提出的公式，根据测定次数 n 来计算组数 K，公式为

$$K = 1 + 3.32 \lg n$$

例：$n=60$，则 $K=1+3.32\lg 60=1+3.32(1.78)=6.9$，即约可分为 6 组或 7 组。

(5) 求组距（H）

为便于计算平均数及标准差，组距常在计算后取为 25 或 10 的倍数。

$$H = \frac{R}{K}$$

(6) 求各组组界

定义上组界为 M，下组界为 m，由小而大顺序排列。一般来讲，最小测定单位 u 的选定有以下规律：整数位的最小测定单位为 1，小数点 1 位的最小测定单位为 0.1，小数点 2 位的最小测定单位为 0.01，则有：

第一组下组界为最小值减去最小测定单位的一半，第一组上组界为第一组下组界加上组距，第二组下组界就是第一组上组界，以此类推，即

$$m_1 = S - \frac{u}{2}$$

$$M_1 = m_1 + H$$

$$m_{n+1} = M_n$$

(7) 求组中点值（c）

组中点值就是该组的上组界与下组界之和的一半，即

$$c_n = \frac{M_n + m_n}{2}$$

(8) 作次数分配表

将所有数据，依其数值大小数，记于各组的组界内，并计算其次数。将次数相加，并与测定值个数相比较；表中次数总和应与测定值总数相同。

(9) 制作直方图

将次数分配表图表化，以横轴表示数值变化，以纵轴表示次数，横轴与纵轴各取适当的单位长度。再将各组组界分别标在横轴上，各组界应为等距离。

以各组内的次数为高，组距为底，在每一组上画成矩形，则绘制完直方图。然后，需要在图右上角记入相关数据履历：数据总数 n，平均值 x，标准差 σ 等。最后，划出规格的上、下限，记入必要事项：制品名、工程名、期间、制作日期、制作者等。

至此，将整个直方图制作完成。

3. 直方图的应用

(1) 计算产品不良率

品质改善循环活动中，常需计算改善活动前、中、后的不良率，以此比较有无改善成效。其不良率可直接自次数分配表中求得，也可自直方图中计算出来。

(2) 据此订出规格界限

在未订出规格界限之前，可依据所搜集编成的次数分配表，测知次数分配是否为常态分

配,如为常态分配时,则可根据计算得知平均数与标准差来订出规格界限。一般而言,平均数减去3个标准差得规格下限,平均数加上3个标准差则得规格上限,或按实际需要而订出。

(3) 与规格或标准值比较

要明了制造能力的好坏,必须与规格或标准值比较才可显现出来;一般而言,我们希望制造能力(直方图)在规格界限内,且最好制造的平均值与规格的中心相一致。

(4) 调查是否混入两个以上不同产品

如果直方图呈现双峰形态,可能混合了两个不同产品,诸如两个不同班别、不同生产线、不同的材料、不同的操作员、不同机台等。生产出来的制品混在一起。此时,需将不同班别、生产线、材料、操作员、机台、制造出来的制品不混合在一起,以便及早找出造成不良的原因。

3.2.6 流程图

1. 流程图的概念

流程图是用图来说明流程或工作是如何实现的。流程图可帮助分析工作过程、识别可能改进的领域,来寻找瓶颈、薄弱环节。流程图是流经一个系统的信息流、观点流或部件流的图形代表。

流程图有时也称作输入-输出图。该图直观地描述一个工作过程的具体步骤。流程图对准确了解事情是如何进行的,以及决定应如何改进过程极有帮助。这一方法可以用于整个企业,以便直观地跟踪和图解企业的运作方式。

为了让流程能够得以规范和落地,一般都会绘制具有合适颗粒度的管理或业务流程图,并编写流程说明,制作流程文档,用来描述企业的各类业务如何运作以及业务运作模式如何解决用户的需求,以期为流程责任人或执行人提供清晰明确的视图和指引。

2. 流程图的制作

流程图使用一些标准符号代表某些类型的动作,如决策用菱形框表示,具体活动用方框表示。但比这些符号规定更重要的,是必须清楚地描述工作过程的顺序。

(1) 流程图的绘制

1) 定义处理范围:所有者、启动和停止点、输入和输出、客户、供应商、合作伙伴、关键利益相关者。

2) 列出步骤:确认细节层次一致。

3) 添加符号:开始、结束、输入、处理步骤、决定。

4) 连接:用箭头连接每一步。

5) 封闭:从判断点引出的另一个选项。

(2) 流程图的改进

流程图也可用于设计改进工作过程,具体做法是先画出事情应该怎么做,再将其与实际情况进行比较。

3. 流程图的应用

流程图是揭示和掌握封闭系统运动状况的有效方式。作为诊断工具,它能够辅助决策制订,让管理者清楚地知道,问题可能出在什么地方,从而确定出可供选择的行动方案。在企

业中,流程图主要用来说明某一过程,如图3-8
所示。

这种过程既可以是生产线上的工艺流程,也可以是完成一项任务必需的管理过程。例如,一张流程图能够成为解释某个零件的制造工序,甚至组织决策制订程序的方式之一。这些过程的各个阶段均用图形块表示,不同图形块之间以箭头相连,代表它们在系统内的流动方向。下一步何去何从,要取决于上一步的结果,典型做法是用"是"或"否"的逻辑分支加以判断。

流程图是一种直观的工具,因此几乎所有的办公领域都会运用到它。人事部门有人事结构图,软件开发有开发流程图,各种工艺制造业的管理需要有工艺工程图等。总之,由于图形表达方式便捷与简单明了,流程图的绘制就成了企业办公过程中最常见的工作之一,准确、简洁而精美是这项工作的主要目标。

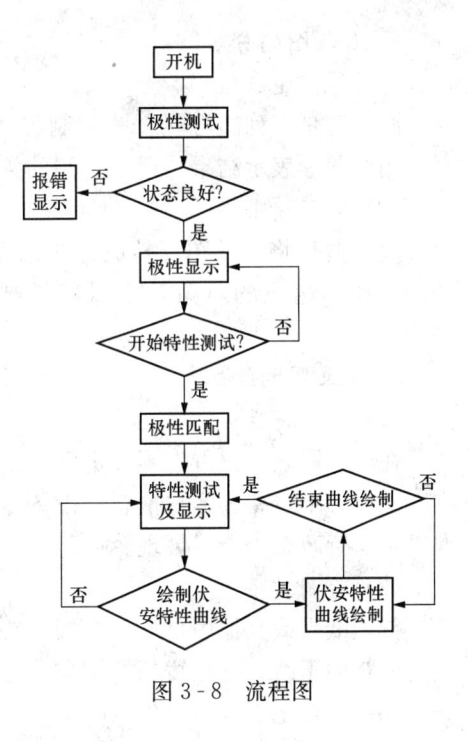

图3-8 流程图

3.2.7 因果图

1. 因果图的概念

因果图又称特性要因图,就是当一个问题的结果受到一些原因的影响时,我们将这些原因予以整理,成为有相互关系且有系统的图形。简言之就是将造成某项结果的诸多原因,以有系统的方式来表达结果与原因之间的关系。

某项结果的形成,必定有其原因,设法使用图解法找出这些原因来。其主要目的在阐明因果关系,因其形状与鱼骨相似,故又称为"鱼骨图"。

在工程实际中,这些要因基本是人员(Men)、机器设备(Machine)、材料(Material)、方法(Method)和环境(Environment)。因此,有时候又称为5M分析法,或"人机料法环"分析法,如图3-9所示。

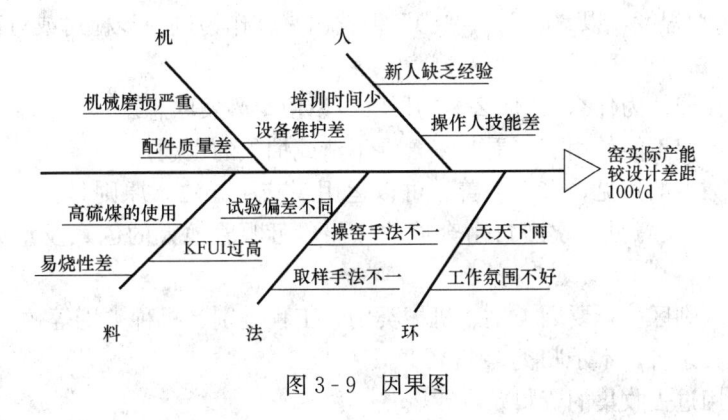

图3-9 因果图

2. 因果图的分类

(1) 原因追求型

此类型是以列出可能会影响制程（或流程）的相关因子，以便进一步从中找出主要原因，用此图形表示结果与原因之间的关系。

(2) 对策追求型

此类型是将鱼骨图反转成鱼头向左的图形，目的在于追寻问题点应该如何防止，目标结果应如何达成的对策，故以特性要因图表示期望效果（特性）与对策（要因）间的关系。

3. 因果图的绘制

(1) 确定特性

在未绘制之前，首先须确定问题或品质的特性。一般来说，特性可用零件规格、账款回收率、制品不良率、客户抱怨、设备停机率、报废率等与品质有关的，或是以和成本有关的人事费、行政费等予以展现。

(2) 绘制骨架

首先纸张或其他用具（如白板）右方划一"□"填入所决定的特性，然后自左而右划出一条较粗的干线，并在线的右端与接合处，划一向右的箭头。

(3) 大略记载各类原因

确定特性之后，就开始找出可能的原因，然后将各原因以简单的字句，分别记在大骨干上的分枝，以大约60°画向干线，画此线时要注意比干线稍微细一些。各大要因的记载可以用5M：人员（Man）、机械（Machine）、材料（Material）、方法（Methed）、环境（Environment）五大类加以分类。

(4) 依据大要因，分出 N 个中要因

细分出中要因，画出中骨线，同样为60°插线（平行于干线）。中骨线应比大骨线细，中要因的选定约3~5个为好。绘制时，应将有因果关系的全部要因归于同一骨线内。

(5) 更详细列出小要因

运用与中要因相同的分析方式，将更详细的小要因讨论、列举并绘制出来。

(6) 标出最重要的原因

造成一个结果的原因有很多，可以透过搜集数据或自由讨论的方式找出来。比较他们对特性和结构的影响程度，以"□"或"○"框选出来，作为进一步检讨或对策之用。

(7) 绘制时注意事项

1) 特性要注明"为什么""什么"的语气，以便于激发联想。

2) 特性的决定不能使用那些看起来含混不清或抽象的主题。

3) 收集多数人的意见，多多益善。可以运用头脑风暴法，原则是：意见越多越好，禁止批评他人的构想及意见，欢迎自由奔放的构想，可顺着他人的创意及意见，发展自己的创意。

4) 需要以层别区分：要因类别、机械类别、工程类别、机种类别等。

5) 无因果关系者，不予归类。

6) 多加利用过去收集的资料。

7) 必须以事实为依据。

8) 必须依据特性的不同，分别制作不同的特性要因图。

9) 重点要放在解决问题上，并依结果提出对策，其方法可依 5W2H 原则执行。5W2H 原则：Why（为何必要），What（目的何在），Where（在何处做），When（何时去做），Who（由谁来做），How（方法如何），How much（费用多少）。

4. 因果图的应用

因果图不止能发掘原因，还可借此整理问题，找出最重要的问题点，并依循原因找出解决问题的方法。

因果图的用途极广，在故障诊断、管理工程、事务处理上都可使用。因果图的用途可依目的分类：改善分析用、制订标准用、管理用、品质管制导入用、教育用、故障诊断用等。

配合其他手法活用，更能得到效果，如：检查表、帕拉图等。

3.2.8 检查表

1. 检查表的概念

检查表是一种组织所收集的数据表格，用容易理解的方式，以简单的数据，使用易于了解的标准化图形，必要时填入规定的检查记号，再加以统计汇整其数据，作为进一步量化分析或比对检查用，也称为点检表、查检表或查核表。

检查表，能系统地收集资料、积累信息、确认事实并可对数据进行粗略的整理，也就是确认有与没有或者该做的是否完成（检查是否有遗漏）。

检查表包含的是原始数据，而不是信息。想要分析和解释数据，需要使用另外一些工具，如帕累托图、柱状图、趋势图、散点图等。

2. 检查表的分类

一般而言检查表可依其工作的目的或种类分为下述两种。

（1）点检用查检表

在设计时即已定义成使用时只做是非或选择的注记，其主要功用在于确认作业执行情况，设备仪器保养维护实施状况，或为预防事故发生，以确保使用时安全用。

此类查验表主要是确认检核作业过程中的状况，以防止作业疏忽或遗漏，例如，教育训练查检表、设备保养查检表，行车前车况检表等均属于，见表 3-2。

表 3-2　　　　　　　　　　　点检用检查表示例

位置区分		实训室下课时的检查						备注
		一	二	三	四	五	六	
实训台	断电复位	√	√	√	√	√	√	
	台凳整齐	√	√	√	√	√	√	
	设备整齐	√	√	√	√	√	√	
	材料整齐	√	√	√	√	√	√	
门窗	窗关闭	√	√		√			
	窗帘合上	√	√					
	走廊窗关上	√	√	√				
	门反锁	√	√					

续表

实训室下课时的检查							备注
位置区分		一	二	三	四	五	六	
电器	日光灯关闭	√	√	√	√			
	风扇关闭	√	√	√	√			
	投影仪及幕布	√	√					
	电子讲台关闭	√						

（2）记录用点检表

此类查检表是用来搜集计划资料，应用于不良原因和不良项目的记录，作法是将数据分类为数个项目别，以符号、划记或数字记录的表格或图形。

由于常用于作业缺失，品质良莠等记录，又称为改善用查检表，见表3-3。

表3-3 记录用检查表示例

5S现场诊断表

现场区：_____ 诊断日：___年__月__日 诊断者：_____

现场区分	诊断内容	计点		
		0	-1	-2
地板桌面	1. 无污染且干净			
	2. 物品放置有否占用通道			
	3. 物品堆放有否整齐			
	4. 有无垃圾灰尘			
	5. 材料设备有无掉落			
	6. 有否放置不需要的东西			
壁面门窗	1. 门窗有否灰尘污染			
	2. 门窗帘有否污迹			
	3. 告示书板视觉观感是否良好			
	4. 壁面有无挂贴不需要的东西			
天花板	1. 有无污染或蜘蛛丝			
	2. 日光灯有无油类污染			
	3. 吊式告示书板视觉观感是否良好			
实训设备	1. 放置是否良好			
	2. 有无灰尘污染			
	3. 标示是否明确			

3. 检查表的制作

（1）检查表的格式

检查表的制作，可任意配合需求目的而做更改，故没有特定格式。但仍有几项重点是制作时要特别留意的。

(2) 制作要点

1) 一开始并非要求完美，可先参考他人示例，模仿出新的，使用时如不理想，再行改善。

2) 越简单越好，容易记录、看图，以最短的时间将现场的资料记录下来。

3) 一目了然，查检的事项清楚陈述，使记录者在记录问题的同时就能明白所登记的内容。

4) 以团队协同工作的方式，集思广益，切记不可遗漏重要项目。

5) 设计不会令使用者记录错误的查检表，以免影响日后统计分析作业的真实性。

4. 检查表的作用

(1) 一般用途

检查表制作完成后，要让工作场所中的人员（使用者）了解，并且做在职训练，而在使用检查表时应注意下列事项并适时反映。

(2) 用途示例

1) 搜集完成的数据应立即使用，并观察整体数据是否代表某些事实。

2) 数据是否集中在某些项目，而各项目间之差异有哪些？

3) 某些事项是否因时间的经过而有所变化？

4) 如有异常，应马上追究原因，并采取必要措施。

5) 查检的项目应随着作业的改善而改变。

6) 现实事物的观察要细心、客观。

7) 由使用的记录即能迅速判断，采取行动。

8) 查检责任者，明确指定谁来做，并使其了解收集目的及方法。

9) 搜集的数据应能获得层别的情报。

10) 数据搜集后，若发现并非当初所设想的，应重新检讨再搜集。

11) 查检的项目，期间计算单位等基准，应一致方能进行统计分析。

12) 尽快将结果呈报，并使相关人员也能知晓。

13) 数据的搜集应注意样本取得的随机性与代表性。

14) 对于过去、现在及未来的查检记录，应适当保管，并比较其差异性。

15) 查检表完成后可利用帕拉图加以整理，以便掌握问题重心。

3.2.9 帕拉图

1. 帕拉图的基本概念

帕拉图（Pareto Chart）又称帕累托图是将出现的质量问题和质量改进项目按照重要程度依次排列而采用的一种图表，因此又称排列图、主次图，是以意大利经济学家 V. Pareto 的名字命名的。帕拉图是按照发生频率大小的顺序绘制的直方图，表示有多少结果是由已确认类型或范畴的原因所造成。

从帕拉图中可以看出哪一项目有问题，其影响程度如何，从而确定问题的主次，并可以针对问题点采取改善措施。帕拉图观测结果适用于许多其他领域，即任何一组对某个一般性结果的影响因子中，只有相对少数因子决定了结果的大部分。

由生产现场所收集到的数据，必须有效的加以分析、运用，才能成为有价值的数据。而将此数据加以分类、整理，并作成图表，充分的掌握问题点及重要原因，是时下不可或缺的管理工具。目前，最为现场人员广泛使用于数据管理的图表就是帕拉图。

帕拉图是根据所搜集的数据按不良原因、不良状况、不良项目、不良发生的位置等不同区分标准而加以整理、分类，借以寻求占最大比率的原因、状况或位置，再按其大小顺序排列，再加上累积值的图形，如图 3‑10 所示。

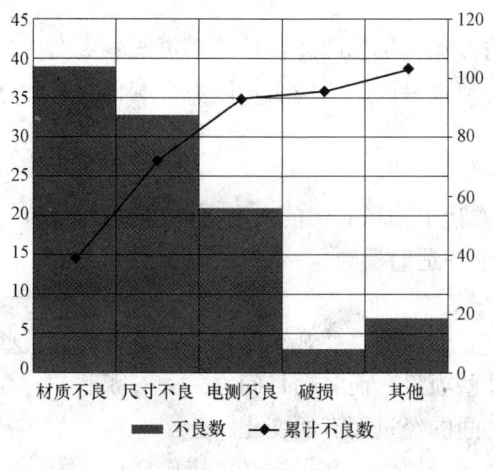

图 3‑10　帕拉图

从帕拉图中，可看出哪一个项目有问题，其影响度如何，以判断问题症结所在，并针对问题点采取改善措施，故又称为 ABC 分析图。所谓 ABC（Activity Based Classification）分析的重点是强调对于一切事务，可以依其价值的大小而付出不同的努力，以致效果有所不同。也就是说，可以利用帕拉图分析其前面的 2、3 项比较重要的项目，并加以控制，以达到管理的目的。

凡·帕累托在研究个人收入的分布状态时，发现少数人的收入占全部人收入的大部分，而多数人的收入却只占一小部分，他将这一关系用图表示出来，就是著名的帕累托图。该分析方法的核心思想是在决定一个事物的众多因素中分清主次，识别出少数的但对事物起决定作用的关键因素和多数的但对事物影响较少的次要因素。

后来，帕累托法被不断应用于管理的各个方面。管理学家戴克（H. Dickie）将其应用于库存管理，命名为 ABC 法。约瑟夫·朱兰将 ABC 法引入质量管理，用于质量问题的分析，被称为排列图。彼得·德鲁克（P. Drucker）将这一方法推广到全部社会现象，使 ABC 法成为企业提高效益的普遍应用的管理方法。

正因为如此，帕拉图分析和管理问题的方法被称为排列图法、帕累托分析法、巴雷托分析法、柏拉图分析法、主次因分析法、ABC 分析法、分类管理法、物资重点管理法、ABC 管理法、巴雷特管理法，平常也称之为"80‑20"规则。

2. 帕拉图的制作方法

（1）步骤 1：决定数据的分类项目

分类的方式有结果的分类，包括不良项目别、场所别、时间别、工程别；原因的分类包括材料别（厂商、成分等），方式别（作业条件、程序、方法、环境等），设备别（机械、工具等)、人(年龄、熟练度、经验等)等。

分类的项目必须合乎问题的症结。一般的分类先从结果分类上着手,以便洞悉问题所在;然后再进行原因分类,分析出问题产生的原因,以便采取有效对策。将此分析的结果,依其结果与原因分别绘制帕拉图。

(2) 步骤 2:决定收集数据的期间并按分类项目,在期间内收集数据

考虑发生问题的状况,从中选择恰当的期限(如一天、一周、一月、一季或一年为期间)来收集数据。

(3) 步骤 3:依分类项目别,做数据整理,并作成统计表

各项目按出现数据的大小顺序排列,其他项排在最后一项,并求其累积数据(其他项不可大于前三项,若大于时应再细分)。

求各项目数据据点比率及累计影响度。其他项排在最后,若太大时,须检讨是否有其他重要因素需提出。

(4) 步骤 4:记入图表纸并依数据大小排列画出柱状图

纵轴左侧填不良数、不良率或损失金额,纵轴右侧刻度表示累计影响度(比率);在最上方刻 100%,左方则依收集数据大小做适当刻度。横轴填分类项目名称,由左至右按照所占比率大小记入,其他项则记在最右边。

横轴与纵轴应做适度比例,横轴不宜长于纵轴。

(5) 步骤 5:绘累计曲线

需要点上累计不良数(或累计不良率)再用折线连接。

(6) 步骤 6:绘累计比率

纵轴右边绘折线终点为 100%,将 0~100% 间分成 10 等分,把%的分度记上(即累计影响度)。标出前三项(或四项)的累计影响度是否>80%或接近 80%。

(7) 步骤 7:记入必要的事项

主要有标题(目的)、数据搜集期间、数据合计(总检查、不良数、不良率等)、工程类别和制作者信息作成类别(包括记录者、绘图者等)。

【例 3-1】 某电子材料检验后,以不良数计算,见表 3-4。则以不良数为纵轴的帕拉图,绘制后如图 3-10 所示。

表 3-4　　　　　　　某电子材料检验记录表

项目	不良数	累计不良数	不良率(%)	累计不良率(%)
材质不良	39	39	37.9	37.9
尺寸不良	33	72	32	69.9
电测不良	21	93	20.4	90.3
破损	3	96	2.9	93.2
其他	7	103	6.8	100

3. 帕拉图的应用

(1) 作为降低不良的依据

想降低不良率,先绘帕拉图看看。全体的不良有多少,各种不良占多少,降低那些不

良，可将全体不良降低 70%～80%。真正影响不良的大原因只有 2、3 项而已，只要对 2、3 项主要原因把握住，整个不良原因就减掉大半了。

(2) 决定改善目标，找出问题点

帕拉图分析并不限于"不合规格"的不良，任何工厂的问题都可应用帕拉图分析，例如：修理件数、费用、时间、客诉件数、处理时间及费用，不良品数及所受损失，效率损失等。

(3) 确认改善效果，改善前后的比较

采取改善对策后，为确认其成效，需重绘一次帕拉图。如果采取的对策有效，柱形图的高度会降低且横轴的不良项目及顺序会发生变动。

把改善前后的帕拉图排列在一起，即可评估其改善成效。确认改善效果时，应注意下列三点：帕拉图搜集数据的期间及对象要一致；对季节性的变动应列入考虑；对于对策外的原因，也应加以注意，以免疏忽。

(4) 应用于发掘现场的重要问题点

一般数据可分为两大类：

依结果的分类——将结果的数据加以分类绘帕拉图，可掌握住少数而重要的结果。诸如，不良项目，工程别等。

依要因的分类——将主要的结果找出后，再依特性要因图中的要因，搜集要因数据，作成帕拉图，即可找寻或掌握住重要的要因。

这样，先从结果分类，再从各类中找其要因，进而再对此要因寻求对策，则大部分的问题可获解决。

(5) 用于整理报告或记录

如果只用数据来书写报告或记录，一般不容易明确问题点。如果采用帕拉图来整理报告或记录，则可使阅读者一目了然。

(6) 可作不同条件的评价

对于同一工作流程或制程在前后不同时间或不同条件的表现，可以用帕拉图来加以分析、评价。

(7) 验证或调整特性要因图

对于凭经验或直觉所绘的特性要因图，可以用帕拉图来加以验证或调整，使之更合乎实际情况。

(8) 配合特性要因图使用

把帕拉图上的项目当作品质特性加以要因分析，再用帕拉图整理重新分类，可以找出改善管理的方案。

3.2.10 甘特图

1. 基本概念

甘特图（Gantt Chart）又称横道图、条状图（Bar Chart）。它是以图示的方式通过活动列表和时间刻度，形象地表示出任何特定项目的活动顺序与持续时间。它是以发明者亨利·甘特先生的名字命名，他制订了一个完整地用条形图表示进度的标志系统。其内在思想很简单，即通过条状图来显示项目、进度、其他与时间相关系统的关系，以及其随着时间进展的情况，甘特图以图形化表示，明确且易理解。

甘特图用横轴表示时间，纵轴表示活动（项目）。线条表示在整个期间上计划和实际的活动完成情况。甘特图可以直观地表明任务计划在什么时候进行，以及实际进展与计划要求的对比。由此可以非常便利地弄清每一项任务（项目）还剩下哪些工作要做，并可评估工作是提前还是滞后，或在正常进行，如图3-11所示。

序号	项目延续时间(周)									
	第一周	第二周	第三周	第四周	第五周	第六周	第七周	第八周	第九周	第十周
1	■	<游戏选题和总体设计								
4		■	■	<详细分析核心模块						
6				■	■	■	<编程序实现核心模块			
8							■	<保证核心模块的质量		
10								■ <核心模块的培训		
5				■	■	<详细分析外围辅助模块				
7							■	<编程序实现辅助模块		
9										
14									■	
11								■ <开发收费系统		
12								■ <开发管理系统		
13								■		
2		■ <选择硬件平台								
3			■	■	■	<安装和布置硬件平台				
15						■	<帮助手册			

图3-11 甘特图

甘特图包含以下三个含义：以图形或表格的形式显示活动；以一种通用方法显示进度；构造时包括了实际日历天和持续时间，而且可以根据需要选择是否将周末和节假日算在进度之内。

甘特图具有简单、醒目和便于编制等特点，在企业管理工作中被广泛应用。甘特图按反映的内容不同，可分为计划图表、负荷图表、机器闲置图表、人员闲置图表和进度表五种形式。

甘特图的优点是图形化概要，通用技术，易于理解；中小型项目一般不超过30项活动；对于大型项目有专业软件支持（如微软的Microsoft Project），不需要复杂的计算和分析。

甘特图的局限是仅仅部分地反映了项目管理的三重约束（时间、成本和范围），因为它主要关注进程管理（时间）。

2. 甘特图的绘制步骤

甘特图作为一种控制工具，帮助管理者发现实际进度偏离计划的情况。

(1) 明确项目牵涉到的各项活动和任务

内容包括明确项目名称及其顺序，项目开始时间与工期；任务类型的依赖性和决定性，即依赖于哪一项任务或决定哪一项任务的开始或结束。

(2) 创建甘特图草图

将所有的项目按照开始时间、工期标注到甘特图上。

(3) 确定项目活动依赖关系及时序进度

使用草图，并且按照项目的类型将项目联系起来，并且逐一做出安排。

此步骤将保证在未来计划有所调整的情况下，各项活动仍然能够按照正确的时序进行。也就是确保所有依赖性活动能并且只能在决定性活动完成之后按计划展开。同时避免关键性路径过长。关键性路径是由贯穿项目始终的关键性任务所决定的，它既表示了项目的最长耗时，也表示了完成项目的最短可能时间。

要注意的是关键性路径会由于单项活动进度的提前或延期而发生变化，还要注意不要滥用项目资源。同时，对于进度表上的不可预知事件要安排适当的富裕时间，但富裕时间不适用于关键性任务，因为作为关键性路径的一部分，它们的时序进度对整个项目至关重要。

（4）计算任务的工时量，确定执行人员

计算执行单项活动任务的工时量，并确定执行活动任务的执行人员，需要根据实际情况适时地按需调整工时。

（5）计算整个项目时间

时间以周、月、季为单位表示在图的下方，主要活动从上到下列在图的左边。需要确定项目一共包括哪些活动，这些活动的顺序，以及每项活动持续的时间。时间框里的线条表示计划的活动顺序，空白的线框表示活动的实际进度。

3. 甘特图的应用

由于甘特图形象直观，在简单、短期的项目中，甘特图都得到了最广泛的运用。

甘特图表的实质是为了表明如何通过各种活动来恰当安排工作的程序和时间，以完成该项工作。管理人员能够从甘特图表所提供的信息中看出哪一项工程或产品落后于预定的计划，然后采取行动加以纠正，以便使工程赶上计划的安排，或者将货物延运的时间以及预计能够完成的日期通知雇主。

管理学界有人认为，甘特用图表帮助管理者进行计划与控制的作法是当时管理技术上的一次革命。有了它，管理部门就可以从一张事先准备好的图表上，看到计划执行的进展情况，并可以采取一切必要行动使计划能按时完成，或使计划在预期的许可延误范围内得以完成。

在现代的项目管理里，甘特图被广泛应用。它可以让人预测时间、成本、数量及质量上的结果。它也能帮助考虑人力、资源、日期、项目中重复的要素和关键的部分，还能把10张各方面的甘特图集成为一张总图。以甘特图的方式，可以直观的看到任务的进展情况，资源的利用率等。

如今甘特图不单单被应用到生产管理领域，随着生产管理的发展、项目管理的扩展，它被应用到建筑、IT软件、汽车等各个领域。

3.3 分析方法

在日常生活、学习和工作中，我们常常用到"5W2H"分析方法，即何时（When）、何地（Where）、何人（Who）、何事（What）、何因（Why）、何果（How）、多少（How Much）分析法。一些人往往将何觉（How Feel）加进来，组成"5W3H"方法。如果在工作中能按照"5W3H"原则做事，注重时效，就会获得好的成绩。

在进行目标管理和制订计划时，常常用到的重要工具是SMART分析法，用以解决人们每日时间管理表的目标空洞的问题，可以培养计划、规划能力，达到凡事预则立、不预则废的目的，是执行力文化的重要组成部分。

"SWOT"，即优势（Strength）、劣势（Weakness）、机会（Opportunity）、威胁（Threat）分析法的优点在于可以对研究对象所处的"症结"进行全面、系统、准确的研究，分析透彻，条理清楚，便于更好的检验和"对症下药"。

决策树法有利于决策人员将决策问题形象化，可把各种可以更换的方案、可能出现的状态、可能性大小及产生的后果等，简单地绘制在一张图上，以便计算、研究与分析，同时还可以随时补充和不确定性情况下的决策分析。

德尔菲法最初产生于科技领域，后来逐渐被应用于任何领域的预测，如军事预测、人口预测、医疗保健预测、经营和需求预测、教育预测等。此外，还用来进行评价、决策、管理沟通和规划工作。

3.3.1　5W3H方法

在人们的各种工作中，都会或多或少的接触到关于"执行力"的问题。提高每一位员工的执行力，是需要重视、思考的问题。"5W3H"分析方法帮助我们更合理的安排自己的工作，对提高自身执行力也有一定的帮助。

1. 5W3H法的概念

（1）工作任务（what）

工作内容与工作量及工作要求与目标。规划好自己一个月、一个星期或一天的工作要求与目标，每天都要明确自己的工作任务、工作量，并按时按量完成，这是最基础的。

（2）工作目的（why）

做事的目的。这件事情是否有必要（我亲自）去做，或做这件事情的目的是什么。这是做任何工作前要经常思考的问题。

（3）工作分工（who）

这件事由谁或哪些人去做，他们分别承担什么工作任务或工作职责。做任何事情都要明确分工，最好是制订一张工作任务分工明确表，明确规定时间段、工作内容、负责人、完成情况等。

（4）工作切点（where）

从哪里开始着手，按什么路径、程序、步骤开展下去，到哪里终止。

（5）工作进程（when）

上述工作程序和步骤对应的工作日程与安排，包括所用时间、预算。

（6）工作方法（how）

完成规定工作所需用到的工具，以及在关键环节所做的策划和布置，即工作方案的核心。

（7）工作资源（how much）

完成规定工作需哪些资源与条件，分别需要多少。如人、机、料、财、物、时间、信息、技术等资源，及权力、政策、机制等条件的配合。

（8）工作结果（how do you feel）

将自己的工作做总结，做工作结果或价值的预测及对别人的影响与别人的评价或感受的报告。与他人互相交流的同时，能更清晰的发现每个人工作上的成功经验与不足之处，更好的让自己的工作能力发挥出来。

运用5W3H分析法可以进行顾客分析、市场需求分析、管理问题分析，解决计划编制的结构问题、方向问题、执行力问题。

2. 5W3H法的特点

(1) 5W3H法的优势

1) 可以准确界定、清晰表述问题，提高工作效率。

2) 有效掌控事件的本质，完全地抓住了事件的主骨架，把事件打回原形思考。

3) 简单、方便，易于理解、使用，富有启发意义。

4) 有助于思路的条理化，杜绝盲目性。有助于全面思考问题，从而避免在流程设计中遗漏项目。

(2) 5W3H分析法分析的四种技巧

1) 取消：看现场能不能排除某道工序，如果可以就取消这道工序。

2) 合并：看能不能把几道工序合并，尤其在流水线生产上合并的技巧能立竿见影地改善并提高效率。

3) 改变：如上所述，改变一下顺序，改变一下工艺就能提高效率。

4) 简化：将复杂的工艺变得简单一点，也能提高效率。

无论对何种工作、工序、动作、布局、时间、地点等，都可以运用取消、合并、改变和简化四种技巧进行分析，形成一个新的人、物、场所结合的新概念和新方法。

3. 5W3H法的应用

(1) 应用5W3H描述问题

1) Who：人——什么人发现了问题？例如工程技术人员、研发人员、客户、供应商等。

2) What：物——什么东西出现了问题？例如产品、半成品、机台、人员、软件、服务。这里要注意的是：不是"事件"，是"事物"，不是描述发生了什么事，只是描述发生了问题的"事物"。

3) Where：地点——在什么地方出现了问题？例如地点、位置、方向。

4) When：时间——什么时候发生的问题？通常是指问题发生持续的时间段，或者客户投诉的时间点。

5) Why：原因——为什么这个成为了一个问题？例如，一般与标准的、合规的、目标物进行比较，如果存在差异则成为了一件异常问题。要注意的是：不是解释问题为什么发生，只是解释为什么会称为问题。

6) How：方法——用什么方法去量化异常的程度？

7) How much：问题发生的量——问题发生的程度有多大？例如，问题发生在哪些产品中？发生的数量有多大？问题持续了多长时间？问题造成了多大的损失？有时候，可以用图表的方式来表达How much。

8) How feel：客户感受——该问题对客户造成了怎么样的满意度上的影响。

(2) 应用5W3H描述事情

1) Why：为何——为什么要做？为什么要这么做？有没有其他更好的办法？这样做的原因或理由是什么？

2) What：何事——什么事？做什么？准备什么？要明确工作的内容和要达成的目标。

3）Where：何处——在何处着手进行最好？在哪里做？事情发生的地点在哪儿？
4）When：何时——什么时候开始？什么时候完成？什么时候检查？
5）Who：何人——谁去做？谁负责？谁来完成？由谁来承担责任？由谁来执行？
6）How：如何——如何做？如何提高效率？如何实施？方法怎样？用什么方法进行？
7）How much：何价——成本如何？达到怎样的效果？做到什么程度？数量如何？质量水平如何？费用产出如何？
8）how do you feel：预测工作结果。工作结果会如何？

在这里就是：为什么？是什么？何处？何时？由谁做？怎样做？成本多少？结果会怎样？也就是：要明确工作和任务的原因、内容、空间位置、时间、执行对象、方法、成本、结果。

(3) 应用5W3H法检查合理性

1）做什么（What）：条件是什么？哪一部分工作要做？目的是什么？重点是什么？与什么有关系？功能是什么？规范是什么？工作对象是什么？

2）怎样做（How）：怎样做省力？怎样做最快？怎样做效率最高？怎样改进？怎样得到？怎样避免失败？怎样求发展？怎样增加销路？怎样达到效率？怎样才能使产品更加美观大方？怎样使产品用起来方便？

3）为什么（why）：为什么采用这个技术参数？为什么不能有响声？为什么停用？为什么变成红色？为什么要做成这个形状？为什么采用机器代替人力？为什么产品的制造要经过这么多环节？为什么非做不可？

4）何时（when）：何时要完成？何时安装？何时销售？何时是最佳营业时间？何时工作人员容易疲劳？何时产量最高？何时完成最为时宜？需要几天才算合理？

5）何地（where）：何地最适宜某物生长？何处生产最经济？从何处买？还有什么地方可以作销售点？安装在什么地方最合适？何地有资源？

6）谁（who）：谁来办最方便？谁会生产？谁可以办？谁是顾客？谁被忽略了？谁是决策人？谁会受益？

7）多少（How much）：功能指标达到多少？销售多少？成本多少？输出功率多少？效率多高？尺寸多少？重量多少？

8）感受（how do you feel）：预测是否合理，结果会如何？

3.3.2　SMART 分析法

目标管理是以目标为导向，以人为中心，以成果为标准，而使组织和个人取得最佳业绩的现代管理方法。目标管理又称"成果管理"，俗称责任制。是指在组织和个人的积极参与下，自上而下地确定工作目标，并在工作中实行"自我控制"，自下而上地保证目标实现的一种管理办法。

1. 明确性（Specific）

目标的明确性，就是要用具体的语言清楚地说明要达成的行为标准。明确的目标几乎是所有成功团队的一致特点。很多团队不成功的重要原因之一就是因为目标定的模棱两可，或没有将目标有效的传达给相关成员。

目标设置要有项目、衡量标准、达成措施、完成期限及资源要求，使人能够很清晰的看到各自的计划。要做哪些事情、计划完成到何种程度。执行人、时间、地点、事件等要素要明确具体。

2. 可衡量性（Measurable）

可衡量性就是指目标应该是明确的，而不是模糊的。应该有一组明确的数据，作为衡量是否达成目标的依据。目标要量化，考核时可以采用相同的标准准确衡量。

如果制订的目标没有办法衡量，就无法判断这个目标是否能实现，领导和下属对团队目标会产生一种分歧。大方向性质的目标就难以衡量。

目标的衡量标准遵循"能量化的量化，不能量化的质化"。使人有一个统一的、标准的、清晰的可度量的标尺，杜绝在目标设置中使用形容词等概念模糊、无法衡量的描述。

对于目标的可衡量性应该首先从数量、质量、成本、时间、上级或客户的满意程度五个方面来进行，如果仍不能进行衡量，可考虑将目标细化。细化成分目标后再从以上五个方面衡量，如果仍不能衡量，还可以将完成目标的工作进行流程化，通过流程化使目标可衡量。

3. 可实现性（Attainable）

目标的可实现性是指在现实条件下是可行的、可操作的。目标是要能够被执行人所接受的。设定的目标要高，有挑战性，但是一定要是可达成的。

如果上司利用一些行政手段，利用权利性的影响力一厢情愿地把自己所制订的目标强压给下属，下属典型的反映是一种心理和行为上的抗拒。所以，目标设置要坚持员工参与、上下左右沟通，使拟定的工作目标在组织及个人之间达成一致。

目标的制订既要使工作内容饱满，也要具有可实现性。一个非常好的比喻是：可以制订一个跳起来"摘桃"的目标，不能制订一个跳起来"摘星星"的目标。

4. 结果导向性（Result-based）

结果导向性是一种思维方式。在具体的工作中，做什么工作都要先考虑希望实现什么样的结果，为了这个结果而考虑资源并对资源进行规划，所有的工作和规划都是为了实现目标而做的。这样的思维方式能够指明工作的方向和明确工作真正的意义，是为了结果而工作，而不是为了工作而工作。

结果导向性是一种工作方法。在工作规划过程中，采用结果导向，实际上就是采用逆向思维，找到工作方法和思路，制订相应的措施。所以是一种卓有成效的工作方法。

结果导向性是一种工作态度。是理性的负责任的态度，不管过程辛苦或是简单，最终都是以实现既定结果为评价标准，使我们有更明确的评价标准，实现了对结果的预期和成效。

5. 时限性（Time-based）

目标的时限性就是指目标的设置要具有时间限制。对设定的目标，要规定什么时间内达成。根据工作任务的权重、事情的轻重缓急，拟定出完成目标项目的时间要求，定期检查项目的完成进度，及时掌握项目进展的变化情况，以方便对下属进行及时的工作指导，以及根据工作计划的异常情况变化及时地调整工作计划。

3.3.3 SWOT 分析法

SWOT 分析法即态势分析法，20 世纪 80 年代初由美国旧金山大学的管理学教授韦里克提出，经常用于企业战略制订、竞争对手分析等场合。

1. SWOT分析法定义

所谓SWOT分析法，就是将与研究对象密切相关的各种主要内部优势因素（Strengths）、劣势因素（Weaknesses）、机会因素（Opportunities）和威胁因素（Threats），通过调查罗列出来，并依照一定的次序按矩阵形式进行排列，然后运用系统分析的思想，把各种因素相互匹配起来加以分析，从中得出一系列相应的战略。

SWOT方法的优点在于考虑问题全面，是一种系统思维，而且可以把对问题的"诊断"和"开处方"紧密结合在一起，条理清楚，便于检验。因此，SWOT分析实际上是将对企业内外部条件各方面内容进行综合和概括，进而分析组织的优劣势、面临的机会和威胁的一种方法。

（1）优势因素（Strengths）

优势，是研究对象的内部因素，具体包括：有利的竞争态势、充足的财政来源、良好的企业形象、雄厚的技术力量、较大的规模经济、过硬的产品质量、充足的市场份额、成本优势、广告攻势等。

（2）劣势因素（Weaknesses）

劣势，也是研究对象的内部因素，具体包括：设备老化、管理混乱、缺少关键技术、研究开发落后、资金短缺、经营不善、产品积压、竞争力差等。

（3）机会因素（Opportunities）

机会，是研究对象的外部因素，具体包括：新产品、新市场、新需求；外国市场壁垒解除、竞争对手失误等。

（4）威胁因素（Threats）

威胁，也是研究对象的外部因素，具体包括：新的竞争对手、替代产品增多、市场紧缩、行业政策变化、经济衰退、客户偏好改变；突发事件等。

2. SWOT分析法应用

SWOT分析法主要用于制订计划，通常有以下四个步骤。最重要的是前两个步骤，运用各种调查研究方法，分析研究对象所处环境因素，即外部环境因素和内部能力因素。

（1）分析外部环境因素

外部环境因素，包括机会因素和威胁因素。它们是外部环境对研究对象的发展直接有影响的有利和不利因素，属于客观因素。一般归属为经济的、政治的、社会的、人口的、产品的、服务的、技术的、市场的、竞争的等不同范畴。

机会与威胁（OT）分析环境发展趋势分为两大类：一类表示环境威胁；另一类表示环境机会。环境威胁指的是环境中一种不利的发展趋势所形成的挑战，如果不采取果断的战略行为，这种不利趋势将导致公司的竞争地位受到削弱。环境机会就是对公司行为富有吸引力的领域，在这一领域中，该公司将拥有竞争优势。

（2）分析内部环境因素

内部环境因素，包括优势因素和劣势因素。它们是研究对象在其发展中自身存在的积极和消极因素，属主动因素。一般归类为管理的、组织的、经营的、财务的、销售的、人力资源的等不同范畴。在调查分析这些因素时，不仅要考虑到历史与现状，而且更要考虑未来发展问题。

优势与劣势（SW）分析识别环境中有吸引力的机会是一回事，拥有在机会中成功所必需的竞争能力是另一回事。每个企业都要定期检查自己的优势与劣势，这可通过"企业经营管理检核表"的方式进行。企业或企业外的咨询机构都可利用这一格式检查企业的营销、财务、制造和组织能力。每一要素都要按照特强、稍强、中等、稍弱或特弱划分等级。

而影响企业竞争优势的持续时间，主要的是三个关键因素：建立这种优势要多长时间？能够获得的优势有多大？竞争对手做出有力反应需要多长时间？如果企业分析清楚了这三个因素，就会明确自己在建立和维持竞争优势中的地位了。

(3) 构造SWOT矩阵

将调查得出的各种因素根据轻重缓急或影响程度等排序方式，构成SWOT矩阵。

在此过程中，将那些对研究对象发展有直接的、重要的、大量的、迫切的、久远的影响因素优先排列出来，而将那些间接的、次要的、少许的、不急的、短暂的影响因素排列在后面。

把SWOT分析中的四个维度综合起来考虑构建的SWOT矩阵，见表3-5。该表为某毕业生对自己的内部环境因素（优势与劣势）和外部环境因素（机会与风险）分析之后构造的SWOT矩阵。

表3-5　　　　　　　　　某毕业生的SWOT分析矩阵

Strength 优势分析	Weakness 劣势分析
性格开朗，积极乐观，善于沟通，乐于交流； 人际关系良好； 上进心、责任心较强，组织能力较好； 做事头脑清晰，有主见； 有较强的自主学习与善于发现问题的能力； 爱好广泛，特长鲜明	人际关系网构建不够广泛，不利于信息的沟通； 英语能力较差，有待提高； 做事过于追求完美，对于不感兴趣的事缺乏尝试； 常隐藏自身的观点和看法； 对爱好的事投入大量的精力，影响其他事物； 优柔寡断，决策时考虑过多的因素，及时性差
Opportunity 机会分析	Threat 威胁分析
学校提供广泛的就业机会，与企业接触面广； 学校在社会及企业中的形象好，学生能力得到认可； 所学专业的就业面宽广，可塑性强； 开设本专业的学校较少，密集度较小； 社会对本专业的需求增强，有利于就业	专业性过于广泛，没有针对性岗位，要与其他专业竞争； 国内外对于本专业的理解与应用差距大； 大型国企对本专业更为重视，但其进入门槛较高； 本专业对于英语能力的要求越来越高； 本专业对于软件的应用能力也有要求

(4) 制订行动计划

在完成环境因素分析和构造后，便可以制订出相应的行动计划。

制订计划的基本思路是：发挥优势因素，克服弱点因素，利用机会因素，化解威胁因素；考虑过去，立足当前，着眼未来。

运用系统分析的综合分析方法，将需要考虑的各种环境因素相互匹配起来加以组合，得出一系列公司未来发展的可选择战略。

3.3.4　波士顿矩阵法

波士顿矩阵（BCG）的发明者、波士顿公司的创立者布鲁斯认为"公司若要取得成功，就必须拥有增长率和市场份额各不相同的产品组合。组合的构成取决于现金流量的平衡。"如此看来，BCG 的实质是为了通过业务的优化组合实现企业的现金流量平衡。

1. 波士顿矩阵法概念

波士顿矩阵法是指公司发展能够与千变万化的市场机会之间取得切实可行的适应，就必须合理地在各项业务之间分配资源的方法。在此过程中不能仅凭印象，认为哪项业务有前途，就将资源投向哪里，而是应该根据潜在利润分析各项业务在企业中所处的地位来决定，波士顿矩阵法就是一种著名的用于评估公司投资组合的有效模式。

波士顿矩阵又称为市场成长率—相对市场份额矩阵图，如图 3-12 所示。图中，纵坐标为市场增长率，表示该业务的销售量或销售额的年增长率，用数字 0~20% 表示，并认为市场增长率超过 10% 就是高速增长。横坐标为相对市场份额，表示该业务相对于最大竞争对手的市场份额，用于衡量企业在相关市场上的实力。用数字 0.1~10 表示，0.1 是指该企业销售量是最大竞争对手销售量的 10%，1 是指该企业销售量是最大竞争对手销售量的 10 倍，并以相对市场份额为 1.0 为分界线。需注意的是，这些数字范围可能在运用中根据实际情况的不同进行修改。

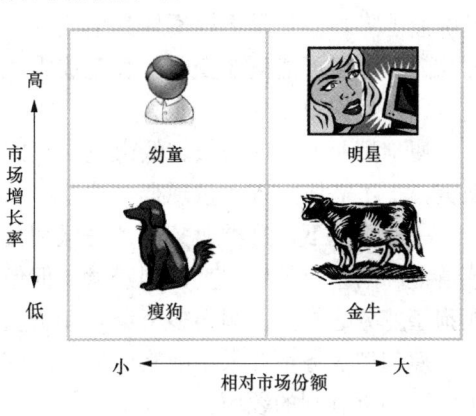

图 3-12　BCG 矩阵

在矩阵图中以圆圈代表公司的业务单位，它们的位置表示这个业务的市场增长率和相对市场份额的高低；面积的大小表示各业务的销售额大小。

2. 业务类型描述

(1) 幼童型业务（Question Marks）

幼童型业务指高增长、低市场份额，又称问题业务，这往往是一个公司的新业务，处在这个领域中的是一些投机性产品，带有较大的风险。这些产品可能利润率很高，但占有的市场份额很小。为发展幼童业务，公司必须建立工厂，增加设备和人员，以便跟上迅速发展的市场，并超过竞争对手，这些意味着大量的资金投入。

"幼童"非常贴切地描述了公司对待这类业务的状况，因为这时公司必须慎重回答"是否继续投资，发展该业务？"这个问题。只有那些符合企业发展长远目标，企业具有资源优势，能够增强企业核心竞争能力的业务才能得到肯定的回答。

(2) 明星型业务（Stars）

明星型业务指高增长、高市场份额的业务。这个领域中的产品处于快速增长的市场中并且占有支配地位的市场份额。明星型业务是由幼童型业务继续投资发展起来的，可以视为高速成长市场中的领导者，它将成为公司未来的现金牛业务。但这并不意味着明星业务一定可以给企业带来源源不断的现金流，因为市场还在高速成长，企业必须继续投资，以保持与市场同步增长，并击退竞争对手。

企业如果没有明星业务，就失去了希望，但群星闪烁也可能会闪花企业高层管理者的眼睛，导致做出错误的决策。这时必须具备识别行星和恒星的能力，将企业有限的资源投入在能够发展成为现金牛的恒星上。同样的，明星型业务要发展成为现金牛业务适合于采用增长战略。

（3）现金牛业务（Cash Cows）

现金牛业务指低增长、高市场份额的业务。处在这个领域中的产品产生大量的现金，但未来的增长前景是有限的。这是成熟市场中的领导者，它是企业现金的来源。

由于市场已经成熟，企业不必大量投资来扩展市场规模，同时作为市场中的领导者，该业务享有规模经济和高边际利润的优势，因而给企业带来大量现金流。企业往往用现金牛业务来支付账款并支持其他三种需大量现金的业务。如果市场环境一旦变化导致这项业务的市场份额下降，公司就不得不从其他业务单位中抽回现金来维持现金牛的领导地位，否则这个强壮的现金牛可能就会变弱，甚至成为瘦狗。

（4）瘦狗型业务（Dogs）

瘦狗型业务指低增长、低市场份额的业务。这个剩下的领域中的产品既不能产生大量的现金，也不需要投入大量现金，这些产品没有希望改进其绩效。

一般情况下，这类业务常常是微利甚至是亏损的，瘦狗型业务存在的原因更多的是由于感情上的因素，虽然一直微利经营，但像人养了多年的狗一样恋恋不舍而不忍放弃。其实，瘦狗型业务通常要占用很多资源，如资金、管理部门的时间等，多数时候是得不偿失的。

瘦狗型业务适合采用战略框架中提到的收缩战略，目的在于出售或清算业务，以便把资源转移到更有利的领域。

3. 波士顿矩阵方法应用

波士顿矩阵法可以分析一个公司的投资业务组合是否合理。如果一个公司没有现金牛业务，说明它当前的发展缺乏现金来源；如果没有明星业务，说明在未来的发展中缺乏希望。一个公司的业务投资组合必须是合理的，否则要加以调整。如巨人集团在将保健品业务发展成明星后，就迫不及待地开发房地产业务，可以说，在当时的市场环境下，保健品和房地产都是明星业务，但由于企业没有能够提供源源不断现金支持的现金牛业务，导致企业不得不从本身还需要大量投入的保健品中不断抽血来支援大厦的建设，导致最后两败俱伤，企业全面陷入困境。

在明确了各项业务单位在公司中的不同地位后，就需要进一步明确战略目标。通常有四种战略目标分别适用于不同的业务。

（1）发展

继续大量投资，目的是扩大战略业务单位的市场份额。主要针对有发展前途的问题业务和明星中的恒星业务。

（2）维持

投资维持现状，目标是保持业务单位现有的市场份额，主要针对强大稳定的现金牛业务。

（3）收获

实质上是一种榨取，目标是在短期内尽可能地得到最大限度的现金收入，主要针对处境不佳的现金牛业务及没有发展前途的问题业务和瘦狗业务。

（4）放弃

目标在于出售和清理某些业务，将资源转移到更有利的领域。这种目标适用于无利可图的瘦狗和问题业务。

4. 波士顿矩阵方法评价

（1）优点

波士顿矩阵法的应用产生了许多收益，它提高了管理人员的分析和战略决策能力，帮助他们以前瞻性的眼光看问题，更深刻地理解公司各项业务活动的联系，加强了业务单位和企业管理人员之间的沟通，及时调整公司的业务投资组合，收获或放弃萎缩业务，加强在更有发展前景的业务中投资。

（2）缺点

波士顿矩阵法的局限性，如由于评分等级过于宽泛，可能会造成两项或多项不同的业务位于一个象限中；其次，由于评分等级带有折中性，使很多业务位于矩阵的中间区域，难以确定使用何种战略；同时，这种方法也难以同时顾及到两项或多项业务平衡。因此，使用这种方法时要尽量占有更多资料，审慎分析，避免因方法的缺陷造成决策失误。

3.3.5 决策树分析法

决策树法有利于决策人员使决策问题形象比，可把各种可以更换的方案、可能出现的状态、可能性大小及产生的后果等，简单地绘制在一张图上，以便计算、研究与分析，同时还可以随时补充和不确定型情况下的决策分析。

树形决策法是研究风险型决策问题经常采取的决策方法。

1. 决策树分析法概念

（1）决策树分析法定义

决策树，是树形决策法的基本结构模型，它由决策点、方案分枝、状态结点、概率分枝和结果点等要素构成。如图 3-13 所示。

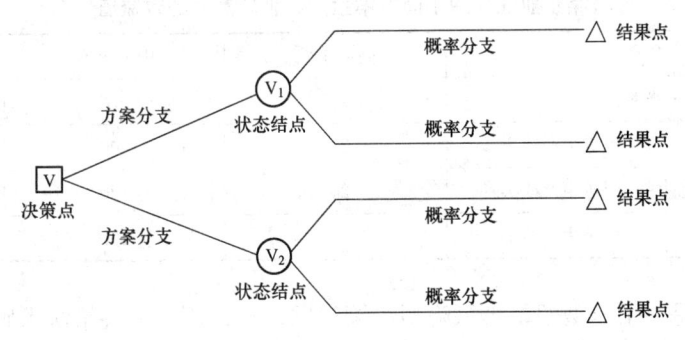

图 3-13　决策树结构示意图

在图中，小方框代表决策点，由决策点引出的各分支线段代表各个方案，称之为方案分枝。方案分枝末端的圆圈称为状态结点。由状态结点引出的各分枝线段代表各种状态发生的概率，称为概率分枝。概率分枝末端的小三角代表结果点。

（2）决策树分析法的决策原则

决策树分析法的决策依据是各个方案的期望益损值，决策的原则一般是选择期望收益值最大或期望损失（成本或代价）值最小的方案作为最佳决策方案。

（3）决策树分析法进行风险型决策分析的逻辑顺序

树根→树杆→树枝，最后向树梢逐渐展开。

各个方案的期望值的计算过程恰好与分析问题的逻辑顺序相反,它一般是从每一个树梢开始,经树枝、树杆、逐渐向树根进行。

2. 决策树分析法应用

(1) 用树形决策法的一般步骤

1) 画出决策树。把一个具体的决策问题,由决策点逐渐展开为方案分支、状态结点,以及概率分支、结果点等。

2) 计算期望益损值。在决策树中,由树梢开始,经树枝、树杆、逐渐向树根,依次计算各个方案的期望益损值。

3) 剪枝。将各个方案的期望益损值分别标注在其对应的状态结点上,进行比较优选,将优胜者填入决策点,用"||"号剪掉舍弃方案,保留被选取的最优方案。

(2) 单级风险型决策与多级风险型决策

1) 所谓单级风险型决策,是指在整个决策过程中,只需要做出一次决策方案的选择,就可以完成决策任务,见[例3-1]。

2) 所谓多级风险型决策,是指在整个决策过程中,需要做出多次决策方案的选择,才能完成决策任务,见[例3-2]。

(3) 决策树分析法应用实例

【例3-2】 某企业为了生产一种新产品,有3个方案可供决策者选择:一是改造原有生产线;二是从国外引进生产线;三是与国内其他企业协作生产。该种产品的市场需求状况大致有高、中、低3种可能,据估计,其发生的概率分别是0.3、0.5、0.2。表3-6给出了各种市场需求状况下每一个方案的效益值。试问该企业究竟应该选择哪一种方案?

表3-6　　　　　　　某企业在采用不同方案生产某种新产品的效益值

需求状态		高需求 θ_1	中需求 θ_1	低需求 θ_1
状态概率		0.3	0.5	0.2
各方案的效益值/万元	改进生产线 B_1	200	100	20
	引进生产线 B_2	200	120	60
	改进生产线 B_3	180	100	80

解 该问题是一个典型的单级风险型决策问题,现在用树形决策法求解该问题。

1) 画出该问题的决策树,如图3-14所示。

2) 计算各方案的期望效益值。

①状态结点 V_1 的期望效益值为:$E_{V1}=200×0.3+100×0.5+20×0.2=114$(万元)

②状态结点 V_2 的期望效益值为:$E_{V2}=220×0.3+120×0.5+60×0.2=138$(万元)

③状态结点 V_3 的期望效益值为:$E_{V3}=180×0.3+100×0.5+80×0.2=120$(万元)

3) 剪枝。因为 $E_{V2}>E_{V1}$,$E_{V2}>E_{V3}$,所以,剪掉状态结点 V_1 和 V_3 所对应的方案分枝,保留状态结点 V_2 所对应的方案分枝。即该问题的最优决策方案应该是从国外引进生产线。

【例3-3】 某企业,由于生产工艺较落后,产品成本高,在价格保持中等水平的情况下无利可图,在价格低落时就要亏损,只有在价格较高时才能盈利。鉴于这种情况,企业管理

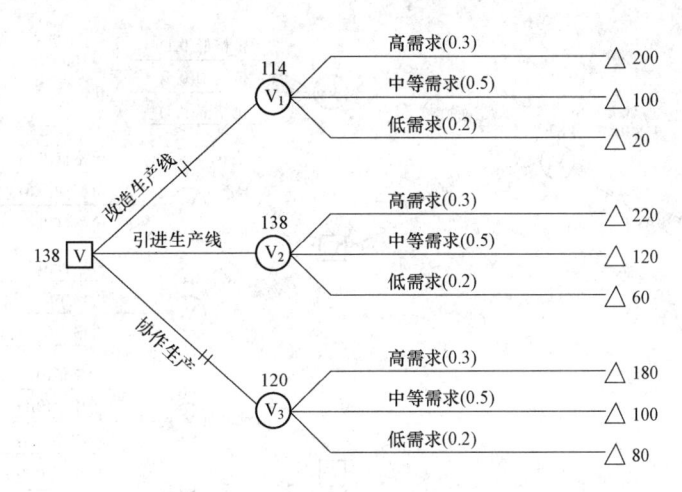

图 3-14 [例 3-2] 决策树结构示意

者有意改进其生产工艺,即用新的工艺代替原来旧的生产工艺。

现在,取得新的生产工艺有两种途径:一是自行研制,但其成功的概率是 0.6；二是购买专利,估计谈判成功的概率是 0.8。

如果自行研制成功或者谈判成功,生产规模都将考虑两种方案:一是产量不变；二是增加产量。

如果自行研制或谈判都失败,则仍采用原工艺进行生产,并保持原生产规模不变。

据市场预测,该企业的产品今后跌价的概率是 0.1,价格保持中等水平的概率是 0.5,涨价的概率是 0.4。表 3-7 给出了各方案在不同价格状态下的效益值。试问,对于这一问题,该企业应该如何决策?

表 3-7　　　　　　　　某企业各种生产方案下的效益值（单位:万元）

	按原工艺生产	改进工艺成功			
		购买专利成功 (0.8)		自行研制成功 (0.6)	
		产量不变	增加产量	产量不变	增加产量
价格低落 (0.1)	-100	-200	-300	-200	-300
价格中等 (0.5)	0	50	50	50	-200
价格上涨 (0.4)	100	150	250	200	600

解 这个问题是典型的多级(二级)风险型决策问题,下面仍然用树形决策法解决该问题。

1) 画出决策树,如图 3-15 所示。

2) 计算期望效益值,并进行剪枝:

① 状态结点 V_7 的期望效益值为:$E_{V_7}=(-200)\times0.1+50\times0.5+150\times0.4=65$（万元）；

状态结点 V_8 的期望效益值为:$E_{V_8}=(-300)\times0.1+50\times0.5+250\times0.4=95$（万元）；

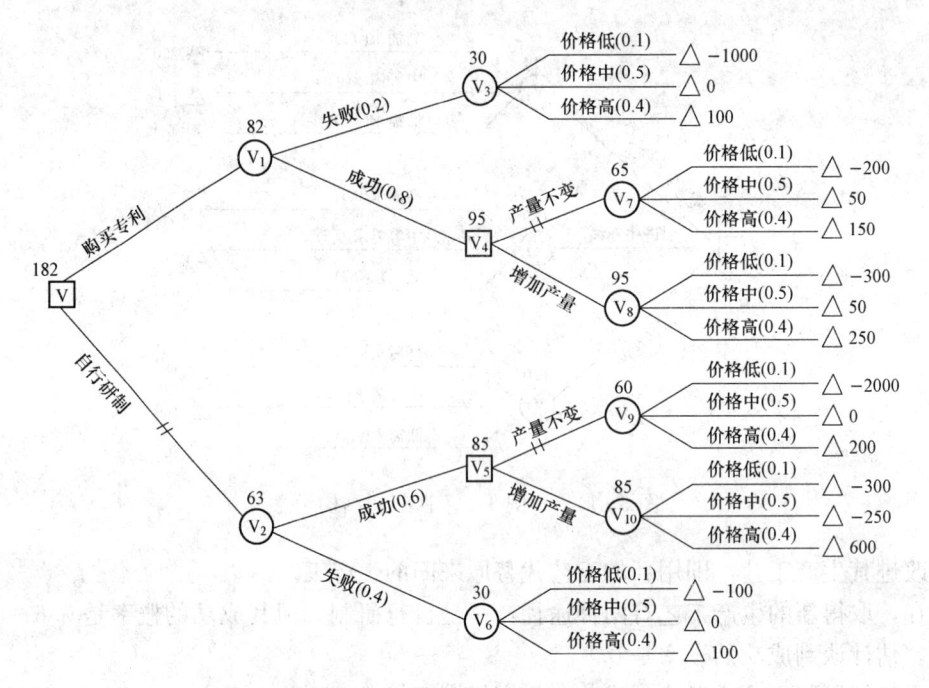

图 3-15 [例 3-3] 决策树结构示意

由于 $E_{V8} > E_{V7}$，所以，剪掉状态结点 V_7 对应的方案分枝，并将 E_{V8} 的数据填入决策点 V_4，即令 $E_{V4} = E_{V8} = 95$（万元）。

② 状态结点 V_3 的期望效益值为：$E_{V3} = (-100) \times 0.1 + 0 \times 0.5 + 100 \times 0.4 = 30$（万元）。

所以，状态结点 V_1 的期望效益值为：$E_{V1} = 30 \times 0.2 + 95 \times 0.8 = 82$（万元）。

③ 状态结点 V_9 的期望效益值为：$E_{V9} = (-200) \times 0.1 + 0 \times 0.5 + 200 \times 0.4 = 60$（万元）。

状态结点 V_{10} 的期望效益值为：$E_{V10} = (-300) \times 0.1 + (-250) \times 0.5 + 600 \times 0.4 = 85$（万元）。

由于 $E_{V10} > E_{V9}$，所以，剪掉状态结点 V_9 对应的方案分枝，将 E_{V10} 的数据填入决策点 V_5。即令 $E_{V5} = E_{V10} = 85$（万元）。

④ 状态结点 V_6 的期望效益值为：$E_{V6} = (-100) \times 0.1 + 0 \times 0.5 + 100 \times 0.4 = 30$（万元）。

所以，状态结点 V_2 的期望效益值为：$E_{V2} = 30 \times 0.4 + 85 \times 0.6 = 63$（万元）。

⑤ 由于 $E_{V1} > E_{V2}$，所以，剪掉状态结点 V_2 对应的方案分枝，将 E_{V1} 的数据填入决策点 E_V，即令：$E_V = E_{V1} = 82$（万元）。

综合以上期望效益值计算与剪枝过程可知，该问题的决策方案是：首先采用购买专利方案进行工艺改造，当购买专利改造工艺成功后，再采用扩大生产规模（即增加产量）方案进行生产。

3.3.6 德尔菲分析法

德尔菲法（Delphi Method）是在 20 世纪 40 年代由 O·赫尔姆和 N·达尔克首创，经过T·J·戈登和兰德公司进一步发展而成的。1946年,兰德公司首次用这种方法进行预测,后来该方法被迅速广泛采用。

1. 德尔菲法的概念

德尔菲分析法是为了克服专家会议法的缺点而产生的一种专家预测方法。在预测过程中,专家彼此互不相识、互不往来,这就克服了在专家会议法中经常发生的专家们不能充分发表意见、权威人物的意见左右其他人的意见等弊病。各位专家能真正充分地发表自己的预测意见。

(1) 德尔菲法定义

德尔菲法是由企业组成一个专门的预测机构,其中包括若干专家和企业预测组织者,按照规定的程序,背靠背地征询专家对未来市场的意见或者判断,然后进行预测的方法。

它依据系统的程序,采用匿名发表意见的方式,即专家之间不得互相讨论,不发生横向联系,只能与调查人员发生关系,通过多轮次调查专家对问卷所提问题的看法,经过反复征询、归纳、修改,最后汇总成专家基本一致的看法,作为预测的结果。这种方法具有广泛的代表性,较为可靠。

德尔菲法是预测活动中的一项重要工具,在实际应用中通常可以划分为三个类型:经典型德尔菲法(Classical Delph)、策略型德尔菲法(Policy Delph)和决策型德尔菲法(Decision Delph)。

(2) 基本特征

德尔菲法本质上是一种反馈匿名函询法。其大致流程是:在对所要预测的问题征得专家的意见之后,进行整理、归纳、统计,再匿名反馈给各专家,再次征求意见,再集中,再反馈,直至得到一致的意见。

由此可见,德尔菲法是一种利用函询形式进行的集体匿名思想交流过程。它有三个明显区别于其他专家预测方法的特征,即匿名性、多次反馈、小组的统计回答。

1) 匿名性。因为采用这种方法时所有专家组成员不直接见面,只是通过函件交流,这样就可以消除权威的影响。这是该方法的主要特征。匿名是德尔菲法的极其重要的特点,从事预测的专家彼此互不知道其他有哪些人参加预测,他们是在完全匿名的情况下交流思想的。后来改进的德尔菲法允许专家开会进行专题讨论。

2) 反馈性。该方法需要经过3、4轮的信息反馈,在每次反馈中使调查组和专家组都可以进行深入研究,使得最终结果基本能够反映专家的基本想法和对信息的认识,所以结果较为客观、可信。小组成员的交流是通过回答组织者的问题来实现的,一般要经过若干轮反馈才能完成预测。

3) 统计性。最典型的小组预测结果是反映多数人的观点,少数派的观点至多概括地提及一下,但是这并没有表示出小组的不同意见的状况。而统计回答却不是这样,它报告1个中位数和2个四分点,其中一半落在2个四分点之内,一半落在2个四分点之外。这样,每种观点都包括在这样的统计中,避免了专家会议法只反映多数人观点的缺点。

(3) 基本特点

德尔菲法的特点是吸收专家参与预测,充分利用专家的经验和学识;采用匿名或背靠背的方式,能使每一位专家独立自由地作出自己的判断;预测过程几轮反馈,使专家的意见逐渐趋同;最终结论的可靠性使它成为一种最为有效的判断预测法。

正是由于德尔菲法具有以上这些特点，使它在诸多判断预测或决策手段中脱颖而出。这种方法的优点主要是简便易行，具有一定的科学性和实用性，可以避免会议讨论时产生的随声附和，或固执己见，或因顾虑情面不愿与他人意见冲突等弊病；同时也可以使大家发表的意见较快收集，参加者也易接受结论，具有一定程度综合意见的客观性。

德尔菲法的优点是：

1）可以避免群体决策的一些缺点，声音最大或地位最高的人没有机会控制群体意志，因为要收集每个人的观点。另外，管理者可以保证在征集意见以便作出决策时，没有忽视重要观点。

2）能避免专家会议法的缺点：权威人士的意见影响他人的意见；有些专家碍于情面，不愿意发表与其他人不同的意见；出于自尊心而不愿意修改自己原来不全面的意见。

德尔菲法的主要缺点是：过程比较复杂，花费时间较长。

2. 德尔菲法的实施

（1）实施原则

1）挑选的专家应有一定的代表性、权威性。

2）在进行预测之前，首先应取得参加者的支持，确保他们能认真地进行每一次预测，以提高预测的有效性。同时也要向组织高层说明预测的意义和作用，取得决策层和其他高级管理人员的支持。

3）问题表设计应该措辞准确，不能引起歧义，征询的问题一次不宜太多，不要问那些与预测目的无关的问题，列入征询的问题不应相互包含。所提的问题应是所有专家都能答复的问题，而且应尽可能保证所有专家都能从同一角度去理解。

4）进行统计分析时，应该区别对待不同的问题，对于不同专家的权威性应给予不同权数而不是一概而论。

5）提供给专家的信息应该尽可能的充分，以便其作出判断。

6）只要求专家作出粗略的数字估计，而不要求十分精确。

7）问题要集中，要有针对性，不要过分分散，以便使各个事件构成有机整体，问题要按等级排队，先简单后复杂，先综合后局部。这样易引起专家回答问题的兴趣。

8）调查单位或领导小组意见不应强加于调查意见之中，要防止出现诱导现象，避免专家意见向领导小组靠拢，以至得出专家迎合领导小组观点的预测结果。

9）避免组合事件。如果一个事件包括专家同意的和不同意的两方面，专家将难以做出回答。

（2）实施步骤

德尔菲法的具体实施步骤如图3-16所示。

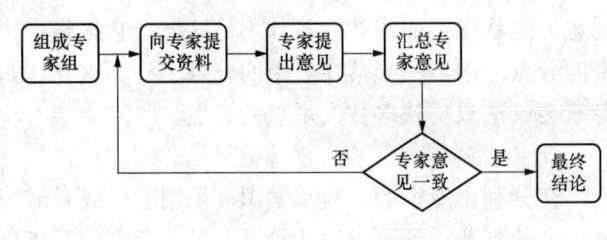

图3-16 德尔菲法实施步骤

1）确定调查题目，拟定调查提纲，准备向专家提供的资料（包括预测目的、期限、调查表及填写方法等）。

2）组成专家小组。按照课题所需要的知识范围，确定专家。专家人数的多少，可根据预测课题的大小和涉及面的宽窄而定，一般不超过20人。

3）向所有专家提出所要预测的问题及有关要求，并附上有关这个问题的所有背景材料，同时请专家提出还需要什么材料。然后，由专家做书面答复。

4）各个专家根据他们所收到的材料，提出自己的预测意见，并说明自己是怎样利用这些材料并提出预测值的。

5）将各位专家第一次的判断意见汇总，列成图表，进行对比，再分发回专家，让专家比较自己同他人的不同意见，修改自己的意见和判断。也可以把各位专家的意见加以整理，或请身份更高的其他专家加以评论，然后把这些意见再分送给各位专家，以便他们参考后修改自己的意见。

6）将所有专家的修改意见收集起来，汇总，再次分发给各位专家，以便做第二次修改。逐轮收集意见并为专家反馈信息是德尔菲法的主要环节。收集意见和信息反馈一般要经过三、四轮。在向专家进行反馈的时候，只给出各种意见，但并不说明发表各种意见的专家的具体姓名。这一过程重复进行，直到每一个专家不再改变自己的意见为止。

7）对专家的意见进行综合处理。要能充分发挥各位专家的作用，集思广益，准确性高。能把各位专家意见的分歧点表达出来，取各家之长，避各家之短。

（3）实施程序

1）团队成员发出第一份初始调查表，收集参与者对于某一话题的观点（注：德尔菲法中的调查表与通常的调查表有所不同，通常的调查表只向被调查者提出问题，要求回答，而德尔菲法的调查表不仅提出问题，还兼有向被调查者提供信息的责任，它是团队成员交流思想的工具）。

2）向团队成员发出第二份调查表（列有其他人意见），要求其根据几个具体标准对其他人的观点进行评估。

3）向团队成员发出第三份调查表（列有第二份调查表提供的评价结果、平均评价、所有共识），要求其修改自己原先的观点或评价。

4）总结出第四份调查表（包括所有评价、共识和遗留问题），由组织者对其综合处理，如图3-17所示。

（4）注意事项

1）专家意见独立性。由于专家组成员之间存在身份和地位上的差别及其他社会原因，有可能使其中一些人因不愿批评或否定其他人的观点而放弃自己的合理主张。要防止这类问题的出现，必须避免专家们面对面的集体讨论，而是由专家单独提出意见。

图3-17 德尔菲法实施程序

2）基于对企业的了解。对专家的挑选应基于其对企业内外部情况的了解程度。专家可以是第一线的管理人员，也可以是企业高层管理人员和外请专家。例如，在估计未来企业对劳动力的需求时，企业可以挑选人事、计划、市场、生产及销售部门的经理作为专家。

3）其他注意事项。为专家提供充分的信息，使其有足够的根据做出判断。例如，为专家提供所收集的有关企业人员安排及经营趋势的历史资料和统计分析结果等。所提问的问题应是专家能够回答的问题。允许专家粗略的估计数字，不要求精确。但可以要求专家说明预计数字的准确程度。尽可能将过程简化，不问与预测无关的问题。保证所有专家能够从同一角度去理解员工分类和其他有关定义。向专家讲明预测对企业和下属单位的意义，以争取他们对德尔菲法的支持。

3.4 决策方法

从两个或两个以上的备选方案中选择一个的过程就是决策。所以，在故障诊断、差错与处理、解决问题等各个环节，决策是必不可少的工具与手段。

3.4.1 决策的概念

1. 决策的定义

决策是组织或个人为了实现某种目标而对未来一定时期内有关活动的方向、内容及方式的选择或调整过程。人们为了达到一定目标，在掌握充分的信息和对有关情况进行深刻分析的基础上，用科学的方法拟订并评估各种方案，从中选出合理方案的过程称为决策。

决策是管理者识别并解决问题的过程，或者管理者利用机会的过程。决策的主体是管理者，因为决策是管理的一项职能。决策的本质是一个过程，决策的目的是解决问题或利用机会。

召集众人参与决定的过程。这个运营实践过程融合了我们的文化：集思广益、清晰和果断、倾全力支持最终决定。

2. 决策的步骤

决策的模型中有4个步骤，如图3-18所示。

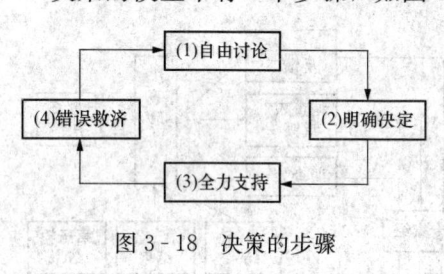

图3-18 决策的步骤

（1）自由讨论：把所有的想法放在明面上，使团队能理智的进行讨论。

（2）明确决定：基于自由讨论，最后做出明确的决定。

（3）全力支持：每个参与的个人都必须全力支持，即使他们不同意这个决定。这意味着此做法为"可以保留意见，但是必须支持"的公司企业文化的重要组成部分。

（4）错误救济。如果错了，就返回到自由讨论阶段进入下一个循环，特别是有新数据可用时，对决策需重新评估。

3. 决策的原则

决策应该由组织内最低胜任水平的级别人做出。他们应该是最接近现场的、最了解情况的。将决策向下驱动将更好的减少瓶颈，有利于更快地做出有效决策。这叫最低胜任水平原则。

决策要达到最优必须满足下列条件：容易获得与决策有关的全部信息。真实了解全部信息的价值所在，并据此拟订出所有可能的方案，准确预测每个方案在未来的执行结果。现实中实现最优的条件往往难以达到。因此，决策遵循的是满意原则，而不是最优原则。这称为非最优原则。

4. 决策的简易方法

简易的决策通常用以下四种方法做出。

(1) 民主

多数规则。一人一票，每个人都投票。这是一个快速简单的方法，将成员分成"同意"和"反对"两方，按简单多数的原则做出决定。

(2) 共识

这是每个人都达成一致做出决定的决策行为。通常会持续讨论一直到每个人的意见都整合在一起。尽管这是最耗时的方法，但是它能得出最高水平的决定。

(3) 咨询

由负责人作出决策，但在做决定前要适当的咨询利益相关者。小组成员自由讨论各自的想法，决策者的决定基于他们给出的信息。因为这种方法平衡了做决策的范围与速度，因此这是公司运用中最常用的方法。

(4) 权威

通常没有咨询其他利益相关者的参与，由一个负责人做出决策并宣布。因为没有依靠团队的智慧，可能会导致产生低水平的决策。

3.4.2 决策的类型

现代企业经营管理活动的复杂性、多样性，决定了经营管理决策有多种不同的类型和不同的决策方法，如图 3-19 所示。

1. 个人决策和集体决策

按决策的主体不同，决策可分为个人决策和集体决策。

(1) 个人决策

个人决策是由企业领导者凭借个人智慧、经验及所掌握的信息进行的决策。

个人决策的优点：决策速度快、效率高，适用于常规事务及紧迫性问题的决策。个人决策的最大缺点是带有主观和片面性，因此，对全局性重大问题则不宜采用。

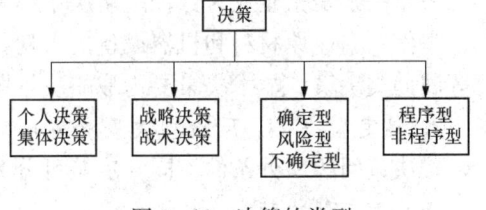

图 3-19 决策的类型

(2) 集体决策

集体决策是指由会议机构和上下相结合的决策。会议机构决策是通过董事会、经理扩大会、职工代表大会等权力机构集体成员共同做出的决策。

上下相结合决策则是领导机构与下属相关机构结合、领导与群众相结合形成的决策。

集体决策的优点是能充分发挥集团智慧，集思广益，决策慎重，从而保证决策的正确性、有效性；缺点是决策过程较复杂，耗费时间较多。它适宜于制订长远规划、全局性的决策。

在进行集体决策时，需要考虑以下几个因素：

1) 是否掌握了足够的资讯来为决策提供支持？换句话说，决策者是否进行了广泛的咨询工作，参考了多数人的意见，收集了各种信息，为决策提供依据。

2) 员工是否具备决策的能力？许多人有一种错误的观念，认为任何事情的决策都是参与决策的人越多越好。实际上，参与决策的人需要具备一定的知识基础和相关经验等，否则人再多也不能保证决策的科学性和正确性。

3）员工是否有参与决策的意愿？并非所有的员工都有参与决策的意愿。有的员工不愿承担因参与决策而带来的相关责任，宁愿放弃参与决策的机会，此时就不能勉强员工参与决策。

4）员工的参与是否会提升决策的接受度？如果参与决策可以使员工对决策的接受度得以提升，那么员工参与决策就会提高决策的有效性，并推动决策方案的顺利实施。

5）员工参与决策是否可以加快决策进程？集体决策的方法主要有：头脑风暴法、德尔菲法。

2. 战略决策和战术决策

按决策的影响范围和重要程度不同，决策可分为战略决策和战术决策。

(1) 战略决策

战略决策是指对企业发展方向和发展远景作出的决策，是关系到企业发展的全局性、长远性、方向性的重大决策。一般多由高层决策者作出。

战略决策是企业经营成败的关键，它关系到企业的生存和发展。决策正确可以使企业沿着正确的方向前进，提高竞争力和适应环境的能力，取得良好的经济效益。反之决策失误，就会给企业带来巨大损失，甚至导致企业破产。

战略决策模型主要有 SWOT 模型，除 SWOT 模型外，还有波士顿矩阵、GE 矩阵。

(2) 战术决策

战术决策是指企业为保证战略决策的实现而对局部的经营管理业务工作作出的决策。

举例：企业原材料和机器设备的采购，生产、销售的计划、商品的进货来源、人员的调配等属此类决策。战术决策要为战略决策服务。

3. 确定型决策、风险型决策和不确定型决策

按决策问题所处条件不同，决策可分为确定型决策、风险型决策和不确定型决策。

(1) 确定型决策

确定型决策是指决策过程中，在确知的客观条件下提出各备选方案，每个方案只有一种结果，比较其结果优劣作出最优选择的决策。确定型决策是一种肯定状态下的决策。决策者对被决策问题的条件、性质、后果都有充分了解，各个备选的方案只能有一种结果。这类决策的关键在于选择肯定状态下的最佳方案。

在确定情况下，事实、数据等要素都是很清楚的，只要按照常用的模型和思路进行分析，就可以非常明确的决策该不该做及如何去做。

确定型决策问题的主要特征有 4 方面：①只有一个状态；②有决策者希望达到的一个明确目标；③存在着可供决策者选择的两个或两个以上的方案；④不同方案在该状态下的收益值是清楚的。

确定型决策分析技术包括数学线性规划和量本利分析法等。

1）数学线性规划：在一些线性等式或不等式的约束条件下，求解线性目标函数的最优解。

决策步骤：①确定影响目标的变量；②列出目标函数方程；③找到实现目标的约束条件；④求得最优解。

2) 量本利分析法：又称为盈亏平衡分析法，是通过考察产量、成本和利润的关系，以及盈亏变化的规律为决策提供依据的方法。量本利分析法的应用包括：

①运用量本利分析选择经营方案。通过计算盈亏平衡点的产量，可以判断各个经营方案的现实产量是在盈利区还是在亏损区。如果现实产量低于盈亏平衡点的产量，则方案不可取；凡高于盈亏平衡点的产量方案是可行方案。

②通过量本利分析，寻找降低成本、增加利润的途径。可以确定达到一定目标利润的目标销售量或销售额，其公式为

$$实现目标利润的产量 = \frac{固定成本 + 目标利润}{产品单价 - 产品单位变动成本}$$

$$实现目标利润的销售额 = \frac{固定成本 + 目标利润}{1 - \frac{产品单位变动成本}{产品单价}}$$

③通过盈亏分析，可以对产品的价格水平作出分析。可以确定企业在一定的产量和成本条件下，处于盈亏平衡时的价格水平以及达到一定目标利润时的价格水平。其公式为

$$盈亏平衡时的产品价格 = \frac{固定成本 + 产品单位变动成本 \times 盈亏平衡点产量}{盈亏平衡点产量}$$

$$实现目标利润的产品价格 = \frac{固定成本 + 产品单位变动成本 \times 计划产量 + 目标利润}{计划产量}$$

(2) 风险型决策

在决策过程中提出各个备选方案，每个方案都有几种不同结果，其发生的概率也可测算，在这种条件下进行的决策，就是风险型决策。

例如，某企业为了增加利润，提出两个备选方案：一个方案是扩大老产品的销售；另一个方案是开发新产品。不论哪一种方案都会遇到市场需求高、市场需求一般和市场需求低几种不同的可能性，它们发生的概率都可测算，若遇到市场需求低，企业就要亏损。因而在上述条件下决策，带有一定的风险性，故称为风险型决策。风险型决策之所以存在，是因为影响预测目标的各种市场因素是复杂多变的，因而每个方案的执行结果都带有很大的随机性。决策中，不论选择哪种方案，都存在一定的风险性。

风险型决策问题与确定型决策只在第一点特征上有所区别：风险型情况下，未来可能状态不止一种，究竟出现哪种状态，不能事先肯定，只知道各种状态出现的可能性大小（如概率、频率、比例或权等）。

常用的风险型决策分析技术有期望值法和决策树法。

1) 期望值法是根据各可行方案在各自然状态下收益值的概率平均值的大小，决定各方案的取舍。

2) 决策树法有利于决策人员使决策问题形象化，可把各种可以更换的方案、可能出现的状态、可能性大小及产生的后果等，简单地绘制在一张图上，以便计算、研究与分析，同时还可以随时补充和不确定型情况下的决策分析。

(3) 不确定型决策

不确定型决策是指在决策过程中提出各个备选方案，每个方案有几种不同的结果可以知道，但每一结果发生的概率无法知道。在这样的条件下，决策就是不确定型的决策。

它与风险型决策的区别在于：风险型决策中，每一方案产生的几种可能结果及其发生概

率都知道，不确定型决策只知道每一方案产生的几种可能结果，但发生的概率并不知道。这类决策是由于人们对市场需求的几种可能客观状态出现的随机性规律认识不足，就增大了决策的不确定性程度。

不确定情况下的决策分析是在事实、数据等很多因素都不明确的情况下进行决策分析。此时需要做的是搜集更多的信息，让这些不明确的因素尽量明确，在明确的情况下进行决策。

不确定型决策常见的三种方法是：小中取大法、大中取大法和最小最大后悔值法。

1) 小中取大法：又称为悲观决策法，或称保守决策法。决策者不知道各种自然状态中任一种发生的概率，决策目标是避免最坏的结果，力求风险最小。

运用保守法进行决策时，首先，要确定每一可选方案的最小收益值；然后，从这些方案最小收益值中，选出一个最大值。与该最大值相对应的方案就是决策所选择的方案。

2) 大中取大法：也称乐观决策法，或冒险法。决策者不知道各种自然状态中任一种可能发生的概率，决策的目标是选最好的自然状态下确保获得最大可能的利润。

冒险法在决策中的运用是：首先，确定每一可选方案的最大利润值；然后，在这些方案的最大利润中选出一个最大值，与该最大值相对应的那个可选方案便是决策选择的方案。由于根据这种准则，决策也能有最大亏损的结果，因而称为冒险投机的准则。

3) 最小最大后悔值法。决策者不知道各种自然状态中任一种发生的概率，决策目标是确保避免较大的机会损失。

运用最小最大后悔值法时，首先，要将决策矩阵从利润矩阵转变为机会损失矩阵；然后，确定每一可选方案的最大机会损失；再次，在这些方案的最大机会损失中，选出一个最小值，与该最小值对应的可选方案便是决策选择的方案。

4．程序化决策和非程序化决策

按决策总是是否重复，分为程序化决策和非程序化决策。

(1) 程序化决策

程序化决策是指决策的问题是经常出现的问题，已经有了处理的经验、程序、规则，可以按常规办法来解决。故程序化决策也称为"常规决策"。例如，企业生产的产品质量不合格如果处理？商店销售过期的食品如何解决？就属于程序化决策。

(2) 非程序化决策

非程序化决策是指决策的问题是不常出现的，没有固定的模式、经验去解决，要靠决策者做出新的判断来解决。非程序化决策也称非常规决策。例如，企业开辟新的销售市场、商品流通渠道调整，选择新的促销方式等属于非常规决策。

3.4.3 决策的偏见和错误

1．常见的偏见和错误

(1) 偏见

1) 自负性偏见：决策者认为自己所知的比所做的要多，或对自己及其表现持盲目乐观态度。那些智力和人际能力最弱的人最有可能高估自己的绩效和能力。管理人员和雇员的知识越丰富，产生过度自信的可能性就越小。

2) 易获性偏见：年度业绩评估时，决策者更容易重视员工最近的行为表现而不是6个月或9个月前的行为表现。人们倾向于基于那些容易获得的信息作出判断。

3）代表性偏见：根据某一事情与其他事件的相似程度来评价事情发生的可能性；从同一所大学毕业的3名学生都业绩不良，就认为当前这位来自同所大学的求职者也不会是一个好员工。

4）验证性偏见：决策者为了证实自己的观点而去刻意寻找支持自己观点的理由，并且常常过于关注支持自己决策的信息，进而肯定自己过去的观点，收集的信息偏重于支持已有观点。

5）锚定性偏见：把注意力放在原始信息上，不能充分接受新的信息；我们的大脑给予了最初接收到的信息过分的关注，相对于后来的信息，初始印象、想法在决策中所占的权重过高。

6）选择性认知偏见：决策者基于自己的偏好、兴趣、习惯等，而有选择性地组织和实施活动；决策者有重点的选择事物的某些方面而摒弃别的方面。

7）承诺性偏见：决策者常常为了证明自己最初的决策是正确的，因而继续投入大量资源给那个从一开始就注定失败的决策。

（2）错误

1）沉没成本：忽略了现在的选择并不能纠正过去的决定；而过度的把注意力集中在过去消耗的时间、金钱和精力上，而不太关心未来的结果。

2）即时性错误：想立即获得收益和避免成本；对他们来说，选择快速提供报偿的决策比具有长远利益的决策更具有吸引力。

3）有效性错误：决策者对他们最近发生的和印象最深刻的事情记忆犹新，其实也是某种程度的先入为主。

4）自利性错误：居功自傲或把失败归咎于外部因素，这是纯粹的自我保护行为，缺乏必要的责任感。同时也表明对自己缺乏正确的认识，不能正确的分析内外因素的权重，从团队角度来讲缺乏远见。

5）随机性错误：试图从随机性事件中归纳出某个结论，试图对随机事件赋予一定的意义时，决策就会受到影响。

6）赢家诅咒：是指拍卖活动中赢家一般都对战利品支付了太多的金钱。赢家诅咒会随着竞标人数的增加而更加严重。

7）事后聪明偏差：当人们得知某一事件的结果时，决策者错误的认为，他们准确地预见了这一结果。事后聪明偏差会降低我们从过去的经验中学习的能力，会使人感到他们比实际的自己更善于做决策。

2. 错误和偏见的避免

如何避免上述这些决策的偏见和错误带来的负面影响呢？有三个建议可供参考。

第一，正确认识这些偏见和错误，并尽量避免使用它们。第二，注意自己的决策方式，辨认自己经常使用的经验法则，批判的评估这些法则的恰当性。第三，咨询资深人士或者让身边熟悉的朋友帮忙辨认自己的决策风格，判断自己是否有偏见和错误进入决策。

第4章 工程项目与项目管理

工程项目管理，是指从事工程项目管理的企业，受工程项目业主方委托，对工程建设全过程或分阶段进行专业化管理和服务的活动。

按建设工程生产组织的特点，一个项目往往由众多参与单位承担不同的建设任务，而各参与单位的工作性质、工作任务和利益不同，因此形成了不同的工程项目管理类型：业主方的项目管理、设计方的项目管理、施工方的项目管理、供货方的项目管理、总承包方的项目管理、监理方的项目管理及其他建设工程项目管理。

本章主要讲解项目与项目管理的概念、工程项目与工程项目管理的概念、项目管理知识体系和管理过程。

4.1 项目与项目管理概念

一般说来，一个工程项目的实现一定需要组成一个项目管理的团队，不同的项目和方面，组成的团队数量和目标不同。在一个团队中，不同的成员完成不同的任务。在不同的阶段，由不同的团队完成。

同时，每一项工程都是在相关专业的国际或国内标准的规范要求下进行的。对于设备与材料，有制造标准、检验标准、调试标准、使用标准；对于某个工程，有设计标准、安装标准、测试标准、验收标准；对于整个项目，有安全标准、强制标准和推荐标准。

4.1.1 项目

1. 项目的概念

（1）项目的定义

项目是在一定的时间、费用、质量标准等约束条件限定下，具有完整的组织机构，为实现其特定的目的而进行的一次性活动。

美国项目管理协会（PMI）、国际标准化组织（ISO）定义的项目是："为创建一个独特产品、服务或任务所做出的一种临时性的努力。"是"由一系列具有开始和结束日期、相互协调和控制的活动组成的，通过实施活动而达到满足时间、费用和资源等约束条件和实现项目目标的独特过程。"如图4-1所示。

项目是指一个过程，而不是过程完成时形成的成果（产品或服务）。例如：编制软件的过程是一个项目，而编成的软件是这个项目的产品。

（2）项目的特征

项目一般具有以下特征：临时的一次性、特定目标的唯一性、渐进的不断完善的周期

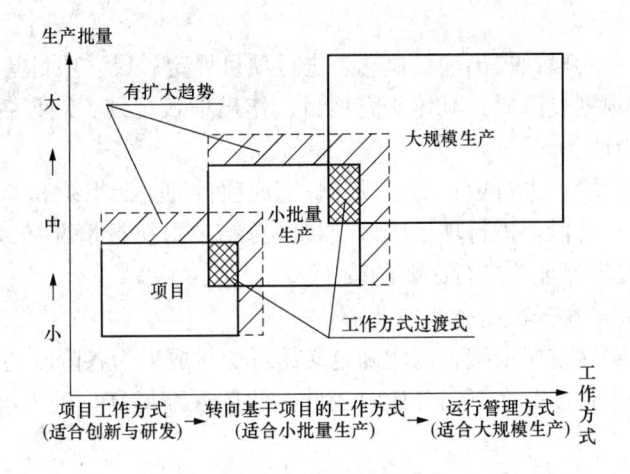

图 4-1 项目的定义

性、资源需求的多样性、约束性、系统性、相对独立性、相互依赖性与冲突性、不确定性和风险业主或可能成为业主的发起人。

2. 项目的生命周期

(1) 项目生命周期的定义

一个项目由始到终的整个过程构成了项目生命周期。项目从开始到结束可划分为若干个工作阶段，这些阶段先后衔接、组合在一起便构成项目生命周期。为便于管理和控制项目，一般将这个过程划分成启动、开发规划、执行和控制、收尾四个阶段，如图 4-2 所示。

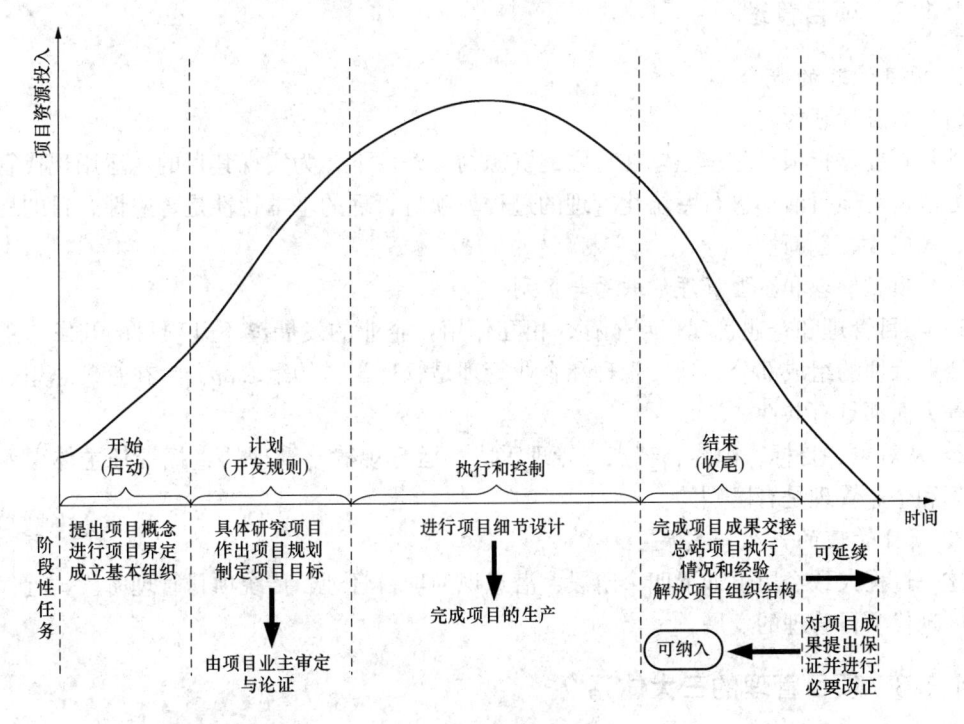

图 4-2 项目的周期

(2) 项目的生命周期

1) 开始（启动）阶段：提出项目概念、进行项目界定、成立项目基本组织。

2) 计划（开发规划）阶段：具体研究项目、作出项目规划、制订各项基本目标并由项目业主组织审定与论证。

3) 执行和控制阶段：进行项目细节设计、完成项目的生产组织和加工。

4) 结束（收尾）阶段：进行项目成果交接、总结项目执行情况和经验、解散项目组织机构。对项目成果提出保证并进行必要的改正。

(3) 项目生命周期和阶段划分的特点

1) 各阶段按照顺序首尾衔接，以明确定义的可交付成果为各阶段的完成标志。

2) 项目资源投入强度，在下面开始时较低，此后逐渐提高，进入项目后期接近结束时又迅速下降。

3) 随着项目推进，项目面临的风险和不确定性逐渐降低。外界因素对项目的影响程度也逐渐减弱。

3. 项目的分类

从不同角度，按不同分类方法，可以将项目分为不同类别。

按项目成果的实体形态；按项目的规模；按行业领域；按项目所属主体不同；按项目生命周期不同；按项目复杂程度不同。

比如：一场体育赛事，一个软件编制过程，一场婚礼，一幢建筑的建成，一座大学城的开发等，都属于不同类型的项目。

4.1.2 项目管理

1. 项目管理的概念

(1) 项目管理的定义

项目管理是指项目管理主体在有限的资源约束条件下，为实现其目的，运用现代管理理论与方法，对项目活动进行系统化管理的过程。项目管理的基本特性是普遍性、目的性、独特性、集成性、创新性。

(2) 项目管理和企业管理的联系与区别

1) 项目管理和企业管理相互依存、相互作用，企业的发展离不开项目的开发。项目管理是企业管理的组成部分。项目管理和企业管理是管理学科的组成部分，在管理思想、管理方法等方面都具有共性。

2) 从对象、目标、内容、特点、管理手段、运行规律、管理的直接责任主体上看，项目管理和企业管理是有区别的。

2. 项目管理的产生与发展

这一过程大致经历了如下四个阶段：潜意识的项目管理，传统项目管理阶段，近代项目管理，现代项目管理的发展。

4.1.3 项目管理的三大体系

1. 英国政府商务部受控环境下的项目管理

受控环境下的项目管理（PRoject IN Controlled Environment）简称 PRINCE。

PRINCE2 是 Project IN Controlled Environment 2nd Version 的简写,翻译成中文是"受控环境下的项目管理第二版"。

PRINCE2 由英国政府商务部(OGC)所有,于 1996 年开始推广。它不仅是英国事实上所有类型项目的标准程序,现在已迅速发展成为国际标准。世界各地的许多企业将其作为管理项目的首选方法。

PRINCE2 描述了如何以一种逻辑性的、有组织的方法,按照明确的步骤对项目进行管理。它不是一种工具也不是一种技巧,而是结构化的项目管理流程。这也是为什么它容易被调整和升级,适用于所有类型的项目和情况。

顾名思义,PRINCE2 强调的有两个核心要点:先是"受控环境",然后才是"项目管理"。也就是说营造良好的受控的项目环境是项目管理成功的前提条件。我们都知道,项目的一个主要特点就是独特性,而且通常都处在一个复杂多变的环境中。如果企业不具备一个受控的项目环境,再高效的项目经理,再好的项目管理方法也是施展不开的。

2. 国际项目管理协会

国际项目管理协会(International Project Management Association)简称 IPMA,是一个在瑞士注册的非赢利性组织,IPMA 到目前包括美、英、法、德、瑞典和荷兰等 30 多个成员国及 25 个非成员国。

国际项目管理专业资质认证(International Project Management Professional)IPMP 是国际项目管理协会在全球推行的四级项目管理专业资质认证体系的总称。IPMP 是一种对项目管理人员知识、经验和能力水平的综合评估证书。分为 A 级、B 级、C 级、D 级。

A 级(Level A)证书是认证的高级项目经理。获得这一级认证的项目管理专业人员有能力指导一个公司(或一个分支机构),包括诸多项目的复杂规划,有能力管理该组织的所有项目,或者管理一项国际合作的复杂项目。这类等级称为 CPD(Certificated Projects Director)。

B 级(Level B)证书是认证的项目经理。获得这一级认证的项目管理专业人员可以管理一般复杂项目。这类等级称为 CPM(Certificated Project Manager)。

C 级(Level C)证书是认证的项目管理专家。获得这一级认证的项目管理专业人员能够管理一般非复杂项目,也可以在所有项目中辅助项目经理进行管理。这类等级称为 PMP(Certificated Project Management Professional)。

D 级(Level D)证书是认证的项目管理专业人员。获得这一级认证的项目管理人员具有项目管理从业的基本知识,并可以将他们应用于某些领域。这类等级称为 PMF(Certificated Project Management Practitioner)。

由于各国项目管理发展情况不同,各有各的特点,因此 IPMA 允许各成员国的项目管理专业组织结合本国特点,参照 ICB 制订在本国认证国际项目管理专业资质的国家标准(National Competence Baseline,简称 NCB),这一工作授权于代表本国加入 IPMA 的项目管理专业组织完成。

3. 美国项目管理学会

美国项目管理学会 PMI(Project Management Institute)创建于 1969 年,PMI 在推进项目管理知识和实践的普及中扮演了重要角色。Project Management Professional 是美国项目管理专业资质认证体系(PMP)。

PMI 认证已经得到了全球的广泛认可，ISO 17024 认证进一步巩固了 PMP 作为全球最通用项目管理认证的地位。

从入门级到高级管理人员的多种认证有以下几种：

Project Management Professional（PMP）。该认证于 1984 年推出，获得认证的项目经理能向其雇主、客户和同事们展现出其具有圆满完成一个项目的项目管理知识、经验和技能。

Certified Associate in Project Management（CAPM）。该认证针对的是项目团队成员、入门级项目经理及合格本科生和研究生，对他们在项目团队中的表现进行认证。

Program Management Professional（PgMPSM）。该认证针对领导多个项目管理和确保一个项目最终成功的专业人士。

Organizational Project Management Maturity Model（OPM3）Product Suite。对能帮助公司或组织从 OPM3 中获取更大价值的人士提供培训、工具和认证。

PMI 专业认证同时面向 PMI 成员和非成员，在计划、项目和组合管理方面拥有公认的很高的教育、知识和经验水平，得到了全世界的广泛认可和接受。在其所有的认证中，PMI 都使用相同的开发、维护和质量管理体系。

4. 三大认证体系标准的一致性

由英国政府商务部受控环境下的项目管理、国际项目管理协会、美国项目管理学会三大国际主要项目管理组织，发展成三大认证体系。其主要的联系与区别见表 4-1。

表 4-1　　　　　　　　　三大国际主流项目管理体系一览表

体系	PRINCE2 受控环境下的项目	IPMP 国际项目管理资质认证	PMP 项目管理专业人员
颁证机构	英国政府商务部（OGC）	国际项目管理协会（IPMA）	项目管理协会（PMI）
官方标准	英国、澳大利亚和联合国标准	欧洲	美国
推广组织	APMG、ATO	IPMA、认证考点	PMI 和 REP
推广范围	150 多个国家，2008 年进入中国	36 个国家，2001 年进入中国	130 多个国家，1999 年进入中国
引进机构	APMG 青岛办事处	中国项目管理研究委员会（PMRC）	国家外国专家局
国内总授权机构	APMG 青岛办事处	西安华鼎项目管理咨询有限责任公司	PMI（国家外专局培训中心协助组织考试）
考试语言	10 种	各国使用本土语言	9 种
认证人数	60 万	10 万	80 万
认证体系	两级认证体系（报考不受资历与水平限制） 基础资格（Foundation） 从业资格（Practitioner）	四级认证体系（资历和水平） A 级 国际高级项目经理 B 级 国际项目经理 C 级 国际项目管理专家 D 级 国际项目管理专业人员	单一证书制：一个级别（没有资历和水平区别） PMP 项目管理专家

续表

体系	PRINCE2 受控环境下的项目	IPMP 国际项目管理资质认证	PMP 项目管理专业人员
考核方式	均为笔试（题型：选择题）	报告/案例＋笔试＋面试	机考（题型：选择题）
认证标准	PRINCE2	ICB	PMBok
证书有效期	基础资格终身有效，从业资格5年有效，必须逐级申请	A、B、C级5年有效，D级终身有效，可依据个人资历申请对应的级别	3年有效，3年内60个PDU专业学习
产品特点	操作方法，关注怎么做	能力评估，关注岗位胜任能力	知识层面，关注做哪些事
适用范围	组织级和项目级	组织级和项目级	项目级
体系结构	（一）七大原则： 持续的商业论证、参考以前的经验、定义角色和责任、分阶段管理、例外管理、重点关注产品、根据项目环境裁减 （二）七大主题： 商业论证、组织、控制、风险、质量、变更、进展 （三）七大过程： 项目准备、项目启动、项目指导、阶段控制、阶段边界管理、产品交付管理、项目收尾 （四）根据项目剪裁PRINCE2	一、项目管理知识体系 （一）项目和项目管理 （二）项目开发的四个阶段 概念阶段、规划阶段、实施阶段和收尾阶段 （三）项目管理方法与工具 二、ICB3.0能力基准	（一）项目及生命周期 项目定义 项目管理定义 项目生命周期定义 （二）五大过程组 启动、规划、监控、执行、收尾 （三）九大知识领域 整合、范围、成本、进度、质量、人力资源、沟通、风险、采购 （四）四十二个子过程 （五）项目经理职业道德

国际项目管理协会（IPMA）根据国际能力基线建立了一种国际公认的标准，并由其各国协会译成各国语言。这是 IPMA 四级证书的基础，现在已在全世界推广。PRINCE2 与这个标准高度一致。

美国项目管理协会（PMI）的项目管理知识体系指南（PMBOK 指南）是项目管理行业知识的总和，许多组织将其作为学习项目管理专业的基础。PRINCE2 是一种居领先地位的项目管理方法论，主要是提供了一种建立项目流程、运行项目和项目终止移交的机制。

虽然使用的术语有些不同，但 PRINCE2 和 PMBOK 高度兼容，相互补充。PRINCE2 的采用能够加强 PMBOK 标准的有效执行，建立浓厚的项目氛围，为提出项目、运行项目和结束项目提供一种更有效的方法。

5. 国内主要项目管理机构

中国项目管理研究委员会 PMRC（Project Management Research Committee，China）正式成立于 1991 年 6 月，是我国跨行业的项目管理专业组织，其上级组织是中国优选法统筹法与经济数学研究会。有中国项目管理专业资质认证标准（C-NCB）。

中国工程项目管理协会（China Project Item Management Association）主要从事冶金、

有色、煤炭、石油、石化、化工、电力、水利、核工业、林业、航空航天、建材、铁路、公路、市政、水运、通信和房屋建筑等行业（专业）的工程项目管理。

本书的整个体系基本以美国项目管理协会（PMI）的项目管理知识体系指南（PMBOK指南）为基准，综合介绍项目管理行业知识。

4.2　工程项目与工程项目管理概念

4.2.1　工程项目

1. 工程项目的概念

（1）工程项目的定义

工程项目是指通过特定工作劳动建造某种"工程实体"的过程。工程项目是以工程建设为载体的项目，是作为被管理对象的一次性工程建设任务。它以建筑物或构筑物为目标产出物，需要支付一定的费用，按照一定的程序，在一定的时间内完成，并应符合质量要求。

（2）工程项目的特征

1）在一定的约束条件下，以形成固定资产为特定目标。

2）工程项目的建设需要遵循必要的建设程序和经过特定的建设过程。

3）工程项目的建设周期长，投资大。

4）工程项目建设活动具有特殊性，表现为资金的一次性投入、建设地点的固定性、设计施工任务的一次性、机械设备及生产力的流动性。

5）不确定因素多，风险大。

6）具有投资限额标准。

2. 工程项目的分类

根据不同的划分标准，工程项目可分为不同的类型。

（1）按建设性质不同划分

划分为新建项目、扩建项目、改建项目、恢复项目、迁建项目、技术更新改造项目。

新建项目一般是指为经济、科学技术和社会发展而进行的平地起家的投资项目。扩建项目一般是指为扩大生产能力或新增效益而增建的分厂、主要车间、矿井、铁路干线、码头泊位等工程项目。改建项目一般是指为技术进步，提高产品质量，增加花色品种，促进产品升级换代，降低消耗和成本，加强资源综合利用，三废治理和劳动安全等，采用新技术、新工艺、新设备、新材料等而对现有工艺条件进行技术改造和更新的项目。迁建工程项目一般是指为改变生产力布局而将企业或事业单位搬迁到其他地点建设的项目。恢复项目一般是指因遭受各种灾害而使原有固定资产全部或部分报废，而后又恢复建设的项目。更新改造项目是指对原有设施进行固定资产更新和技术改造相应配套的工程以及有关工作，一般以提高现有固定资产的生产效率为目的。

（2）按用途不同划分

划分为生产性建设项目、非生产性建设项目。

生产性工程项目是指形成物质产品生产能力的工程项目，例如工业、农业、交通运输、建筑业、邮电通信等产业部门的工程项目；非生产性工程项目是指不形成物质产品生产能力的工程项目，例如公用事业、文化教育、卫生体育、科学研究、社会福利事业、金融保险等部门的工程项目。

(3) 按建设项目总规模和投资划分

可分为大型项目、中型项目、小型项目。

大型项目、中型项目和小型项目是按项目的建设总规模或总投资额来划分的。生产单一产品的工业项目按产品的设计能力划分；生产多种产品的工业项目按其主要产品的设计能力来划分；生产品种繁多、难以按生产能力划分的按投资额划分。划分标准以国家颁布的《大中小型建设项目划分标准为依据》。

(4) 按照建设项目投资来源划分

可分为内资项目、外资项目和中外合资项目。

内资项目、外资项目和中外合资项目以资本金的来源为标准进行划分，其中内资项目是指运用国内资金作为资本金进行投资的工程项目；外资项目是指利用外国资金作为资本金进行投资的工程项目；中外合资项目是指运用国内和外国资金作为资本金进行投资的工程项目。

(5) 按专业不同划分

划分为建筑工程、安装工程、桥梁工程、公路工程、铁路工程、水电工程、航道工程、隧道工程等。

(6) 按建设过程不同划分

划分为预备项目、筹建项目、在建项目、投产项目、收尾项目。

3. 工程建设项目的组成

工程建筑项目包括：工程建设项目、单项工程、单位工程、分部工程、分项工程。

建设项目指一般在一个或几个建设场地上，具有一个设计任务书和总体设计，经济上实行独立核算，管理上具有独立组织形式的工程建设项目。一个建设项目往往由一个或几个有内在联系的单项工程组成。通常是以企业、事业、行政单位或独立工程作为一个建设单位。如：一个工厂、一个住宅小区、一所学校等。

单项工程是指在一个建设项目中具有独立的设计文件，建成后能够独立发挥生产能力或工程效益的工程。它是工程建设项目的组成部分，应单独编制工程概预算。如：工厂中的生产车间、办公楼、住宅；学校中的教学楼、食堂、宿舍等。

单位工程是指具有独立设计，可以独立组织施工，但建成后一般不能进行生产或发挥效益的工程。它是单项工程的组成部分。如：土建工程、安装工程等。

分部工程是单位工程的组成部分，它是按工程部位、设备种类和型号、使用材料和工种的不同进一步划分出来的工程，主要用于计算工程量和套用定额时的分类。如：基础工程、电气工程、通风工程等。

分项工程是指通过较为简单的施工过程就可以生产出来，以适当的计量单位就可以进行工程量及其单价计算的建筑工程或安装工程，如基础工程中的土方工程、钢筋工程等。

4. 工程项目建设内容

项目建议书阶段、可行性研究阶段、设计阶段、列入固定资产投资计划、设备订货和施工准备、施工阶段、生产准备、竣工验收交付使用、项目后评价。

工程项目建设程序是指工程项目从策划、评估、决策、设计、施工到竣工验收、投入生产或交付使用的整个建设过程中，各项工作必须遵循的先后工作次序。工程项目建设程序是工程建设过程客观规律的反映，是建设工程项目科学决策和顺利进行的重要保证。工程项目建设程序是人们长期在工程项目建设实践中得出来的经验总结，不能任意颠倒，但可以合理交叉。

4.2.2 工程项目管理

1. 工程项目管理的概念

（1）工程项目管理的定义

工程项目管理是指从事工程项目管理的企业（以下简称工程项目管理企业）受业主委托，按照合同约定，代表业主对工程项目的组织实施进行全过程或若干阶段的管理和服务。也有些企业，拥有自己的施工组织，自行建设和管理自己的工程项目，也属于工程项目管理范围。

工程项目管理企业不直接与该工程项目的总承包企业或勘察、设计、供货、施工等企业签订合同，但可以按合同约定，协助业主与工程项目的总承包企业或勘察、设计、供货、施工等企业签订合同，并受业主委托监督合同的履行。工程项目管理的具体方式及服务内容、权限、取费和责任等，由业主与工程项目管理企业在合同中约定。

（2）工程项目管理的特征

工程项目管理具有复杂性，工程项目管理主体是多方面的，工程项目管理具有科学性，目标管理是工程项目管理的核心，合同管理是工程项目管理的纽带，社会经济环境是工程项目管理的组织保证。

2. 工程项目管理的内容

（1）从管理职能和工程项目特点看

工程项目管理主要有以下工作内容：工程项目组织管理及人力资源管理、范围管理、进度管理、费用管理、质量管理、信息管理、风险管理、招投标与合同管理、环境保护管理。

（2）从管理过程划分来看

工程项目管理可概括为：决策、计划、控制、结束与评价等过程。

（3）从建设阶段划分来看

工程项目管理包括：工程项目策划与决策阶段的管理，勘察设计阶段的管理，施工招投标阶段的管理，施工阶段的管理，竣工验收阶段的管理。

3. 工程项目管理的类型

从管理主体看，工程项目管理的类型有：业主方的项目管理；咨询监理方的项目管理；承包商的项目管理；银行对工程项目的管理；政府对工程项目的管理。

4.3 项目管理知识体系和管理过程

项目管理是指把各种系统、方法和人员结合在一起，在规定的时间、预算和质量目标范围内完成项目的各项工作。

前述欧洲国家成立了一个组织——"国际项目管理协会"（IPMA），美国成立了"项目管理协会"（PMI）。由于这两个国际性项目管理组织的出现，大大地推动了项目管理的发展。项目管理发展的里程碑是 PMI 于 1987 年推出了项目管理知识体系指南（PMBOK，A Guide to the Project Management Body of Knowledge）。

4.3.1 项目管理体系

PMBOK 把项目管理从功能上归纳为整体管理、范围管理、时间管理、成本管理、质量管理、人力资源管理、沟通管理、风险管理、采购管理九大知识领域；为了更好地管理和控制项目，从过程上将项目管理划分为五个过程组：启动、计划、执行、控制和收尾。因此 PMBOK 的整个知识体系见表 4-2。

表 4-2　　　　　　　　　　　项目管理知识体系

知识领域	管理过程				
	启动	计划	执行	控制	收尾
1. 整体管理		1.1 项目计划制订	1.2 项目计划执行	1.3 整体变更控制	
2. 范围管理	2.1 启动	2.2 范围计划编制 2.3 范围定义		2.4 范围验证 2.5 范围变更控制	
3. 时间管理		3.1 活动定义 3.2 活动排序 3.3 活动历时估算 3.4 进度计划制订		3.5 进度控制	
4. 成本管理		4.1 资源计划编制 4.2 成本估算 4.3 成本预算		4.4 成本控制	
5. 质量管理		5.1 质量计划编制	5.2 质量保证	5.3 质量控制	
6. 人力资源管理		6.1 组织计划编制 6.2 人员获取	6.3 团队建设		
7. 沟通管理		7.1 沟通计划编制	7.2 信息分发	7.3 绩效报告	7.4 管理收尾
8. 风险管理		8.1 风险计划编制 8.2 风险识别 8.3 定性风险分析 8.4 定量风险分析 8.5 风险应对计划编制		8.6 风险监督和控制	
9. 采购管理		9.1 采购计划编制 9.2 询价计划编制	9.3 询价 9.4 供方选择 9.5 合同管理		9.6 合同收尾

项目管理的五个过程组依靠其结果相互关联，一个过程组的输出是另一个过程组的输

入，每个阶段结束会成为下一阶段启动的前提条件。例如，一个系统集成项目，系统整体设计阶段结束时，需要客户对设计及相关技术方案给予确认；认可的设计文件又作为系统集成阶段应用开发、设备采购、软硬件集成的一个实施依据。这种联系如图4-3所示。

在每一个阶段开始时重复启动过程，可确保项目不会偏离既定的商业目的，也可确保当项目商业需求已不存在或项目已不可能满足这种需求时，便于及时中止这一项目，避免因更大的投入而产生浪费。

注意在图4-3中，虽然表现了每个阶段及其管理过程是彼此独立、分离的，管理过程实际的输入输出取决于该过程是在生命期的哪一阶段进行的，在现实项目管理中它们很多时候是互相影响的。这一点，可以从项目计划的渐进明细特点看出，对于整个项目的生命期而言有一个计划阶段，该阶段有两类计划过程，一个是各阶段的计划过程，一个是项目整体计划过程。项目一开始，会制订一个较粗的项目整体计划，随着各阶段的进行，不断得到各阶段的计划，也不断将项目整体计划进行细化。这两个计划过程，必然都要为实施阶段的工作开展提供依据。另一方面，每一阶段的执行和控制过程不但要修正本阶段的计划，还要修正项目的整体计划。

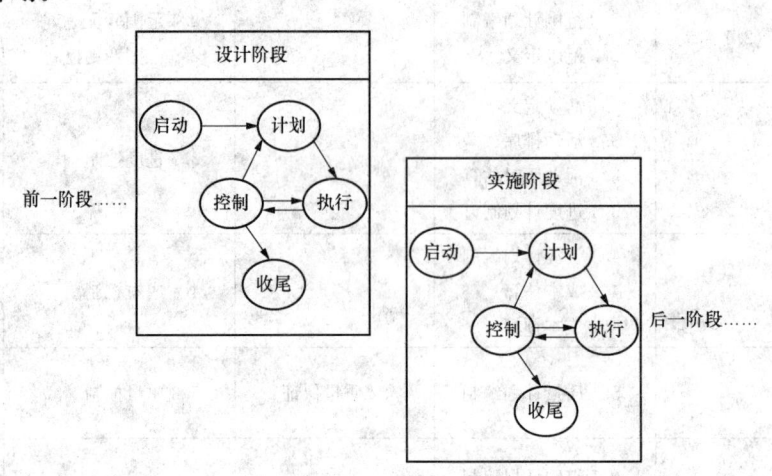

图4-3 各阶段的交互作用

4.3.2 项目启动

项目的整个生命期里，启动阶段是最关键和重要的，应当从全局和战略的角度来权衡这个项目，否则只会给组织带来无法弥补的损失。启动阶段的主要任务是从组织战略出发识别需求、明确项目的目标与范围、分析内外部环境来论证项目的可行性，最后是选定项目，设立项目经理。

1. 需求分析和目标确认

启动项目可能需要很多理由，但是最重要的是支持组织的战略和由此决定的明确的业务需求和目标。必须从组织总体的发展战略出发来决定项目的需求。识别需求是项目启动过程和整个项目生命期的最初活动。这个过程将给项目的目标确定、可行性分析和项目立项等提供直接、有效的依据。在进行需求分析之后就要制订目标。这个目标应该是具体的、与组织战略相关的、可测量的，并有时间限制的。

2. 可行性分析

可行性分析的目的是为决策层提供判断项目是否可行的依据。项目可行性研究是项目立项阶段最重要的核心文件,具有相当大的信息量和工作量,是项目决策的主要依据。项目可行性分析应遵循以下原则:科学性原则,按客观规律办事;客观性原则,坚持从实际出发,实事求是分析;公正性原则,保持立场公正,不偏不倚。

项目可行性分析中经常用到的一种方法是要素加权分析法。该方法是一种基于多种标准进行项目选择的系统方法。首先是要识别出企业选择项目的若干重要指标,接着对各个指标赋予权重。然后,就上述每一个指标对候选项目进行评分。

项目可行性分析包括技术可行性、经济可行性、社会环境可行性等内容,最后形成项目可行性分析报告,其结果可以是可行、等待某种条件成熟后可行或不可行三种情况中的一种。

3. 项目立项

可行性分析通过的项目就可立项。立项包括两个内容:任命项目经理和发布项目章程。

通常,项目经理尽可能在项目早期进行指定和委派是比较合适的。项目经理可以在项目章程中确认,也可单独以文件形式确认和任命。项目经理任命越早,越有利于项目的管理和发展,因为项目经理的早期介入,将会及早把握项目信息,捋清楚项目管理思路,更好的为项目服务。

项目章程是正式确认项目存在的文件,它主要包括对项目所产生的产品或服务特征、以及所要满足商业需求的简单描述。项目主要干系人应该在项目章程上签字,以表示认可项目需要和目的已经与组织达成一致。

4.3.3 项目计划

项目计划阶段通过对工程项目的定义和各项具体计划的制订,确定具体需要做什么、明确由谁来做和需要什么支持、确定用多长时间和多少资源。项目计划是一个综合概念,凡是为实现项目目标而进行的活动都应纳入计划之中。计划是项目管理的基础。

1. 项目范围的确定

项目范围的确定就是要界定项目主要工作内容,将项目的可交付成果,划分为可控的、易于管理的单元模块。其确定的前提是项目目标的清晰定义。确定项目工作范围的过程,也就是制订项目范围计划的过程。

(1) 定义项目各项工作

一般用工作分解结构(WBS,Work Breakdown Structure)的方法来实现,确保找出完成项目范围的所有工作要素。任何项目不是只有惟一一个正确的 WBS,不同的认可会议,会制出不同的 WBS。图 4-4 所示为一个系统集成项目的 WBS 图。

(2) 明确项目工作范围变更

项目的复杂性决定了变更存在的必然性。项目工作范围的控制,是项目整体控制过程的一部分,应该与其他控制过程紧密结合,因为工作范围的每一个变更都会直接或间接影响到项目的进度、成本、质量控制等。建立范围变更的控制,就是为项目执行时的实际变更进行有效的沟通、确认和管理。

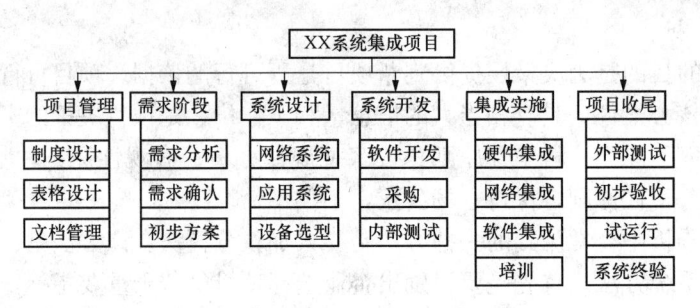

图 4-4 某系统集成项目 WBS 模板

2. 项目的进度计划

当项目工作包（WBS）的活动都已经详细、清晰的确定后，接下来的工作主要是制订项目的进度计划。

（1）项目活动排序

项目活动排序就是确定工作包之间的逻辑关系。活动依赖关系确认的正确与否，将会直接影响到项目的进度安排、资源调配和费用的开支。项目活动的安排主要是用网络图法、关键路径法和里程碑制度。

（2）项目历时估算

项目历时估算包括一项活动所消耗的实际工作时间加上工作间歇时间，这一点非常重要。

项目历时估算方法主要有：类比法，通过相同类别的项目比较，确定不同的项目工作所需要的时间；专家法，依靠专家过去的知识、经验进行估算；参数模型法，是通过依据历史数据，用计算机回归分析来确定一种数学模型的方法。

（3）制订进度计划

制订进度计划就是决定项目活动的开始和完成的日期。根据对项目内容进行的分解，找出了项目工作的先后顺序，估计出了工作完成时间之后，就要安排好工作的时间进度。

如果没有制订现实可能性的日期，项目就不大可能如期完成。随着较多数据的获得，对日常活动程序反复进行改进，进度计划也将不断更新。

项目管理软件被广泛用来辅助进度计划编制。目前已有的大多数管理软件，都具有根据项目的资源和工作时间自动计算和分析项目最佳工期及最佳安排计划的功能。

3. 项目的成本预算

在成本估算当中，通常采用的方法和时间估算有些类似，主要有：

（1）类比估算法

类比估算法是使用以前的、相似项目的实际成本作为目前项目成本估算的依据。该方法比较简单节省，但不是很精确，且需要具备历史项目的成本信息。

（2）自下而上估算法

自下而上估算法是按照分解的工作包，从底层开始估算每个包的成本，然后加总，产生更高一级的工作包成本估算，直至最后。这种估算比较精确，但是估算代价高。

（3）参数估算法

参数估算法是在数学模型中应用项目特征参数来估算项目成本。基于软件开发项目中使用的编程语言、编程人员的专业知识水平、程序大小和设计数据的复杂性等，一个参数模型可能会估算出每行编码或每个功能点的成本。得到每行代码或每个功能点成本后，只要乘上总的代码数或功能点数就可以得到项目总成本的估算。这种方法是否有效依赖于参数的精确性和模型的合理性。

(4) 计算机化估计

计算机化估计是利用电子数据表和项目管理软件等计算机化工具能够进行不同成本的估算。

得到项目的估算后，再根据项目的合同金额进行调整，与进度计划相结合，分配到各项任务上，就形成了成本基准计划，即成本预算。

4. 项目的质量计划

质量计划编制包括识别那些和该项目相关的质量标准，并且确定如何满足这些标准。在项目计划阶段中，它是一个关键过程，应当有规律地并且与其他项目计划过程并行进行。

质量计划编制过程的重要依据是：组织的项目质量政策，特定的项目范围说明书和产品描述，以及相关的标准和规范。质量计划编制的重要文档是项目质量管理计划，以及为了确保整个项目生命期质量的各种检查表。

5. 项目的人力资源计划

人力资源计划包括以下内容：

组织计划编制。这个过程将产生项目组织结构图、责任分配矩阵和人员配备管理计划。

人员获取和流动计划。描述项目团队需要什么样的成员，每一种成员的数量，人力资源在什么时候、以什么方式加入或者离开项目团队。

项目团队建设计划。如果一个项目历时很长，就有必要对项目成员进行一些特殊的培训、奖励和认可制度来帮助个人发展和团队开发。

6. 项目的沟通计划

沟通管理计划中应当包括的主要内容有：

规定有哪些信息需要收集，以什么样的结构收集。

沟通内容及结果的处理、收集、传递、保存的程序和方式。

规定报告、数据、进度、技术资料等的流向，也就是说，沟通的结果应当通过什么形式，向谁汇报，由谁执行，由谁监督及使用什么方法来发布等。

7. 项目的风险计划

项目风险管理是对项目风险进行识别、分析和应对的系统过程。它包括把对于项目目标而言正面事件的概率和影响结果扩到最大和把负面事件的概率和影响结果减少到最小。风险管理计划描述的是在项目整个生命期中，风险识别、风险定性和定量分析、应对计划编制、跟踪和控制是如何构架和执行的。风险管理计划不阐述单个风险的应对。单个风险应对由风险应对计划来完成。

8. 项目的采购计划

采购管理计划应当阐述清楚具体的采购过程（从采购计划、询价计划编制到合同收尾的过程）将如何进行管理。采购管理计划通常包含采购计划编制、询价计划编制两项内容。

采购计划编制包括确定采购内容、采购合同类型和采购工作说明书；对于多种产品多个供应商的情况下，如何对供应商进行管理，或者说合同的管理；采购如何安排才能使采购满足项目进度、费用和绩效等各方面的需要等。

询价计划编制包括获得报价、标书、出价或合适的建议书等。

9. 项目总体计划的确认

项目计划制订完成后，项目经理、相关职能部门负责人和高层主管应该对项目计划予以确认。企业管理层和项目职能涉及的相关部门，对计划确认能为项目实施提供资源基础和行政保障；项目团队和最终用户对项目计划的认可，能明确项目管理及其实施的分工界面、明确项目的具体目标、清楚界定双方责任，从而增强了项目的透明度、提高各方满意程度。只有确认的项目计划才能成为项目实施和控制的现实性的指导文件。

4.3.4 项目执行

项目执行过程是完成整个项目计划任务的过程，项目的各项专项计划要在这一过程中落实，大量的资源和项目预算资金都将在这一过程中被消耗和占用，项目的产出物也将在这一过程中逐步形成。在这个过程中，项目经理和项目管理队伍必须全面协调和组织指挥项目所涉及各方面的人员、资金、技术与管理工作，以实现项目计划所确定的目标。

1. 记录和报告项目执行的实际情况

记录就是如实记载在项目计划执行过程中，每一个项目活动和项目阶段开始日期、工作进度和完工日期以及整个过程中的各种重要事件。这是为项目计划实施中的检查、分析、协调、控制、计划修订和总结等提供原始资料。

报告是指在项目执行过程中，定期或不定期给出的有关项目执行情况的汇总性的文字报告或数字报表。对于这项工作有三项基本的要求：

1) 及时跟踪记录，在项目执行活动的过程中随时记录各种进度情况和各种重要事件。

2) 如实记录和报告，即一定要实事求是地记录和报告项目计划的实施过程和结果，不能够有任何的虚饰和掩盖。不怕听到坏消息，就怕没消息，最怕假消息。

3) 要借助图表形成记录文件，即要以简单明了、便于比较分析的形式给出项目计划实施的记录和报告。

2. 变更处理

项目的变更要求是指对于一个正在实施的项目本身，或是对于项目的整体计划，所提出的各种改动的要求。例如，扩大或者缩小项目计划的任务范围，修改或修订项目计划中有关项目成本或进度安排等。这些项目变更的要求多数是在项目执行过程中提出和确定的，对它们的处理也是项目执行的重要内容。

3. 质量保证

质量保证是在质量系统内实施的全部有计划的系统性活动，是保证质量管理计划得以实施的一组过程及步骤。要做到很好的质量保证，一般来说要注意以下几点：

1) 清晰的规格说明。如果没有将要达到什么样目标的清晰概念，对于项目组成员来说也就没有前进的方向。

2) 使用完善的标准。所谓完善的标准就是一个标准设计的工作包，它可以从以前被证明能够达到需要的规格结果的经验中得出。

3) 合格的资源。如果项目所聘用的组织人员能够熟悉项目所使用的一切数据，那么他们就能够更好地应用这些标准，来实现项目特定的规格。

4）质量审计。质量审计是对其他质量管理活动的结构性的审查，主要目的是通过审查来识别出一些经验教训，从而提高实施项目的质量。

4. 采购

采购是从组织系统外部或项目系统外部获得产品和服务的完整的购买过程。采购是一个涉及具有不同目标的双方的过程，各方在一定市场条件下相互影响和制约。通过高效、合理的采购可以达到节约项目成本、增加项目利润的作用。它包括以下环节：

（1）询价

询价是从潜在的供应商获得建议书或投标书，也是根据项目采购计划和询价计划等采购工作文件所开展的寻找潜在供应商，并向其发出询价信息，以及相关的项目所需产品及服务的需求说明书或招标文件，邀请可能的供应商给出报价的过程。

（2）供应商的选择

项目执行组织一旦收到供应商的报价单和建议书之后，就应该根据项目询价计划制订的评定标准，着手选择合适的供应商。除了采购成本或价格外，还需要考察其他一些因素，如供应商是否能够按时交货等。

（3）合同管理

对供应商的评定、选择完成后，下一步就是与供应商就具体采购产品及服务的合同确认，产生具有法律效益的合同。合同签订之后就要对其进行有效的管理，包括：

1）采购合同的有效执行。项目团队在采购合同签订后，应该定时监督和控制供应商的产品供货和相关的服务情况。要督促供应商按时提供产品和服务，保证项目的工期。

2）采购产品及服务质量的控制。项目执行组织应该对来自于供应商的产品和服务进行严格的检查和验收工作，可以在项目组织中设立质量小组或质量工程师，完成质量的控制工作。

5. 团队建设

在项目中，团队建设的意义重大。虽然一个企业可以通过各种方式获得各种优秀人才，但让他们协同工作就很难了。在失败的项目中，团队分裂因素占相当大的比例，所以项目团队的建设在整个的项目管理过程中很重要。

4.3.5 项目控制

我们必须有规律的测评项目工作，以便知道实施情况与项目计划之间存在的差异，对于项目的任何变化情况，都应该加以重视，如有必要，应立即采取纠正措施，处理隐患，降低项目的各种风险。控制也包括对可能发生的问题预先采取防范措施。

1. 整体变更控制

项目变动的总体控制是针对项目变动的单项控制而言的。在项目实施过程中，项目的目标、计划、任务范围、进度、成本和质量等各个方面都会发生变动。在项目实施过程中，这些变动多数可以在项目变动的专项控制中予以解决。但是在项目计划的实施中，必须开展对于项目变动的总体控制，以协调和管理好项目各个方面的变动要求，以及各项目相关利益者提出的项目变动要求。整体控制是更高一层的全局性的项目变动控制。

2. 项目范围核实

项目范围核实是项目干系人正式确定和接受项目范围的过程。它要求检查、审核项目的交付成果和各项交付物，以保证项目中所有工作都能准确地、满意地完成。项目范围核实应该是贯穿项目的始终，从 WBS 的确认（或合同中具体分工界面的确认），到项目验收时范围的检验。项目干系人可以通过测量、测试、检验等活动以确定结果是否符合要求。

3．范围变更控制

实际项目中经常发生项目范围的变化，尤其是工程项目，由于多方面原因导致项目的需求无法及时确定，项目范围后期变更太多、成本压力过大，使得很多软件研发项目和系统集成项目以失败告终。当然，有些时候项目变更是对项目有利的，甚至大大促进项目的实施。

4．进度与成本控制

进度与成本控制过程包括定期收集项目完成情况的数据，将实际完成情况数据与计划进程进行比较，一旦发现进度或成本出现偏差则采取措施予以纠正，如果纠正所引起的变更被列入计划并取得了用户的同意就必须修改基准计划。项目进度或成本控制必须与其他变化控制过程紧密结合，并且贯穿于项目的始终。

5．质量控制

项目的质量控制主要从以下两个方面进行：

项目产品或服务的质量控制。通过不断地进行计划、测试、记录和分析来加以质量控制。

项目管理过程的质量控制，可以通过项目审计来进行。在信息化项目开发流程中，各开发阶段的划分很明确。根据开发计划，项目审核人员将在各开发阶段的检查点上对该阶段的成果进行审核，以确定是否达到该阶段的项目质量。如果达到预定的目标，则项目进入下一阶段。

6．绩效报告

绩效报告是直接反映当前项目执行情况的文件。项目各级管理者可以从绩效报告中获得范围、进度、成本、质量等多方面的绩效信息，以此作为项目变更控制的一个依据。例如，已经完成的中间产品（或服务）、哪些还没有完成、关注的几个工作的当前执行情况等。同时，绩效报告也能提醒项目团队预测项目的未来性，把握项目范围变更控制的风险。

绩效报告能使项目干系人及时了解项目资源的使用状况。项目计划和工作成果是撰写绩效报告的重要依据；绩效报告的主要表现形式有状态报告、进度报告、预测报告等。

7．风险控制

风险控制是项目整个生命期中的一种持续进行的过程。随着项目各项工作的推进，风险会不断变化，可能会有新的风险出现，原先预期的风险也可能会消失。风险控制可以采用下列技术：

（1）项目风险应对审计

风险审计员通过检查和文字记录来审查规避、转移、缓解或接受等风险应对措施的有效性，以及风险承担人的有效性。为了控制风险，风险审计在项目整个生命期内进行。

（2）定期项目风险审核

项目风险审核应有规律地定期进行。在项目生命期内，风险值和优先次序可能会发生变化。任何变化可能都需要进行额外的定性和定量分析。

1）挣值分析。挣值用于监督整个项目相对于其基准计划的绩效。挣值分析的结果可以显示到项目完成时，成本和时间上潜在的偏差。当一个项目显著偏离于基准计划时，应进行更新的风险识别和分析。

2）技术绩效测量。技术绩效测量将项目实际执行中技术工作方面取得的进展，与项目计划中相应的进度计划进行比较。比较中反映的偏差，例如在某一里程碑未按计划实现其功能，可能暗示对实现项目范围存在着某种风险。

4.3.6 项目收尾

当最终用户认可项目交付成果的时候，也就是项目收尾的时候——项目管理收尾和合同收尾。项目收尾工作一般包含项目工作范围的确认、项目的相关文档准备、项目的验收及项目的后评价等主要工作。

1. 项目的工作范围确认

工作范围的确认依据是合同中规定的项目工作内容和实际的工作成果，主要有两个方面：一是项目是否已经形成了项目原定的目标成果；二是项目的工作范围是否有大的变更或变化。最后项目各干系人（承建方、建设方等）应该签署正式的书面文件予以确认。

2. 项目的相关文档准备

项目文档是项目整个生命期的详细记录，是项目成果的重要体现形式。项目文档既是项目评价和验收的标准，也是项目交接、维护和后评价的重要原始证明。对项目文档的要求必须是真实的资料提交给验收方，项目验收方只有在对资料验收合格后，才能开始项目的竣工验收工作。表4-3中列出了项目生命期中的各种文档。

表4-3　　　　　　　　　　　项目生命期文档种类

阶段	主要文档
启动阶段	战略分析报告、需求分析报告、可行性研究报告、设计方案、（立项）决策报告、项目章程等
计划阶段	总体计划书（含项目背景材料、项目目标、项目工作分解结构、进度、成本、资源、采购计划等）
实施控制阶段	采购招标书、采购合同、供应商资料、各种变更文件、现场会议纪要、备忘录、质量检测记录、项目绩效进展报告等
收尾阶段	质量验收报告、项目文件验收报告、项目验收确认报告、后评价资料等

3. 项目的验收

若项目顺利的通过验收，项目合同牵涉的各方就可以终止各自的义务和责任，获得相应的权益。项目团队可以总结经验，解散团队，使项目资源能够很快释放，从而利用到其他项目。验收活动包括：

（1）项目文件的验收

项目文件的验收是项目团队依据项目进行的不同阶段，按照合同条款有关资料验收的范围及清单，准备完成项目文件。然后项目经理应该组织项目团队进行自检和预验收。合格后将文件装订成册，按照文档管理方式妥善保管，并送交项目验收方进行验收。

项目验收方在收到项目交验的申请及文件后，应组织人员按照合同资料清单或档案法规的要求，对项目文件进行验收、清点。对合格的文件立卷、归档。对不合格或有缺损的文件，通知项目团队采取措施进行修改或补充。只有项目文件验收完全合格后，才进行项目的整体验收。

（2）项目质量验收

项目质量验收是考查和评价项目成功与否的重要方面，是依据项目计划阶段制订的质量计划中的范围划分、指标要求和相关合同中的质量条款，遵循相关的质量评定标准，对项目的质量进行认可评定和办理验收交接手续的过程。

项目质量评定包括主要内容有：详细评定项目各组成部分的质量等级，不同阶段的质量检测结果，项目质量的最终评价等。

4. 项目的后评价

项目后评价的目的是总结项目得与失，为将来的项目积累经验。后评价工作主要通过项目的评估会议来实现。

（1）内部的项目后评估会议

在项目结束后，内部后评估会议应尽快举行，并且提前宣布会议议题，便于与会人员的准备。会议中每个团队成员都应该是畅所欲言，阐述他们对项目工作绩效的认识、对团队管理工作的意见和建议、成员间的合作问题等，以及未来的项目应该做哪些改进工作。会议结束后，项目经理提炼出会议中的一些主要问题，为项目团队会议做好准备。

（2）最终用户的评价反馈

项目团队必须重视最终用户对项目的评估意见，项目结束后应与最终用户举行项目后评估会议。会议参与者应该包括项目经理、项目团队关键成员、用户的主要代表，甚至是企业的高级管理人员。

项目评估会议后，项目经理应该为管理层人员准备一份简要的书面项目后评价报告，作为项目绩效和建议的总结。

第 5 章　测量数据分析与处理

测量的目的是获取被测量的真实量值,但由于受到种种因素的影响,测量结果总是与被测量的真实量值不一致,即任何测量都不可避免地存在着测量误差。误差公理认为:在测量过程中各种各样测量误差的产生是不可避免的,测量误差自始至终存在于测量过程中,一切测量结果都存在误差。因此,误差的存在具有必然性和普遍性。

但是,我们不能因为误差的普遍存在,就对其无能为力或束手无策。测量数据的分析和处理就是对带有误差的测量数据进行可信性处理的手段和方法。其中涉及有效数字,对误差从多个维度的定义,不同误差的处理方法,以及对测得数据的处理方法。

5.1　测量误差的基本知识

随着科学技术的发展和人们认识水平的不断提高,测量误差被控制得越来越小,但是其存在仍是不可避免的。既然一切测量结果都存在误差,误差的存在具有必然性和普遍性,就需要用一系列的定义和概念去梳理和分析这些误差。

根据测量数据中的误差所呈现的规律,可以看出误差呈现出多种分类。从表现形式上误差可以分为绝对误差和相对误差。从产生来源上误差可以分为基本误差和附加误差。从性质特点上误差可以分为系统误差、随机误差和粗大误差。

5.1.1　误差的表示形式

在测量过程中,由于实验原理和实验方法的不完善,所采用的测量装置性能指标的局限,在环境中存在着各种干扰因素,以及操作人员技术水平的限制,必然使测量值与被测量的真实量值之间存在着差异。

测量结果与被测量的真实量值之间的差异,称为测量误差,简称误差。误差的表示方法有多种,含义各异。

从表现形式上误差可以分为绝对误差和相对误差。针对传感器系统和检测装置,绝对误差通常用允许误差表示出来,相对误差通常用引用误差表示出来。

1. 绝对误差

绝对误差又称示值误差,是测量结果的测量值与被测量的真实值之间的差值,即测量值不能准确表示真值的程度,它反映了测量质量的好坏,即

$$\Delta = x - L_0 \tag{5-1}$$

式中　Δ——绝对误差;
　　　L_0——真值;

x——测量值。

通常我们定义测量值为利用测量装置对被测物体的某个参数测得的值,又称示值。

真值是指在一定的时间和空间条件下,能够准确反映某一被测量真实状态和属性的量值,也就是某一被测量客观存在的、实际具有的量值。被测量的真值,常用约定真值或相对真值代替。

绝对误差的负值称为修正值,也称补值,一般用 C 表示,即

$$C = -\Delta = L_0 - x \tag{5-2}$$

对测量值进行修正时,要用到绝对误差。仪器的修正值一般是计量部门检定给出。示值加上修正值可获得真值,即实际值。

采用绝对误差表示测量误差,不能很好地说明测量质量的好坏。例如,在温度测量时,绝对误差 $\Delta=1℃$,对体温测量来说是不允许的,而对测量钢水温度来说却是一个极好的测量结果。

2. 相对误差

绝对误差与被测量真实值的比值称为相对误差,即

$$\gamma = \frac{\Delta}{L_0} \times 100\% \tag{5-3}$$

式中 γ——真值相对误差;
Δ——绝对误差;
L_0——真值。

由于被测量的真实值无法知道,实际测量时用测量值代替真实值进行计算,即用式(5-4)代替式(5-3),这个相对误差称为标称相对误差,即

$$\xi = \frac{\Delta}{x} \times 100\% \tag{5-4}$$

式中 ξ——标称相对误差;
Δ——绝对误差;
x——测量值。

在实际测量中,采用相对误差来表示测量误差能够较确切地表明测量的精确程度。相对误差主要用来评价测量结果的准确度,相对误差越小精确度越高。

3. 引用误差

绝对误差和相对误差仅能表明某个测量点的误差程度或此点的测量精度。实际的测量装置(或称测量仪器或测量仪表)往往可以在一个测量范围内使用,为了表明测量装置的精确程度而引入了引用误差。

引用误差是一种实用方便的相对误差,常常在多档和连续刻度的仪器仪表中使用。这类仪器仪表的测量范围是一个量程,这时按照式(5-3)和式(5-4)计算,由于分母是随着被测量的变化而变化成为变量,所以计算很麻烦。

(1) 引用误差的公式

测量时用测量装置的量程代替真实值或测量值进行计算的相对误差,称为引用误差。其定义为满量程绝对误差 Δ 与测量装置的量程 R 的比值,也用百分数来表示,即

$$\delta = \frac{\Delta}{R} \times 100\% \tag{5-5}$$

式中 δ——引用误差;

Δ——满量程绝对误差;

R——测量装置满量程。

测量装置的量程 R 是指测量装置测量范围上限与测量范围下限之差,即

$$R = L_{\max} - L_{\min} \tag{5-6}$$

式中 $L_{\max}$——测量装置测量范围上限;

$L_{\min}$——测量装置测量范围下限。

引用误差实际上是采用相对误差形式来表示测量装置所具有的测量精确程度。

测量装置在测量范围内的最大引用误差,称为最大引用误差 $\delta_{\max}$,它等于测量装置测量范围内最大的绝对误差 $\Delta_{\max}$ 与量程 R 之比的绝对值,即

$$\delta_{\max} = \left| \frac{\Delta_{\max}}{R} \right| \times 100\% \tag{5-7}$$

式中 $\delta_{\max}$——最大引用误差;

$\Delta_{\max}$——测量范围内最大的绝对误差;

R——测量装置满量程。

(2) 精度与最大引用误差

最大引用误差是测量装置基本误差的主要形式,故称为测量装置的基本误差。我国测量装置的准确度等级就是按照最大引用误差进行分级的。通常用最大引用误差去掉正负号和百分号后的数字来表示准确度等级,准确度等级用符号 G 表示。

国家标准 GB/T 13283—2008《工业过程测量和控制用检测仪表和显示仪表精确度等级》规定,测量指示仪表的准确度等级 G 分为:0.1、0.2、0.5、1.0、1.5、2.5、5.0 七个等级。

对应的最大引用误差分别为:0.1%、0.2%、0.5%、1.0%、1.5%、2.5%、5.0%。

检测仪器的准确度等级由生产厂商根据其最大引用误差的大小并以"选大不选小"的原则就近套用上述准确度等级得到。

(3) 一次测量最大误差的估计

当一个仪表的准确度等级 g 选定后,用此表测量某一被测量时,可能产生的最大绝对误差为

$$\Delta_{\max} = \pm R \times g\% \tag{5-8}$$

式中 $\Delta_{\max}$——测量范围内最大绝对误差;

R——测量装置满量程;

g——仪表的准确度等级。

绝对误差的最大值与该仪表的标称范围(或量程)上限 $L_{\max}$ 成正比。最大相对误差为

$$\delta_{\max} = \frac{\Delta_{\max}}{x} = \pm \frac{R}{x} \times g\% \tag{5-9}$$

式中 $\delta_{\max}$——最大相对误差;

$\Delta_{\max}$——测量范围内最大绝对误差;

R——测量装置满量程;

g——仪表的准确度等级;

x——测量值。

可见，选定仪表后，被测量的值越接近于标称范围（或量程）上限，测量的相对误差越小，测量越准确。

测量装置产生的测量误差不但与仪表精度等级有关，而且还与量程有关。

由于对于同一等级的检测仪器，其绝对误差随满量程值的增大而增大，为提高测量的准确度，需要被测量与仪表的量程相适应，被测量一般应在满量程的 2/3 以上。

4. 允许误差

测量装置应保证在规定的使用条件下其引用误差限值不超过某个规定值，这个规定值称为仪表的允许误差，有时称为容许误差。允许误差能够很好地表征测量装置的测量精确程度，它是测量装置最主要的质量指标之一。

允许误差为绝对误差的最大值，仪表量程的最小分度应不小于最大允许误差，是技术标准、检定规程等对计量器具所规定的允许极限值。

允许误差的表示方法通常用绝对误差来表示，即

$$\Delta = \pm(g\% \cdot x + \delta\% \cdot R) \tag{5-10}$$

式中　Δ——满量程绝对误差；

　　　g——仪表的准确度等级；

　　　x——测量值；

　　　δ——引用误差；

　　　R——测量装置量程。

5.1.2　有效数字

测量结果都是包含误差的近似数据，在其记录、计算时应以测量可能达到的精度为依据来确定数据位数和取位。如果参加计算的数据位数取少了，就会损害测量成果的精度并影响计算结果的应有精度；如果位数取多了，易使人误认为测量精度很高，且增加了不必要的计算工作量。

1. 有效数字定义

一般而言，对一个数据取其可靠位数的全部数字加上第一位可疑数字，就称为这个数据的有效数字。也就是说，考虑了误差以后有意义的数字称为有效数字。或者说，由数字组成的一个数，除末一位数字是不确切或可疑值外，其他数字均为确切值，则该数的所有数字称为有效数字。

测量结果保留有效位数的原则：最末一位数字是不可靠的，而倒数第二位数字是可靠的。

数学上：$0.25 = 0.2500$

测量上：$0.25m \neq 25.00cm$

有效数字位数越多，测量精度越高。图 5-1 (a) 所示有效数字位数为三位，图 5-1 (b) 所示有效数字位数为两位。

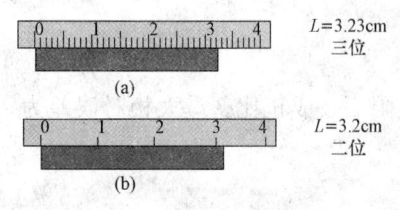

图 5-1　测量精度与有效位数
(a) 分度值 1mm；(b) 分度值 1mm

2. 有效数字的应用规则

（1）一般规则

一般来讲，有效数字的表示或运算过程中，有很多规则。为了应用方便，我们本着实用

的原则,加以选择后,将其归纳整理如下。

1)可靠数字之间运算的结果为可靠数字。

2)可靠数字与存疑数字,存疑数字与存疑数字之间运算的结果为存疑数字。

3)测量数据一般只保留一位存疑数字。

4)运算结果的有效数字位数不由数学或物理常数来确定,数学与物理常数的有效数字位数可任意选取,一般选取的位数应比测量数据中位数最少者多取一位。例如:圆周率可取 3.14 或 3.142 或 3.1416…;在圆周长公式 $S = 2\pi r$ 中,计算结果不能由于"2"的存在而只取一位存疑数字,而要根据测量值 r 的有效数字位数来决定。

5)运算结果将多余的存疑数字舍去时应按照"四舍六入五凑偶"的法则进行处理。即小于等于四则舍;大于六则入;等于五时,根据其前一位按奇入偶舍处理(等几率原则)。例如,3.625 化为 3.62,4.235 则化为 4.24。

(2)运算规则

1)有效数字相加(减)的结果末位数字所在位置,应按各量中存疑数字所在数位最前的一个为准来决定。例如:对于 $30.4 + 4.325 = 34.725$ 和 $26.65 - 3.905 = 22.745$ 算式来讲,应该取 $30.4 + 4.325 = 34.7$ 和 $26.65 - 3.905 = 22.74$。

2)乘除运算后的有效数字位数与参与运算的数字中有效数字位数最少的相同。由此规则可推知:乘方,开方后的有效数字位数与被乘方和被开方之数的有效数字的位数相同。

3)指数、对数、三角函数运算结果的有效数字位数由其改变量对应的数位决定。

4)有效数字位数要与不确定度位数综合考虑。

一般情况下,表示最后结果的不确定度的数值只保留 1 位,而最后结果的有效数字的最后一位与不确定度所在的位置对齐。如果实验测量中读取的数字没有存疑数字,不确定度通常需要保留两位。

3. 特别注意

以上的各条具体规则有一定适用范围,在通常情况下,由于近似的原因,如不严格要求可认为是正确的。

数据记录、运算的准确性要和测量的准确性相适应。误差一般只取一位有效数字(特殊情况下最多取两位有效数字),测量结果的末位数应与误差的末位数对齐。

例如:对于 $\bar{x} = 1.674 \text{cm}, \Delta_x = 0.04 \text{cm}$

$x = 1.674 \pm 0.04 \text{cm}$ 是错误的,正确的结果是:$x = 1.67 \pm 0.04 \text{cm}$。

5.1.3 误差的产生来源

从产生来源上误差可以分为:基本误差和附加误差。

误差是仪器仪表的重要质量指标。按有关规定,可以用基本误差和附加误差来表征仪器仪表的性能。

这些讨论基本针对仪表的静态误差。静态误差是指仪表静止状态时的误差,或被测量变化十分缓慢时所呈现的误差,此时不考虑仪表的惯性因素。仪表静态误差的应用更为普遍。

仪表还存在有动态误差,动态误差是指仪表因惯性迟延所引起的附加误差,或变化过程中的误差。

1. 基本误差

基本误差是测量装置在标准条件下使用时所具有的误差。用最大引用误差（准确度等级）或允许误差表示。

任何测量都是与环境条件相关的测量装置应用时应严格按规定执行的。

基本误差是指仪表在规定的标准条件下即参比工作条件进行测量所得到的误差，这些环境条件包括环境温度、相对湿度、电源电压和安装方式等。

例如，仪表是在电源电压（220±5）V、电网频率（50±2）Hz、环境温度（20±5）℃、湿度65%±5%的条件下标定的。如果这台仪表在这个条件下工作，则仪表所具有的误差为基本误差。测量装置的精度等级就是由基本误差决定的。

2. 附加误差

当仪表在使用中偏离了标准工作条件，除了基本误差外，还会产生附加误差。

附加误差是指当仪表的使用条件偏离额定条件下出现的误差。例如，温度附加误差、频率附加误差、电源电压波动附加误差等。

因此，如果在非参比工作条件下进行测量，此时获得的误差为

$$\Delta = \Delta_B + \Delta_A \qquad (5-11)$$

式中 Δ——误差；

Δ_B——基本误差；

Δ_A——附加误差。

5.1.4 误差的性质特点

从性质特点上误差可以分为：系统误差、随机误差和粗大误差。同样，这也是根据测量数据中的误差所呈现的规律得出的结论。

1. 系统误差

对同一被测量进行多次重复测量时，如果误差按照一定的规律出现，则把这种误差称为系统误差。例如，标准量值的不准确及仪表刻度的不准确而引起的误差。

引起系统误差的原因主要是仪表制造、安装、使用方法不正确，也可能是测量人员的一些不良的读数习惯引起的。

系统误差是一种有规律的误差，可以采用修正值或补偿校正的方法来减小或消除。

2. 随机误差

对同一被测量进行多次重复测量时，绝对值和符号不可预知地随机变化，但就误差的总体而言，具有一定的统计规律性的误差称为随机误差。

引起随机误差的原因是很多难以掌握或暂时未能掌握的微小因素，一般无法控制。如电磁场的微变，零件的摩擦，空气的扰动，气压或湿度的变化等。

对于随机误差不能用简单的修正值来修正，只能用概率和数理统计的方法去计算它出现的可能性大小。

3. 粗大误差

明显偏离测量结果的误差称为粗大误差，又称疏忽误差、过失误差，简称粗差。

这类误差是由于测量者疏忽大意或环境条件的突然变化而引起的。

对于粗大误差，首先应设法判断是否存在，然后将其剔除。

5.2 测量误差的处理方法

根据误差理论，从工程测量实践可知，任何一次测量中，一般都含有系统误差 ε 和随机误差 δ，即

$$\Delta = \varepsilon + \delta = x - L_0 \tag{5-12}$$

在一般工程测量中，系统误差远大于随机误差，即 $\varepsilon \gg \delta$，相对来讲随机误差可以忽略不计，此时只需处理和估计系统误差即可。在精密测量中，系统误差已经消除或小得可以忽略不计时，即 $\varepsilon \approx 0$，只需处理随机误差即可。

测量数据中含有系统误差和随机误差，有时还会含有粗大误差。它们的性质不同，对测量结果的影响及处理方法也不同。

在测量中，对测量数据进行处理时，首先判断测量数据中是否含有粗大误差，如果有，则必须加以剔除。再看数据中是否存在系统误差，对系统误差可设法消除或加以修正。对排除了系统误差和粗大误差的测量数据，则利用随机误差性质进行处理。

总之，对于不同情况的测量数据，首先要加以分析研究，判断情况，分别处理，再经综合整理以得出合乎科学性的结果。

5.2.1 系统误差的处理

1. 从误差根源上消除系统误差

(1) 系统误差的性质分析

系统误差是在一定的测量条件下，测量值中含有固定不变或按一定规律变化的误差。系统误差不具有抵偿性，重复测量也难以发现，在工程测量中应特别注意该项误差。

由于系统误差的特殊性，在处理方法上与随机误差完全不同。有效地找出系统误差的根源并减小或消除的关键是如何查找误差根源，这就需要对测量设备、测量对象和测量系统作全面分析，明确其中有无产生明显系统误差的因素，并采取相应措施予以修正或消除。由于具体条件不同，在分析查找误差根源时并无一成不变的方法，这与测量者的经验、水平及测量技术的发展密切相关。

(2) 系统误差的原因分析

可以从以下几个方面进行原因分析，使其早期发现和纠正。

1) 所用测量仪器仪表或组成元件是否准确可靠。比如测量装置或仪表灵敏度不足，仪表刻度不准确，变换器、放大器等性能不太优良，由这些引起的误差是常见的误差。

2) 测量方法是否完善。如用电压表测量电压，电压表的内阻对测量结果有影响。

3) 测量仪器仪表安装、调整或放置是否正确合理。例如没有调好仪表水平位置，安装时仪表指针偏心等都会引起误差。

4) 测量仪器仪表工作场所的环境条件是否符合规定条件。例如环境、温度、湿度、气压等的变化也会引起误差。

5) 测量者的操作是否正确。例如读数时的视差、视力疲劳等都会引起系统误差。

2. 系统误差的发现与判别

发现系统误差一般比较困难，下面只介绍几种发现系统误差的一般方法。

(1) 实验对比法

这种方法是通过改变产生系统误差的条件从而进行不同条件的测量,以发现系统误差。这种方法适用于发现固定的系统误差。

例如,一台测量装置本身存在固定的系统误差,即使进行多次测量也不能发现,只有用精度更高一级的测量装置测量,才能发现这台测量装置的系统误差。

(2) 残余误差观察法

这种方法是根据测量值的残余误差的大小和符号的变化规律,直接由误差数据或误差曲线图形判断有无变化的系统误差。

图 5-2 中把残余误差按测量值先后顺序排列,图 5-2 (a) 的残余误差排列后有递减的变值系统误差;图 5-2 (b) 则可能有周期性系统误差。

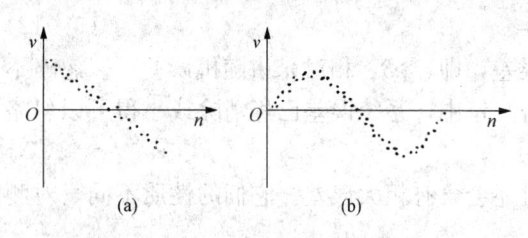

图 5-2 残余误差变化规律

(3) 准则检查法

已有多种准则供人们检验测量数据中是否含有系统误差。不过这些准则都有一定的适用范围。比如:

1) 马利科夫判据,是将残余误差前后各半分两组,分别计算中间项 i 项之前残余误差的总和"$\Sigma\Delta_{i前}$"与中间项 i 项之后残余误差的总和"$\Sigma\Delta_{i后}$",若"$\Sigma\Delta_{i前}$"与"$\Sigma\Delta_{i后}$"之差明显不为零,则可能含有线性系统误差。

2) 阿贝检验法,则检查残余误差是否偏离正态分布,若偏离,则可能存在变化的系统误差。将测量值的残余误差按测量顺序排列 $\Delta_1, \Delta_2, \cdots, \Delta_n$,且设

$$A = \Delta_1^2 + \Delta_2^2 + \cdots + \Delta_n^2$$
$$B = (\Delta_1 - \Delta_2)^2 + (\Delta_2 - \Delta_3)^2 + \cdots + (\Delta_{n-1} - \Delta_n)^2 + (\Delta_n - \Delta_1)^2,$$
$$\text{若} \left| \frac{B}{2A} - 1 \right| > \frac{1}{\sqrt{n}} \tag{5-13}$$

则可能含有变化的系统误差。

3. 系统误差的消除

(1) 在测量结果中进行修正

对于已知的系统误差,可以用修正值对测量结果进行修正;对于变值系统误差,设法找出误差的变化规律,用修正公式或修正曲线对测量结果进行修正;对未知系统误差,则按随机误差进行处理。

(2) 消除系统误差的根源

在测量之前,仔细检查仪表,正确调整和安装;防止外界干扰影响;选好观测位置,消除视差;选择环境条件比较稳定时进行读数等。

(3) 在测量系统中采用补偿措施

找出系统误差的规律,在测量过程中自动消除系统误差。如用热电偶测量温度时,热电偶参考端温度变化会引起系统误差,消除此误差的办法之一是在热电偶回路中加一个冷端补偿器,从而进行自动补偿。

(4) 实时反馈修正

由于自动化测量技术及微机的应用，可用实时反馈修正的办法来消除复杂的变化系统误差。当查明某种误差因素的变化对测量结果有明显的复杂影响时，应尽可能找出其影响测量结果的函数关系或近似的函数关系。

在测量过程中，用测量装置将这些误差因素的变化转换成某种物理量形式（一般为电量），及时按照其函数关系，通过计算机算出影响测量结果的误差值，对测量结果作实时的自动修正。

5.2.2 随机误差的处理

在测量中，当系统误差已设法消除或减小到可以忽略的程度时，如果测量数据仍有不稳定的现象，说明存在随机误差。

随机误差的处理任务是从随机数据中求出最接近真值的值（或称真值的最佳估计值），对数据精密度的高低（或称可信赖的程度）进行评定并给出测量结果。

1. 随机误差的正态分布曲线

在等精度测量情况下，测得 n 个测量值 x_1, x_2, $\cdots$, x_n，设只含有随机误差 δ_1, δ_2, $\cdots$, δ_n。这组测量值或随机误差都是随机事件，可以用概率数理统计的方法来研究。

(1) 随机误差的正态分布曲线特征

测量实践表明，多数测量的随机误差具有以下正态分布曲线特征：

1) 绝对值小的随机误差出现的概率大于绝对值大的随机误差出现的概率。
2) 随机误差的绝对值不会超出一定界限。
3) 测量次数 n 很大时，绝对值相等、符号相反的随机误差出现的概率相等。

由特征 3) 不难推出，当 $n \to \infty$ 时，随机误差的代数和趋近于零。

随机误差的上述三个特征，说明其分布实际上是单一峰值的和有界限的，且当测量次数无穷增加时，这类误差还具有对称性（即抵偿性）。

(2) 随机误差的正态分布计算

在大多数情况下，当测量次数足够多时，测量过程中产生的误差服从正态分布规律。分布密度函数为

$$y = f(x) = \frac{1}{\sigma\sqrt{2\pi}} e^{-\frac{(x-L)^2}{2\sigma^2}} \tag{5-14}$$

或：

$$y = f(\delta) = \frac{1}{\delta\sqrt{2\pi}} e^{-\frac{\delta^2}{2\sigma^2}} \tag{5-15}$$

式中　y——概率密度；

x——测量值（随机变量）；

σ——均方根偏差（标准误差）；

L_0——真值（随机变量 x 的数学期望）；

δ——随机误差（随机变量），$\delta = x - L_0$。

正态分布方程式的关系曲线为一条钟形的曲线，如图 5-3 所示，说明随机变量在 $x=L$ 或 $\delta=0$ 处的附近区域内具有最大概率。

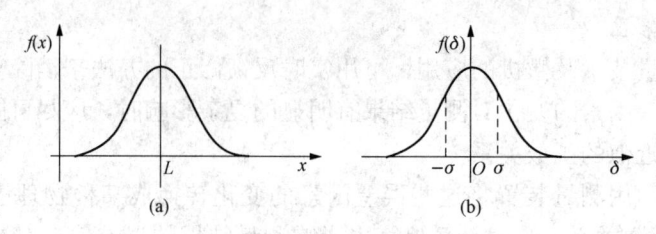

图 5-3　正态分布曲线

2. 随机误差的简单处理

在实际测量时，真值 L_0 不可能得到。但如果随机误差服从正态分布，则算术平均值处随机误差的概率密度最大。

(1) 算数平均值计算

对被测量进行等精度的 n 次测量，得 n 个测量值 x_1，x_2，$\cdots$，x_n，它们的算术平均值为

$$\overline{x} = \frac{1}{n}(x_1 + x_2 + \cdots + x_n) = \frac{1}{n}\sum_{i=1}^{n} x_i \tag{5-16}$$

算术平均值是诸测量值中最可信赖的，它可以作为等精度多次测量的结果。多次测量的算术平均值是待测量真值 L_0 的最佳估计值，称为近似真实值。

(2) 均方根偏差值计算

算术平均值是反映随机误差的分布中心，而均方根偏差则反映随机误差的分布范围。

均方根偏差越大，测量数据的分散范围也越大，所以均方根偏差 σ 可以描述测量数据和测量结果的精度。图 5-4 为不同 σ 下正态分布曲线。

由图可知：σ 越小，分布曲线越陡峭，说明随机变量的分散性小，测量精度高；反之，σ 越大，分布曲线越平坦，随机变量的分散性也大，则精度也低。

均方根偏差 σ 可由式 (5-17) 求取

$$\sigma = \sqrt{\frac{\sum_{i=1}^{n}(x_i - L)^2}{n}} = \sqrt{\frac{\sum_{i=1}^{n}\delta_i^2}{n}} \tag{5-17}$$

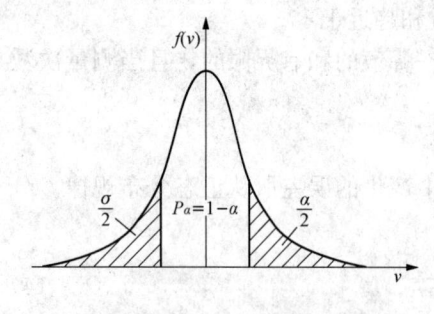

图 5-4　不同 σ 下正态分布曲线

式中　x_i——第 i 次测量值。

在实际测量时，由于真值 L 是无法确切知道的，用测量值的算术平均值 $\overline{x}$ 代替，各测量值与算术平均值的差值称为残余误差，即

$$\nu = x_i - \overline{x} \tag{5-18}$$

用残余误差计算的均方根偏差称为均方根偏差的估计值 σ_s，即：

$$\sigma_s = \sqrt{\frac{\sum_{i=1}^{n}(x_i - \overline{x})^2}{n-1}} = \sqrt{\frac{\sum_{i=1}^{n}\nu_i^2}{n-1}} \tag{5-19}$$

(3) 算数平均值的精度

通常在有限次测量时，算术平均值不可能等于被测量的真值 L_0，它也是随机变动的。设对被测量进行 m 组的"多次测量"，各组所得的算术平均值 $\overline{x}_1$，$\overline{x}_2$，$\cdots$，$\overline{x}_m$，围绕真值

L_0 有一定的分散性,也是随机变量。

算术平均值的精度可由算术平均值的均方根偏差来评定。它与 σ_s 的关系如下

$$\sigma_{\bar{x}} = \frac{\sigma_s}{\sqrt{n}} \qquad (5-20)$$

故

$$\int_{-\infty}^{+\infty} y \mathrm{d}\nu = 100\% = 1 \qquad (5-21)$$

σ 是正态分布的特征参数,误差区间通常表示成 σ 的倍数,如 $m\sigma$,其中 m 称为置信系数。由于随机误差分布对称性的特点,常常取对称的区间。表 5-1 给出几个典型的 m 值及其相对应的概率。

设随机误差在任意误差区间 (a,b) 出现的概率为 P,在 $\pm m\sigma$ 范围内出现的概率为置信概率 P_α,超出的概率称为显著度,用 α 表示,P_α 与 α 关系如图 5-5 所示。

$$\alpha = 1 - P_\alpha \qquad (5-22)$$

表 5-1　　　　　　　　　　　　　m 值及其相应的概率

m	0.6745	1	1.96	2	2.58	3	4
P_α	0.5	0.6827	0.95	0.9545	0.99	0.9973	0.99994

(4) 测量结果的表示方法

从表 5-1 可知,当 $m=\pm 1$ 时,$P_\alpha=0.6827$,即测量结果中随机误差出现在 $-\sigma \sim +\sigma$ 范围内的概率为 68.27%,而 $|\nu| > \sigma$ 的概率为 31.73%。出现在 $-3\sigma \sim +3\sigma$ 范围内的概率是 99.73%,因此可以认为绝对值大于 3σ 的误差是不可能出现的,通常把这个误差称为极限误差 $\sigma_{\lim}$。按照上面分析,测量结果可表示为

$$x = \bar{x} \pm \sigma_{\bar{x}} (P_\alpha = 0.6827) \qquad (5-23)$$

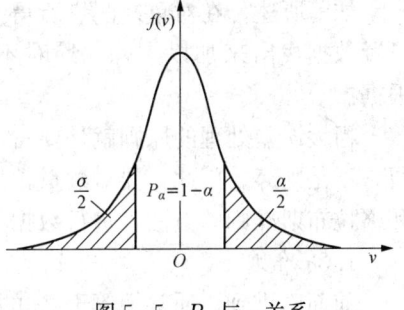

图 5-5　P_α 与 α 关系

或

$$x = \bar{x} \pm 3\sigma_{\bar{x}} (P_\alpha = 0.9973) \qquad (5-24)$$

【例 5-1】 有一组测量值为 237.4、237.2、237.9、237.1、238.1、237.5、237.4、237.6、237.6、237.4,求测量结果。

解 将测量值列于表 5-2。

表 5-2　　　　　　　　　　　　　测 量 值 列 表

序号	测量值 x_i	残余误差 ν_i	ν_i^2
1	237.4	−0.12	0.014
2	237.2	−0.32	0.10
3	237.9	0.38	0.14
4	237.1	0.42	0.18
5	237.1	0.58	0.34

续表

序号	测量值 x_i	残余误差 v_i	v_i^2
6	237.5	−0.02	0.00
7	237.4	−0.12	0.014
8	237.6	0.08	0.0064
9	237.6	0.08	0.0064
10	237.4	−0.12	0.014
	$\bar{x}=237.52$	$\sum v_i=0$	$\sum v_i^2=0.816$

因为 $\sigma_s = \sqrt{\dfrac{\sum v_i^2}{n-1}} = \sqrt{\dfrac{0.816}{10-1}} \approx 0.30$

所以 $\sigma_{\bar{x}} = \dfrac{\sigma_s}{\sqrt{n}} = \dfrac{0.30}{\sqrt{10}} \approx 0.09$

则，测量结果为

$$x = \bar{x} - \sigma_{\bar{x}} = 237.52 \pm 0.09 (P_a = 0.6827)$$

$$x = \bar{x} - 3\sigma_{\bar{x}} = 237.52 \pm 0.27 (P_a = 0.9973)$$

5.2.3 粗大误差的处理

如前所述，在对重复测量所得一组测量值进行数据处理之前，首先应将具有粗大误差的可疑数据找出来加以剔除。绝对不能凭主观意愿对数据任意进行取舍，而是要有一定的根据。

粗大误差处理的原则就是要看这个可疑值的误差是否仍处于随机误差的范围之内，是则留，不是则弃。因此，要对测量数据进行必要的检验。此时需要引入 3σ 准则、肖维勒准则和格拉布斯准则的方法，进行数据处理。

1. 3σ 准则

前面已讲到，通常把等于 3σ 的误差称为极限误差。3σ 准则就是如果一组测量数据中某个测量值的残余误差的绝对值 $|v_i|>3\sigma$ 时，则该测量值为可疑值（坏值），应剔除。

2. 肖维勒准则

肖维勒准则以正态分布为前提，假设多次重复测量所得 n 个测量值中，某个测量值的残余误差 $|v_i|>Z_c\sigma$，则剔除此数据。实用中 $Z_c<3$，所以在一定程度上弥补了 3σ 准则的不足。

肖维勒准则中的 Z_c 值见表 5-3。

表 5-3　　肖维勒准则中的 Z_c 值

n	3	4	5	6	7	8	9	10	11	12
Z_c	1.38	1.54	1.65	1.73	1.80	1.86	1.92	1.96	2.00	2.03
n	13	14	15	16	18	20	25	30	40	50
Z_c	2.07	2.10	2.13	2.15	2.20	2.24	2.33	2.39	2.49	2.58

3. 格拉布斯准则

某个测量值的残余误差的绝对值 $|\nu_i| > G_\sigma$,则判断此值中含有粗大误差,应予剔除,此即格拉布斯准则。

G 值与重复测量次数 n 和置信概率 P_a 有关,见表 5-4。

表 5-4　　　　　　　　　　格拉布斯准则中的 G 值

测量次数 n	置信概率 P_a		测量次数 n	置信概率 P_a	
	0.99	0.95		0.99	0.95
3	1.61	1.15	11	2.48	2.23
4	1.49	1.46	12	2.55	2.28
5	1.75	1.67	13	2.61	2.33
6	1.94	1.82	14	2.66	2.37
7	2.10	1.94	15	2.70	2.41
8	2.22	2.03	16	2.74	2.44
9	2.32	2.11	18	2.82	2.50
10	2.41	2.18	20	2.88	2.56

以上准则是以数据按正态分布为前提的,当偏离正态分布,特别是测量次数很少时,则判断的可靠性就差。因此,对粗大误差除用剔除准则外,更重要的是要提高工作人员的技术水平和工作责任心。另外,要保证测量条件稳定,防止因环境条件剧烈变化而产生的突变影响。

5.3　数据处理的基本方法

数据处理是指从获得数据开始到得出最后结论的整个加工过程,包括数据记录、整理、计算、分析和绘制图表等。数据处理是实验工作的重要内容,涉及的内容很多,这里仅介绍常用到的一些数据处理方法。

5.3.1　数据处理的简单方法

1. 列表法

(1) 列表法定义

对一个被测量进行多次测量或研究几个被测量之间的关系时,往往借助于列表法把实验数据列成表格。将实验数据列成适当的表格,可以使大量数据表达清晰醒目,条理化,易于检查数据和发现问题,避免差错,同时有助于反映出物理量之间的对应关系。

一个适当的数据表格可以提高数据处理的效率,减少或避免错误,所以一定要养成列表记录和处理数据的习惯,列表法没有统一格式,但在设计表格时要求能充分反映上述优点。

(2) 列表法做法

初学者在记录数据时需要注意以下几点:

1) 各栏目均应注明所记录的物理量名称（符号）和单位。
2) 栏目的顺序应充分注意数据间的联系和计算顺序，力求简明、齐全、有条理。
3) 表中的原始测量数据应正确反映有效数字，数据不应随便涂改，确实要修改数据时，应将原来数据画条杠以备随时查验。
4) 对于函数关系的数据表格，应按自变量由小到大或由大到小的顺序排列，以便于判断和处理。

表 5-5 的电阻随温度变化的关系，就是一个典型的列表法表示测量电阻随温度变化关系的处理方法。

表 5-5　　　　　　　　　　电阻随温度变化的关系

t (℃)	19.0	25.0	30.1	36.0	40.0	45.1	50.0
R (Ω)	76.30	77.80	79.75	80.80	82.35	83.90	85.10

2. 平均值法

在同样的测量条件下，对于某一物理量进行多次测量的结果由于误差不会完全一样，用多次测量的算术平均值作为测量结果，是真实值的最好近似。

虽然平均值法可以减小偶然误差，在使用该方法时需要注意：一是在什么情况下能用平均值法。例如，在测定玻璃折射率的实验中，应分别求出各组数据算出折射率后再求平均值，而不是各组数据取平均值后再求折射率。二是运用平均值法时，计算的平均值应按照原来测量装置的精确度决定保留位数。

3. 逐差法

当两个变量之间存在线性关系，且自变量为等差级数变化的情况下，用逐差法处理数据，既能充分利用实验数据，又具有减小误差的效果。具体做法是将测量得到的偶数组数据分成前后两组，将对应项分别相减，然后再求平均值。

运用逐差法时全部测量数据都用上，保持了多次测量的优点，减少了随机误差，计算结果比前面的要准确些。逐差法计算简便，特别是在检查具有线性关系的数据时，可随时"逐差验证"，及时发现数据规律或错误数据。

当 X 等间隔变化，且 X 的误差可以不计的条件下，对于

$$\begin{cases} X: X_1, X_3, \cdots, X_n, \cdots, X_{2n} \\ Y: Y_1, Y_3, \cdots, Y_n, \cdots Y_{2n} \end{cases} \quad (5-25)$$

将其分成两组

$$\begin{cases} \Delta Y_1 = Y_{n+1} - Y_1 \\ \Delta Y_2 = Y_{n+2} - Y_2 \\ \vdots \\ \Delta Y_2 = Y_{2n} - Y_n \end{cases} \quad (5-26)$$

进行逐差可求得

$$\overline{\Delta y} = \frac{1}{n} \sum \Delta y_i \quad (5-27)$$

【例 5-2】 按逐差法计算表 5-6 的误差。

表 5-6　　　　　　　　　　　砝码与弹簧伸长位置的关系

砝码质量（kg）	1.000	2.000	3.000	4.000	5.000	6.000	7.000	8.000
弹簧伸长位置（cm）	x_1	x_2	x_3	x_4	x_5	x_6	x_7	x_8

解

按照式（5-25）、式（5-26），如果误差 Δx 的计算如下

$$\Delta x = \frac{1}{7}[(x_2-x_1)+(x_3-x_2)+\cdots+(x_8-x_7)] = \frac{1}{7}(x_8-x_1)$$

这是错误的。

正确计算应该按照式（5-27）求得，即

$$\Delta x = \frac{1}{4}[(x_5-x_1)+(x_6-x_2)+(x_7-x_3)+(x_8-x_4)]$$

5.3.2　数据处理的作图法

利用实验数据，将实验中的被测量之间的函数关系利用几何图线表示出来，这种方法称为作图法。

在运用作图法时，常有以下步骤。

1. 选择图纸

作图纸有直角坐标纸（即毫米方格纸）、对数坐标纸和极坐标纸等，根据作图需要选择。比较常用的是毫米方格纸。

2. 曲线改直

由于直线最易描绘，且直线方程的两个参数（斜率和截距）也较易算得。所以，当两个变量之间的函数关系是非线性时，在用图解法时应尽可能通过变量代换，将非线性的函数曲线转变为线性函数的直线。下面为几种常用的变换方法。

（1）倒数法

对于像 $xy=c$（c 为常数）的，令 $z=1/x$，则 $y=cz$，即 y 与 z 为线性关系。坐标轴选 y 与 z 的话，则可以选用直角坐标。

（2）平方法

对于像 $x=c\sqrt{y}$（c 为常数）的，令 $z=x^2$，则 $y=\frac{1}{c^2}z$，即 y 与 z 为线性关系。坐标轴选 y 与 z 的话，则可以选用直角坐标。

（3）对数法

对于像 $y=ax^b$（a 和 b 为常数）的，等式两边取对数得 $\lg y = \lg a + b\lg x$。于是，$\lg y$ 与 $\lg x$ 为线性关系，b 为斜率，$\lg a$ 为截距。坐标轴选 $\lg y$ 与 $\lg x$ 的话，则可以选用对数坐标。

（4）自然对数法

对于像 $y=ae^{bx}$（a 和 b 为常数）的。等式两边取自然对数得，$\ln y = \ln a + bx$。于是，$\ln y$ 与 x 为线性关系，b 为斜率，$\ln a$ 为截距。坐标轴选 $\ln y$ 与 x 的话，则可以选用自然对数坐标。

3. 确定坐标比例与标度

合理选择坐标比例是作图法的关键所在。作图时通常以自变量作横坐标（x 轴），因变量作纵坐标（y 轴）。坐标轴确定后，用粗实线在坐标纸上描出坐标轴，用箭头标轴方向，并注明坐标轴所代表被测量的符号和单位。

坐标比例是指坐标轴上单位长度（通常为 1cm）所代表的被测量大小。坐标比例的选取应注意以下几点：

1) 原则上做到数据中的可靠数字在图上应是可靠的，即坐标轴上的最小分度（1mm）对应于实验数据的最后一位准确数字。坐标比例选得不适当时，若过小会损害数据的准确度；若过大会夸大数据的准确度，并且使实验点过于分散，对确定图线的位置造成困难。

2) 坐标比例的选取应以便于读数为原则，常用的比例为"1∶1""1∶2""1∶5"（包括"1∶0.1""1∶10"…），即每厘米代表"1、2、5"倍率单位的物理量。切勿采用复杂的比例关系，如"1∶3""1∶7""1∶9"等。这样不但不易绘图，而且读数困难。

3) 坐标比例确定后，应对坐标轴进行标度，即在坐标轴上均匀地标出所代表被测量的整齐数值，标记所用的有效数字位数应与实验数据的有效数字位数相同。标度不一定从零开始，一般用小于实验数据最小值的某一数作为坐标轴的起始点，用大于实验数据最大值的某一数作为终点，这样图纸可以被充分利用。

4. 数据点的标出

实验数据点在图纸上用"十"符号标出，符号的交叉点正是数据点的位置。若在同一张图上作几条实验曲线，各条曲线的实验数据点应该用不同符号（如×、⊙等）标出，以示区别。

5. 曲线的描绘

由实验数据点描绘出平滑的实验曲线，连线要用透明直尺或三角板、曲线板等拟合。根据随机误差理论，实验数据应均匀分布在曲线两侧，与曲线的距离尽可能小。个别偏离曲线较远的点，应检查标点是否错误，若无误表明该点可能是错误数据，在连线时不予考虑。对于仪器仪表的校准曲线和定标曲线，连接时应将相邻的两点连成直线，整个曲线呈折线形状。

6. 注解与说明

在图纸上要写明图线的名称、坐标比例及必要的说明（主要指实验条件：温度、压力等），并在恰当地方注明作者姓名、日期等。

7. 直线图解法求待定常数

利用作图法，可以采用非线性方次不高，或者输入量变化范围较小时的非线性曲线，可以用端基法将经过基点的一条直线（切线—经过一个基点或割线—经过两个基点）近似地代表实际曲线的一段，使测量装置的输出—输入特性线性化。

直线图解法是最好的拟合直线方程求解法。直线图解法首先是求出斜率和截距，进而得出完整的线性方程。其步骤如下：

(1) 选点

在直线上紧靠实验数据的两个端点内侧取两点 $A(x_1, y_1)$、$B(x_2, y_2)$，并用不同于实验数据的符号标明，在符号旁边注明其坐标值（注意有效数字）。若选取的两点距离较近，计算斜率时会减少有效数字的位数。这两点必须是直线上的点，不能在实验数据范围以外取点，因为它已无实验根据。如果直线不过原始测量数据点，也不能将其直接使用来计算斜率。

(2) 求斜率

设直线方程为 $y = a + bx$，则斜率为

$$b = \frac{y_2 - y_1}{x_2 - x_1} \tag{5-28}$$

(3) 求截距

截距的计算公式为

$$a = y_1 - bx_1 \tag{5-29}$$

8. 计算非线性误差

利用作图法，可以采用非线性方次不高，或者输入量变化范围较小时的非线性曲线，用一条直线（切线或割线）近似地代表实际曲线的一段，使测量装置输出—输入特性线性化。所采用的直线称为拟合直线。直线图解法是最好的拟合直线方程求解的方法。

9. 作图法举例

【例 5-3】 根据表 5-5 所示数据，按作图法绘图并求出电阻随温度变化的拟合直线的直线方程，测量装置的灵敏度和本次测量的非线性误差。

解

(1) 选择图纸

选直角坐标纸，使用毫米方格纸。

(2) 确定坐标比例与标度

自变量温度 t 作横坐标（x 轴），因变量电阻 R 作纵坐标（y 轴）。用粗实线在坐标纸上描出坐标轴，用箭头标轴方向，并注明坐标轴所代表被测量的符号和单位。

坐标比例横坐标 $t = 5℃/\text{cm}$，纵坐标 $R = 1\Omega/\text{cm}$。

(3) 标出数据点

将上述表格中的数据点在图纸上用"×"符号标出，符号的交叉点正是数据点的位置。

(4) 描绘曲线

由数据点描绘出平滑的实验曲线，相邻两点连成直线，整个曲线呈折线形状。如图 5-6 中红线所示。

(5) 描绘直线

在图纸上用直尺寻找与各个数据点都接近的一条直线。如图 5-6 中实线所示。

(6) 选点

在直线上紧靠实验数据两个端点内侧取两点 A (19.0，76.30)、B (45.1，86.00)，并用"△"符号标明，在符号旁边注明其坐标值。

(7) 求拟合直线的直线方程和测量装置的灵敏度

设拟合直线方程为 $R = a + bt$，依式（5-28）则斜率为

$$b = \frac{R_B - R_A}{t_B - t_A} = \frac{83.90 - 76.30}{45.1 - 19.0} = 0.29 \Omega/℃$$

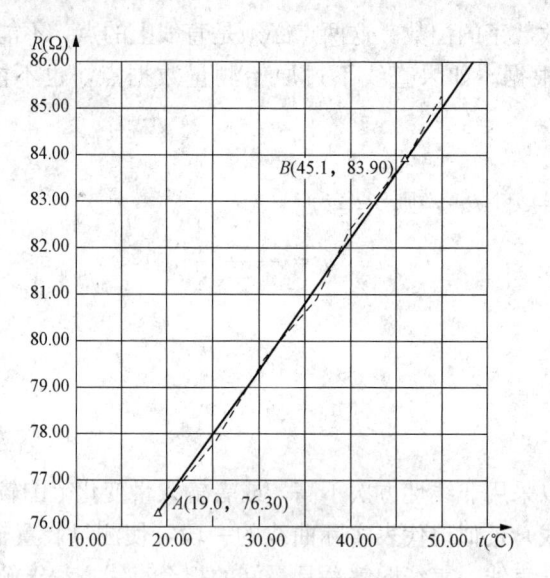

图 5-6 电阻随温度变化曲线

依式（5-29）则截距为
$$a = R_A - bt_A = 76.30 - 0.29 \times 19.0 = 70.77\Omega$$
则直线方程为
$$R = 70.77 + 0.29t \tag{5-30}$$
由于直线方程的斜率就是测量装置的灵敏度。因此，其灵敏度 $S=0.291\Omega/℃$

（8）计算非线性误差

图 5-6 中用一条直线近似地代表实际曲线的一段，使测量装置输出—输入特性线性化。但是，有一些地方并不能无误差的表示其测量值。

从实验曲线图中可发现：$t=25℃$ 时，误差最大 $\Delta L_{max} = R_{25} - R'_{25}$

由于测量值可以直接查得，$R_{25} = 77.80\Omega$

计算值可以从拟合直线方程式（5-30）计算获得，$R'_{25} = 70.77 + 0.29t = 70.77 + 0.29 \times 25 = 78.02\Omega$

故 $\Delta L_{max} = R_{25} - R'_{25} = 77.80 - 78.05 = -0.22\Omega$

由于全量程是 $Y_{FS} = R_{max} - R'_{min} = 85.10 - 76.30 = 8.8\Omega$

所以 $\delta_b = \left|\dfrac{\Delta L_{max}}{Y_{FS}}\right| \times 100\% = \left|\dfrac{-0.22}{8.8}\right| \times 100\% = 2.5\%$

10. 作图法特点

作图法不仅能简明、直观、形象的显示物理量之间的关系，而且有助于我们研究物理量之间的变化规律，找出物理量之间的函数关系或求出相关的物理量。同时，所作的图线对测量数据起到平均值的作用，从而减小随机误差的影响。此外，还可以作出仪器的校正曲线，帮助发现实验中的某些错误等。

当然，作图法也有一些缺点。比如：有一定任意性，人为因素很重，故不能求不确定度。而且同一个测量装置测得的数据，选点不同，其拟合直线也不同，线性度也是不同的。

选取拟合直线的方法很多，除了上述的端基法之外，用最小二乘法求取的拟合直线的拟合精度最高。

5.3.3 数据处理的最小二乘法

作图法虽然在数据处理中是一个很便利的方法,但在图线的绘制上往往带有较大的任意性,所得的结果也常常因人而异,而且很难对它作进一步的误差分析。

为了克服这些缺点,在数理统计中研究了直线拟合问题(或称一元线性回归问题),常用一种以最小二乘法为基础的实验数据处理方法。由于某些曲线型的函数可以通过适当的数学变换而改写成直线方程,这一方法也适用于某些曲线型的规律。运用最小二乘法进行直线拟合,效果优于作图法。

1. 最小二乘法的基本概念

在处理数据时,常要把实验获得的一系列数据点描成曲线表反映物理量间的关系。为了使曲线能代替数据点的分布规律,则要求所描曲线是平滑的,即要尽可能使各数据点对称且均匀分布在曲线两侧。

对于上述的几种方法,比如作图法,由于目测有误差,所以对于同一组数据点,不同的实验者可能描成几条不同的曲线(或直线),而且似乎都满足上述平滑条件。那么,究竟哪一条是最曲线呢?这一问题就是"曲线拟合"问题。

(1) 曲线拟合的任务

一般来说,"曲线拟合"的任务有两个:

1) 在物理量 y 与 x 间的函数关系已经确定时,只有其中的常数未定(及具体形式未定)时,根据数据点拟合出各常数的最佳值。

2) 在物理量 y 与 x 间函数关系未知时,从函数点拟合出 y 与 x 函数关系的经验公式以及求出各个常数的最佳值。

(2) 最小二乘法的思路

1) 为了精确地描述 y 与 x 之间的关系,必须使用这两个变量的每一对观察值,才不至于以点概面。

2) y 与 x 之间是否是直线关系(协方差或相关系数)。若是,将用一条直线描述它们之间的关系。

3) 找出判断"最好"的原则。最好指的是找一条直线使得这些点到该直线的纵向距离的和(平方和)最小。

(3) 最佳经验公式中参数的求解

在很多实验中,x 和 y 这两个物理量中总有一个物理量的测量精度要比另一个高很多,其测量误差可以忽略。通常把它作为自变量 x,其测量值 x_i 可以看作是准确值。对应于某个 x_i 值,另一个 y 的测量值 y_i 是随机变量。设 x 和 y 的函数关系由理论公式式(5-31)给出,即

$$y = f(x, c_1, c_2, \ldots, c_m) \tag{5-31}$$

其中,$c_1, c_2, \cdots, c_m$ 是需要通过拟合确定的参数。

通过实验,等精度地测得一组实验数据 $(x_i, y_i, i = 1, 2\cdots, n)$,设这两个物理量 x、y 满足线性关系,且假定实验误差主要出现在 y_i 上,设拟合直线公式为

$$y = f(x) = a + bx \tag{5-32}$$

当所测各 y_i 值与拟合直线上各估计值 $f(x_i) = a + bx_i$ 之间偏差的平方和最小，即

$$s = \sum [y_i - f(x_i)]^2 = \sum [y_i - (a+bx_i)]^2 \longrightarrow \min \tag{5-33}$$

所得拟合公式即为最佳经验公式，据此解得

$$a = \frac{\sum x_i y_i \sum x_i - \sum y_i \sum x_i^2}{(\sum x_i)^2 - n\sum x_i^2}, \quad b = \frac{\sum x_i \sum y_i - n\sum x_i y_i}{(\sum x_i)^2 - n\sum x_i^2} \tag{5-34}$$

即

$$a + b\frac{\sum x_i}{n} = \frac{\sum y_i}{n}, \quad a\frac{\sum x_i}{n} + b\frac{\sum x_i^2}{n} = \frac{\sum y_i x_i}{n} \tag{5-35}$$

2. 最小二乘法应用举例

【例 5-4】 根据表 5-5 所示数据，试用最小二乘法确定电阻随温度变化的拟合直线的直线方程关系式。

解 设直线方程为 $R = a + bt$，依式 (5-35) 则：

(1) 列表计算下列各值，即

$$\sum t_i, \sum R_i, \sum t_i^2, \sum R_i t_i$$

将上述值分别求得，见表 5-7：

表 5-7　　　　　　　　　　　　　　[例 5-4] 附表

n	t (℃)	R/Ω	t^2 (℃^{2})	Rt/Ω℃
1	19.1	76.30	365	1457
2	25.0	77.80	625	1945
3	30.1	79.50	906	2400
4	36.0	80.80	1296	2909
5	40.0	82.35	1600	3294
6	45.1	83.90	2034	3784
7	50.0	85.10	2500	4255
$n=7$	$\sum t_i = 245.3$	$\sum R_i = 566.00$	$\sum t_i^2 = 9326$	$\sum R_i t_i = 20044$

(2) 写出 a、b 的最佳值，满足方程 $R = a + bt$，由于

$$a + b\frac{\sum t_i}{n} = \frac{\sum R_i}{n}, \quad a\frac{\sum t_i}{n} + b\frac{\sum t_i^2}{n} = \frac{\sum R_i t_i}{n}$$

可得方程组

$$\begin{cases} a + b\dfrac{245.3}{7} = \dfrac{566.00}{7} \\ a\dfrac{245.3}{7} + b\dfrac{9326}{7} = \dfrac{20044}{7} \end{cases}$$

解得

$$\begin{cases} a = 70.79\Omega \\ b = 0.287\Omega(℃) \end{cases}$$

(3) 将上述 a、b 数值代入方程 $R=a+bt$，写出待求关系式

$$R = 70.79 + 0.287t \tag{5-36}$$

比较式（5-30）可见，式（5-36）的精度更高。

第6章 技术类文档及其编写

实验报告、实训报告、实习周记、实习报告的写作，是工科学生在学校的实践课程学习中不可或缺的几个重要环节。课程设计、毕业设计、毕业论文的撰写，是工科学生在学校的大作业类课程学习中必须合格的几个重要部分。书写工作汇报、工作总结、工作说明，是工科学生毕业后实际工作的日常。编写技术规格书、产品说明书、产品技术资料，更是工科学生在技术工作岗位中必须具有的工作能力。

因为这些技术类文档的编写能力是衡量一个工科学生是否获得良好职业生涯的基本能力，所以，本章将讲解实验实训类报告、实习周记和实习报告、毕业论文和学术论文、技术文档等的书写格式、方法和步骤。本章只是对这些内容进行梳理，使读者对此类文档有粗浅认识，掌握基本写作方法，重要的是在实际学习和工作中不断地实践和应用。

6.1 实验实训类报告及其书写

6.1.1 实验实训类报告

实验实训类报告，简称实验报告，是描述、记录某个实验实训过程和结果的一种科技应用文体。撰写实验报告是科学和技术工作不可缺少的重要环节。

虽然实验报告与科技论文一样都以文字形式阐明了科学研究成果，但二者在内容和表达方式上仍有所差别。科技论文一般是把成功的实验结果作为论证科学观点的根据。实验报告则客观地记录实验的过程和结果，着重告知一项科学事实，不夹带实验者的主观看法。

实验报告的书写是一项重要的基本技能训练。它不仅是对每次实验实训的总结，更重要的是它可以初步地培养和训练学生的逻辑归纳能力、综合分析能力和文字表达能力。因此，参加实验实训的每位学生，均应及时认真地书写实验报告。要求内容实事求是，分析全面具体，文字简练通顺，誊写清楚整洁。

1. 实验报告的种类

一般来讲，实验类报告有以下四种：①基于科学研究的探究性实验报告；②基于某种参数的提取的检测性检验报告；③基于某种规律或定律或现象的验证性实验报告；④基于掌握操作的基本步骤与练习的训练性实训报告。

(1) 探究性实验报告

探究性实验报告是在科学研究活动中，人们为了检验某一种科学理论或假设，通过实验中的观察、分析、综合、判断，如实地把实验的全过程和实验结果用文字形式记录下来的书面材料。其具有情报交流的作用和保留资料的作用。

(2) 检测性检验报告

检测性检验报告一般出现在工业生产或医疗方面或者是检验检疫方面，是人们为了从某种检材中定性的提取出或排除某种元素，或者定量的检出其含量，用特定的仪器仪表，运用定式化的检测步骤完成实验所做的书面报告。这种报告基本是固定格式，常使用专用的报告单，不具有情报交流的作用，但是具有保留资料的作用。

(3) 验证性实验报告

验证性实验报告是在某门课程的学习过程中，学生为了了解某种理论、掌握某种规律与定律，在特定条件下，由教师限定实验设备与实验步骤，学生通过实验进行观察、测量、记录，如实的用数据记录下来的书面材料。这类实验往往是从上述探究性试验报告中提炼和简化并挑选出来的典型类别，不具有情报交流的作用和保留资料的作用。

(4) 训练性实训报告

训练性实训报告是用于某种工作、某个岗位或某个设备的操作人员的训练。采用某种设备按照其固有操作要求，进行的按照一定的规定、要求，依照一定的步骤和方法完成训练后，由被培训者依照一定的要求书写的书面报告。这种报告主要是考核被训者对训练项目的掌握程度的检验工具，也不具有情报交流的作用和保留资料的作用。

2. 实验报告的特点

无论是探究性实验报告、检测性检验报告、验证性实验报告，还是训练性实训报告，只要是实验报告，其具有的特点是共同的。

(1) 实验报告必须具有正确性

实验报告的写作对象是实验的客观事实，其内容必须科学、正确，表述真实、质朴，判断恰当。

(2) 实验报告必须具有客观性

实验报告以客观的事实为写作对象，它是对客观事实的实验过程和结果的真实记录。虽然也要表明对某些问题的观点和意见，但这些观点和意见都是在客观事实的基础上提出的。

(3) 实验报告一定具有确证性

确证性是指实验报告中记载的实验结果能被任何人所重复和证实。也就是说，任何人按给定的条件去重复这项实验，无论何时何地，都能观察到相同的科学现象，得到同样的结果。

(4) 实验报告须具有可读性

可读性是指为使读者了解复杂的实验过程。实验报告的写作除了以文字叙述和说明以外，还常常借助画图像、列表格、作曲线图等文式，说明实验的基本原理和各步骤之间的关系，解释实验结果等。

(5) 实验报告需要有纪实性

对实验的过程、步骤、方式方法和结果，必须如实记录，不能编造数据和增添臆想的成分。

6.1.2　训练性实训报告

职业教育区别于普通大学教育就在于专业技能的学习，专业技能很大程度需要在实训课中训练出来，实训报告书作为实训课的一个总结，对于实训的作用是至关重要的。

1. 训练性实训报告的概念

课程实训在高职教育中举足轻重,不仅为学生提供了一个理论与实践联系的平台,而且是提高学生动手能力与专业技能的一个重要途径。因此,实训课程应该面向具体职业岗位,参照职业资格标准来开展;同时,将企业环境引入实训教学,实训过程实行生产化管理,提高实训教学的针对性和有效性。

实训报告的书写是一项重要的基本技能。它不仅是对每次实训的总结,更重要的是它可以初步地培养和训练学生的逻辑归纳能力、综合分析能力和文字表达能力,是论文写作的基础,也是技术性报告写作的基础。因此,参加实训的每位学生,均应及时认真地书写实训报告。要求内容实事求是,分析全面具体,文字简练通顺,誊写清楚整洁。

实训报告必须在科学的基础上进行。成功的或失败的实训结果的记载,有利于不断积累研究资料,总结研究成果,提高实验者的观察能力、分析问题和解决问题的能力。

2. 撰写时的注意事项

写实训报告是一件非常严肃、认真的工作,要讲究科学性、准确性、求实性。在撰写过程中,常见错误有以下几种:

(1) 编造数据

在实训时,由于观察不细致、不认真,没有及时、准确、如实记录,结果不能准确地写出所发生的各种现象,不能恰如其分。因而,不能实事求是地分析各种现象发生的原因。

因此,在记录中,一定要看到什么就记录什么,不能弄虚作假。为了印证一些实验现象而修改数据,造假实验现象等做法,都是不允许的。

(2) 叙述问题

由于对实训的重视程度不够,理论知识不扎实、实际操作不合理,导致说明不准确,或层次不清晰。无法真实、有效、客观、正确的叙述整个实训过程。

(3) 术语问题

往往出于专业素养不够,没有尽量采用专用术语来说明事物。

例如:"用棍子在混合物里转动"一语,就不如应用专用术语"搅拌"为好,既可使文字简洁明白,又合乎实验情况。

(4) 格式问题

在撰写实训报告时,由于自己的语文素养不够,或者是 word 等办公软件的应用能力较差,使得在格式上往往出很多问题。比如,字体大小不一、行间距不等、首行无缩进、编号杂乱无章、一逗到底、不分段落等。

此外,外文、符号、公式不准确,没有使用统一规定的名词和符号等。

6.1.3 实训报告的结构

1. 实训名称及相关信息

实训名称,即标题,集中反映了实训内容。

要用最简练的语言反映实训内容,比如,"某种设备测量某参数实训""某种设备在某方面的性能实训""某种设备加工某零件的实训"等。

还有一些要在报告封面体现的信息,比如:学生所在学校、系部、班级,学生姓名、学号及合作者,实验日期和地点,指导教师姓名等。

2. 实训目的

目的要明确，通常分成三个方面：知识层面、能力层面、素质层面。

在知识层面上，在理论上验证了某种效应、定理、公式、算法或工作原理，并使实训者对此种理论获得深刻和系统的理解。比如，验证并加深理解单臂电桥的工作原理。

在能力层面上，实训者掌握使用某设备、某工具在某方面的使用能力、应用技巧，比如，金属应变式传感器在测量载荷方面的应用能力，或者某种设备的维护维修方法，某种程序或软件的调试方法。

在素质层面上，一般需说明在整个实训过程中，如何体现出实训者的专业和职业素养。

3. 实训原理

在此阐述实验相关的主要原理。简要说明实训所依据的理论，包括重要定律、公式及据此推算的重要结果。就是要说明这个实训是根据什么来做的。不要简单地复述课本上的理论而缺乏自己主动思考的内容。

4. 实训环境或条件

实训环境或条件是指做实训需要的所有条件，通常包括实训所需要的硬件环境和软件环境。

硬件环境包括实训设备、实训材料、动力源等，往往是仪器、仪表、工具、计算机等。

软件环境包括实训设备、材料的说明文件，比如，图纸、操作说明书等。还包括，软件平台、操作系统、专用软件包等。

有时候，复杂的要写出设备的名称、型号、数量、原理、主要结构、型号、性能等。可按空间顺序介绍实验装置，按时间顺序说明操作程序。

5. 实训内容及过程

这是实训报告极其重要的内容，就是记录做实验的过程。开始操作时，第一步做了什么，第二步做了什么，第三步做了什么……。主要写操作步骤，不要照抄实习指导书的内容，要详细的描述每一个操作动作。

有时候还可以用框图的方式画出实训流程图，甚至是实训装置每一步的示意图，再配以相应的文字说明，这样既可以节省许多文字说明，又能使实训报告简明扼要，清楚明白。

有时候应写明依据何种原理、算法或操作方法来进行实训，以及较为详细的实训步骤，绝对不允许简单地照抄实训指导书。

6. 实训结果与数据分析

实训结果，即实训报告的主体。根据实训中涉及的以及实训得到的数据，需要设计表格，把原始记录的时间、条件、环境、偶然情况等，填在表格相应的位置，按顺序类别安排数字。必要时，还需要用图表表示，甚至可以用屏幕截图显示实训结果或测得的现象。原始资料应附在本次实训主要操作者的实训报告上，同组的合作者要复制这些原始资料。

此外，有时需要根据这些数据，用专业术语描述实训中所见现象，用误差和数理统计分析原理，对数据进行分析，确保数据准确，图表规范。即，先列出实训所运用的原始数据、实训结果或现象，写明实训的现象，并对实训数据或现象进行分析。

实训结果的表述有下列三种方法，可任选其中一种或几种方法并用，以获得最佳效果。

文字叙述：根据实训目的将实训结果系统化、条理化，用准确的专业术语客观地描述实训现象和结果，要有时间顺序及各项指标在时间上的关系。

图表：用表格或坐标图的方式使实训结果突出、清晰，便于相互比较，尤其适合于分组较多，且各组观察指标一致的实训，使组间异同一目了然。每一图表应有表目和计量单位，应说明一定的中心问题。

曲线图：应用记录仪器描记出的曲线图，这些指标的变化趋势形象生动、直观明了。

7. 实训报告讨论

讨论是在实训的基础上，分条讨论实训中所见到的现象、发现的规律，包括：影响实训报告的根本因素，扩大实训结果的途径，对所发现的规律和现象的解释。

需要讨论的还包括实训结果是否适合真实值，如果有误差还要讨论产生误差的原因，还要讨论实训的一些比较关键的步骤和注意事项等。

此外，根据相关的理论知识对所得到的实训结果进行解释和分析。如果所得到的实训结果和预期的结果一致，那么它可以验证什么理论？实训结果有什么意义？说明了什么问题？这些是实训报告应该讨论的。

但是，不能用已知的理论或生活经验硬套在实训结果上；更不能由于所得到的实训结果与预期的结果或理论不符而随意取舍甚至修改实训结果，这时应该分析其异常的可能原因。如果本次实训失败了，应找出失败的原因及以后实验应注意的事项。

另外，也可以写一些本次实训的心得及提出一些问题或建议等。

8. 实训报告结论

实训结论是结果推导，就是做这个实训要得到的结果。根据实验过程中观察到的现象和测得的数据，进一步从理论上加以分析，最后用肯定的语言进行概括，作出论断。

结论不是具体实训结果的再次罗列，而是针对这一实训所能验证的概念、原则或理论的简明总结，是从实训结果中归纳出的一般性、概括性的判断，要简练、准确、严谨、客观。

6.2　实习周记与实习报告

实习，是从学生转变为职场人的一个重要阶段。大学生在实习期间会必须完成的两项书面任务是撰写实习周记和撰写实习报告。

实习周记和实习报告都是学生实习的总结性独立作业，目的在于总结实习的成果，培养综合运用所学知识解决实际问题的能力。

6.2.1　实习周记

实习周记指用来记录实习内容的载体，作为一种文体，属于记叙文性质的应用文。实习周记的内容，来源于我们对实习生活的观察，凡是自己在实习当天或当周中做过的、看到的、听到的、想到的，都可以是实习周记的内容。

实习周记可以帮助实习生理清思路、调整心态；实习周记是指导教师和实习生之间沟通的桥梁；同时，实习周记可以培养学生批判性思维的能力。

撰写实习周记是在实习目的、实习计划、实习要求的指导下进行的，它是对实习中每日记载的实习日志的汇总与提炼，是学校实习教学活动的一个重要环节，是提高应届毕业生质量的一个手段。所以很多学校将实习生撰写实习周记，列为实习计划中一项必不可少的内容。

1. 实习日志

实习日志不只是记录每日的工作行程，而是更强调记录工作的执行情况、完成情况和目标达成情况。做到行动、目标、成果相一致。这种实习日志才有分析价值和指导意义。

实习日志的格式不是单纯的精美日历本，它是有主题、兼带个人素质提升的管理工具。

每天的日志其实都是由一些发生在不同时间点的、看似独立的事情组成的；这些事情有的是自己原来安排好的，有的是临时发生的；某些事情和自己正在做的一个或者多个任务、项目相关；某些事情一定会涉及其他人员，他们可能是自己的同事、朋友、客户、供应商、竞争对手等。

在书写时，可以谈一些别的东西，以体现工作的认真与辛苦，但是不能太多。最好是用比较正确但又清楚明白地通俗话语："这款产品我已经了解得很透彻了，但是作为专业人员，我跟客户解释的时候或许还得讲透与之相关的专业知识。"

日志是要坚持每天记录的。养成习惯，如果没写就会觉得没用心工作。还有，日志不要做修改。它只是真实的记录做了什么，以及详细的结果。诚实的记录下来，不管是好的、坏的还是令人讨厌的。

最简单的方式，就是把它当成一个工作日记，平铺直叙地记录当天都发生了什么，但是在结尾的时候不要忘记总结当天的教训、经验、收获等。

2. 实习周记

实习周记是对实习日志的汇总和总结。实习周记是学生积累学习收获的一种重要方式，也是考核成绩的重要依据。学生应根据毕业实习大纲的要求每天完成实习日志，认真记录工作情况、心得体会和工作中发现的问题，以便于为实习周记提供素材和营养。

实习周记一般包括体会和收获两部分。体会，体验领会，是指将学习的东西运用到实践中去，通过实践反思学习内容并记录下来的东西，近似于经验总结。收获，原意是指取得成熟的农作物，这里指通过实习得到的成绩、获得的成果。

实习周记每周一篇，格式是日记的格式，不用带标题，内容基本是和专业学习有关或者和实习工作有关的内容。周记的内容可以是实习的某一天的典型描述，也可以是多天的流水式描述，亦或是多天的综合描述。

周记是在一周里工作方面的总结。可以有自己的主观想法，就像写日记一样的，比如：我在这周都完成了什么工作，遇到什么工作上的难题，在工作中学到了什么，以后要多加努力，提高自己等。总之话题一定要围绕工作。

周记的内容主要是：某天看到了什么？学习了什么内容？做了什么工作？是怎么操作的？操作过程中遇到什么困难？是如何解决的？解决过程中学到了什么？有什么心得体会？

一定要记住：必须写具体的事情，要言之有物，而不是泛泛而谈的概括性东西。

特别要注意：不要写心情怎么样，如何参观的等与专业无关的内容；也不要把工厂和企业的简介、规章制度、操作流程、各项规定原封不动的抄下来。这样的周记，会被判不合格。

6.2.2 实习报告的概念

实习报告是评定实习成绩的重要依据。它不仅反映学生实习的深度和质量，同时也反映了学生分析和归纳问题的能力。

对实习过程、结果及体会用书面文字写出来的材料就是实习报告。实习报告，是指各种人员实习期间需要撰写的，对实习期间的工作、学习经历进行总结性描述的文本，是对已经做过的工作进行理性的思考，是应用写作的重要文体之一。

总结与计划是相辅相成的，所以，实习报告要以实习计划为依据，实习报告总结的经验必须是在实习计划的基础上进行。同时，实习报告是取自实习周记中的主要内容描述的素材。

1. 实习报告的分类

实习中的报告类文档一般分为实习报告、实习总结、实习小结等类型。

（1）实习报告

实习报告具有报告都有的要素和基本格式，就像政府工作报告。所以，实习报告主要表述这一年或这一段时间的工作，对原定实习计划的实施情况，是一种公布式的报告，让别人知道在这一段时间实习工作的情况。

（2）实习总结

实习总结具有总结的要素和格式，就是实习完成后对实习过程进行的整体性的总结和概括，是把一个时间段的实习情况进行一次全面系统的总检查、总分析、总研究，分析成绩、不足、经验等。特别是在实习中学到的东西、遇到的困难，并且是如何克服的。实习总结就是总结自己在实习过程中获得的经验和解决问题的方法。

（3）实习小结

实习小结就是在实习的过程中，对某个时间段的小规模的总结，这种小规模的总结会对以后的实习和工作有指导性的作用，可以认为是时常的反省。因此，实习小结有的时候与实习周记非常相像。

2. 实习报告的基本要求

（1）有总结和概述

必须对现有情况进行概述和叙述，有的比较简单，有的比较详细。这部分内容主要是对工作的主客观条件、有利和不利条件，以及工作的环境和基础等进行分析。

（2）有成绩和缺点

这是总结的中心。总结的目的就是要肯定成绩，找出缺点。成绩有哪些，有多大，表现在哪些方面，是怎样取得的；缺点有多少，表现在哪些方面，是什么性质的，怎样产生的，都应讲清楚。

（3）有经验和教训

做过一件事，总会有经验和教训。为便于今后的工作，须对以往工作的经验和教训进行分析、研究、概括、集中，并上升到理论的高度来认识。

（4）有今后的打算

根据今后的工作任务和要求，吸取前一时期工作的经验和教训，明确努力方向，提出改进措施等。

6.2.3 实习报告的格式

1. 报告题目及相关信息

报告题目应该用简短、明确的文字写成，通过标题把实习活动的内容、特点概括出来。题目字数要适当，一般不宜超过20个字。如果有些细节必须放进标题，为避免冗长，可以设副标题,把细节放在副标题里。

报告的标题可以有以下两种写法。

(1) 规范化的标题格式

基本格式为"关于××的实习报告""××实习报告"等。但是因为概括性高,通常很少用。

(2) 自由式标题格式

自由式标题格式包括陈述式、提问式和正副题结合使用三种。

1) 陈述式。例如《××设备在××中的应用》《××原理应用于××》《××的设计与计算》等。

2) 提问式。例如《为什么大学毕业生择业倾向于一线城市》《如何能把××使用好》等。

3) 正副标题结合式中,正题陈述报告的主要结论或提出中心问题,副题标明议论的对象、范围、问题,例如《××原理应用分析——谈其在××车间的应用》《高校实习现状分析——××大学××专业的实习调研》等。

通常,陈述式是工科学生运用较多的类型。

还有一些要在报告封面体现的信息,比如学生所在学校、系部、班级,学生姓名、学号及合作者,实习日期和地点,指导教师姓名等。

2. 报告摘要

报告需配摘要,摘要应反映报告的主要内容,概括地阐述实习活动中得到的基本观点、实习方法、取得的成果和结论。摘要字数要适当,中文摘要一般以 200 字左右为宜,英文摘要一般至少要有 100 个实词。

摘要包括以下三方面内容:简要说明实习目的;简要介绍实习的对象和内容,包括时间、地点、对象、范围、要点及所要完成的任务;简要介绍报告的书写方法。有英文摘要的中文在前,英文在后。

3. 关键词

在完成实习报告后,纵观全文,写出能表示报告主要内容的信息或词汇,这些词汇,可以从报告标题中去寻找和选择,也可以从报告内容中去找和选。

4. 前言

前言主要介绍实习的目的意义、相关背景、时间、地点、实习方式,实习单位或部门的概况及发展情况、实习要求等内容。

5. 正文

正文是实习报告的核心内容,是对实习活动的详细表述,主要是实习的基本情况、做法、经验,以及从材料中分析研究得出的各种具体认识、观点和基本结论。

这部分内容为作者所要论述的主要事实和观点,要对实习活动中得到的结论进行详细叙述。可按照实习顺序逐项介绍具体实习流程与实习工作内容、专业知识与专业技能在实习过程中的应用。以记叙或白描手法为基调,在完整介绍实习内容的基础上,对自己认为有重要意义或重点的问题进行介绍,其他一般内容则简述。重点介绍对实习中发现的问题的分析、思考、提出解决问题的对策、建议等。分析讨论及对策建议要有依据,分析讨论的内容及推理过程是实习报告的重要内容之一,包括所提出的对策建议,是反映或评价实习报告水平的重要依据。

正文要有新观点、新思路，对实际工作有指导作用和借鉴作用，能提出建设性的意见和建议；报告内容观点鲜明，重点突出，结构合理，条理清晰，文字通畅、精炼。

6. 结束语

结束语包含对整个实习活动进行归纳和综合而得到的收获和感悟，也可以包括实习过程中发现的问题，并提出相应的解决办法、对策和下一步改进工作的建议；或总结全文的主要观点，进一步深化主题；或提出问题，引发人们的进一步思考；或展望前景，发出鼓舞和号召。

实习学生要用自己的语言对实习的效果进行评价，着重介绍自己的收获体会。内容较多时，可列出小标题，逐一汇报。总结或体会的最后部分应针对实习中发现的自身不足之处，简要地提出今后学习、锻炼的努力方向。

7. 致谢辞

致谢辞通常以简短的文字对在实习过程与报告撰写过程中，直接给予帮助的企业指导教师、学校指导教师和其他相关人员表示谢意。最好能简述一两件有代表性的事件，这样使致谢辞有血有肉而不是泛泛的夸夸其谈。

8. 参考文献

参考文献是实习报告不可缺少的组成部分，它反映实习报告的取材来源、材料的广博程度和材料的可靠程度，也是作者对他人知识成果的承认和尊重。

6.2.4 实习报告的写作步骤

1. 实习报告的资料收集

从开始实习的那天起就要注意广泛收集资料，并以各种形式记录下来（如写工作日记等）。丰富的资料是写好实习报告的基础。主要收集以下资料：

（1）在实践工作中增加的专业能力

在实践工作中增加的专业能力就是通过实习活动，在相应方面增加了自己的专业能力。比如，单位组织的入厂培训，内容是什么、什么学习方式、学习后的效果如何，自己的专业知识水平有哪些提高，自己对工厂的规章制度有多少了解，对行业内的规范规定掌握了哪些。

（2）在实践工作中运用的专业知识

在实践工作中运用的专业知识就是在实习活动中，是否灵活运用了自己的专业知识，或者是否看到别人运用了自己知道和掌握的专业知识。比如，对于工科各专业的实习学生，注意工程技术人员们在实际工作中是如何灵活运用所学专业知识的。还要深入了解企业指导教师和师傅们，是如何运用课本之外的专业知识解决工作中遇到的问题。一些学生可以直接将专业技能和专业设备相关的课程中的问题带到实践中去，在实践中寻求理论与实践的结合点等。

（3）观察同事如何处理问题

发现问题、解决问题是工科大学生毕业之后的日常工作。实习是观察和体验职业生活、工作，将学习到的理论转化为实践技能的过程。所以，既要体验还要观察。从同事、前辈的言行中去学习，观察别人的成绩和缺点，以此作为自己行为的参照。观察别人来启发自己也是实习的一种收获。

(4) 学习实习单位的工作作风

单位的工作作风对将来开展工作、发展自己、提高自己有什么启发；某些同事的工作作风、办事效率哪些值得学习、哪些要引以为戒，对工作对事业会有怎样的影响。

(5) 了解实习单位的部门职能

一个单位的部门划分和不同职能承担，是这个单位运行和发展必须具有的单元。实习生需要对不同职能部门的工作作风、履行职能的情况有自己的认识和看法。对于学生理解企业运作，以及将来的职业生涯具有深远的现实意义。

2. 确定主题

主题是实习报告的灵魂，对实习报告写作的成败具有决定性的意义。主题宜小，且宜集中；与实习报告的标题协调一致，避免文题不符。因此，确定主题要注意：

报告的主题应与实习主题一致。开始实习一段时间后，初步选定一个主题并与企业和学校的指导老师确认。要随着实习活动的深入，随时调整主题或重新确定主题。

3. 取舍材料

对经过分析筛选所得到的系统的完整的实习资料，在组织实习报告时仍需精心选择，不可能也不必都写上报告，要注意取舍。如何选择材料呢，主要有以下几点：

选取与主题有关的材料，去掉无关的、关系不大的、次要的、非本质的材料，使主题集中、鲜明、突出。

注意材料点与面的结合，材料不仅要支持报告中某个观点，而且要相互支持，形成面上的"大气"。

在现有的材料中，要比较、鉴别、精选材料，选择最好的材料来支持作者的意见，使每个材料以一当十。

4. 布局和拟定提纲

这是实习报告构思中的一个关键环节。布局就是指实习报告的表现形式，它反映在提纲上就是文章的"骨架"。拟定提纲的过程实际上就是把实习材料进一步分类，构架的过程。

构架的原则是：围绕主题，层层逼近，环环相扣。提纲或骨架的特点是它的内在逻辑性，要求必须纲目分明，层次分明。

实习报告的提纲有两种，一种是观点式提纲，即将实习生在实习过程中形成的材料或观点按逻辑关系罗列出来。另一种是条目式提纲，即按层次意义表达上的节、目、条，逐一地写成提纲，也可以将这两种提纲结合起来制作提纲。

5. 起草实习报告

这是实习报告写作的行文阶段。要根据已经确定的主题、选好的材料和写作提纲，有条不紊地行文。写作过程中，要从实际需要出发选用语言，灵活地划分段落。

在行文时要注意：结构合理；报告文字规范，具有审美性与可读性；通俗易懂。要特别注意对数字、图表、专业名词术语的使用，做到深入浅出，语言具有表现力，准确、鲜明、生动、朴实。

6. 修改实习报告

实习报告起草好以后，要认真修改。主要是对报告的主题、材料、结构、语言文字和标点符号进行检查，加以增、删、改、调。更多的时候，是送交实习报告指导老师给予批改，实习生需要按照指导教师的修改意见，认真修改。在完成这些工作之后，才能定稿向上报送。

6.2.5 实习报告的写作技巧

1. 报告结构安排

实习结束后学生一定要按照毕业实习大纲的要求内容，对毕业实习的全过程进行全面总结分析。

（1）第一部分引言

要以实习时间、地点、任务作为引子，或把实习过程的感受、结果，用高度概括的语言提炼出来，用以引出报告的内容。

1) 实习工作的安排：整个毕业实习的安排，实习计划落实情况。

2) 实习工作的概况：单位的管理机构和组织系统、自己的工作岗位、承担的工作内容，同类岗位数量及工作方法，相关的其他资料。

（2）第二部分正文

要以实习过程中的实习内容、实习环节、具体做法为载体。

1) 将学校里学到的理论、方式、方法变成实践的行为。

2) 观察体验在学校没有接触过的东西，它们是以何种方式方法、怎样的形态或面貌出现的。比如，部门职能，原先不了解，之后从工作中由什么样的问题引发了对职能部门的了解。再比如，设备使用方法，工作中的设备使用、维护、运行和在学校学的这种设备的相关内容有何差异，怎样理解这个设备的工作原理，如何完成操作、运行与维护等。

3) 对专业工作的认识、感想、体会，经过实习认识到自己在专业知识方面还有什么缺陷，今后的努力方向。对毕业实习的安排，实习领导工作和实习指导工作方面的改进意见。

4) 个人的主要实习内容：设备安装、接线、试车、调试，系统操作、运行、维护维修等。施工方法及施工方案，设计编制及方法，质量检验评定法。生产组织及各项技术措施等。

（3）第三部分结束语

主要叙述实习体会、经验教训，今后努力的方向等。

1) 经过总结整理后主要写出以下诸方面中的内容：实习工作中的主要收获；实习期间进行某项专题研究后取得的成果；对工作现场的合理化建议及采纳情况等。

2) 文章也可以实习体会、经验为条目来结构全文。如，在实践中发现自己的优势：团队协作意识强；善于根据自己的知识、能力挑战新工作；事后善于总结等。从实践中看到的缺陷：专业知识欠扎实；职业素养不够敏感；动手能力差等。用这些，把自己实习的过程内容串起来。不过，这样的报告相对来说需要较高的写作能力。

3) 实习工作成果：实习期间所完成的实习工作，凡有书面资料和图（如施工方案图，进度计划表等），要复印较典型的内容（或原件）附在实习报告中。

4) 对专业工作的认识、感想、体会，经过实习认识到自己在专业知识方面还有什么缺陷，今后的努力方向。对毕业实习的安排，实习领导工作和实习指导工作方面的改进意见。

2. 写作注意事项
(1) 实习经历
报告必须写自己的真实实习经历,可参考别人的资料,但不能抄袭,一旦发现会作为作弊处理。
(2) 参考文献
如有引用或从别处摘录的内容要注明出处。参考文献的标注方法一律采用文后注释,书写顺序为:如著作类,著者、书名、出版地、出版者、出版年、起止页码;如期刊类,作者、论文名、刊名、出版地、出版者、卷号或期号、起止页码。
(3) 结构格式
文章结构一定要按照格式要求组成,各学校的具体要求不一致,比如有的学校对于内容摘要和关键词不要求。
(4) 语言简练
语言要求简练,符合公务文书的要求。不要过多的说"我"如何,在第一段介绍了自己的实习时间地点和分配到的任务后,下面的文字尽量少出现人称。

3. 报告写作细则
(1) 书写与格式
实习报告要用学校规定的稿纸单面书写(必须用黑或蓝黑墨水)或用计算机打印,正文中的任何部分不得写到稿纸边框线以外。稿纸不得左右加贴补写正文和图表的纸条,或随意接长及截短。封面是封面,目录是目录,正文是正文,不要混排在一个页面上。

必须遵守规定。用计算机排版和打印的一律用 A4 打印纸。版式各学校有统一要求。比如:标题、学院及作者名称、目录、摘要、关键词、正文内容的字号、字体、格式(居中否、空格否、加粗否)。实习报告中汉字必须使用国家正式公布过的规范字。

必须进行合适的分段。要有利于读者对于文章内容的理解,让读者获得愉悦的阅读体验。既要反对一句一行一段的分段方式,也要反对一页一段的书写方式。而是以一个内容完整的叙述作为一个段落的划分依据。

要注意格式的统一。首行要缩进二个格。字体要保持一致。字号大小要一致。字间距、行间距要保持一致。标题行不要放在一页的最后一行。特别是,不要随便空行,除非标题行处于一页的最后一行,可以把此最后一行留空。

(2) 标点符号
实习报告中的标点符号应准确使用。对于逗号、句号、分号的使用需要遵守标点符号的使用规则。区别开引号与书名号的不同使用情形。要慎用感叹号。

全文请使用中文标点符号(全角),不要使用英文标点符号(半角)。中文中没有"."这个符号,除非是小数点。

阿拉伯数字标号后面不能跟中文特有的标点符号"、"。同样,中文数字标号后面也不能跟英文符号"."","等。例如,"1、实习概述"是错的,"一,实习概述"也是错的。

标号中,"(1)""1)"等的括号")"后面不允许带有"、"或"."。例如,"(1)、实习概述"或"1).实习概述"都是错的。

(3) 名词、名称
科学技术名词术语采用全国自然科学名词审定委员会公布的规范词或国家标准、部标准中规定的名称，尚未统一规定或叫法有争议的名词术语，可采用惯用的名称。使用外文缩写代替某一名词术语时，首次出现时应在括号内注明全称。外国人名一般采用英文原名，按名前姓后的原则书写。一般很熟知的外国人名（如牛顿、爱因斯坦、达尔文等）应按通常标准译法写译名。

（4）量和单位

实习报告中的量和单位除了在欧美公司实习的学生，其工作环境皆为英制单位外，尽量使用中华人民共和国国家标准（GB 3100~GB 3102—1993）的国际单位制（SI）。非物理量的单位，如件、台、人、元等，可用汉字与符号构成组合形式的单位，例如件/台、元/百米等。

（5）数字

实习报告中出现的测量、统计等数据一律用阿拉伯数字；在正文叙述中，一般不宜用阿拉伯数字。

（6）标题层次

实习报告的全部标题层次应统一、有条不紊，整齐清晰，相同的层次应采用统一的表示体例，正文中各级标题下的内容应同各自的标题对应，不应有与标题无关的内容。带标号的一定要另起一行，不要把标号放在行中间。

1）标号的级别

章节编号方法应采用分级阿拉伯数字编号方法，第一级为"1""2""3"等，第二级为"2.1""2.2""2.3"等，第三级为"2.2.1""2.2.2""2.2.3"等，再往下的分级为："（1）""1）""①""a）"。但分级编号最好不超过五级。

2）标号的使用一致性

标号用到哪一级就到哪一级。用不上的可以不用，但是一篇文章中各段必须一致。就是说"不能2.1段里是（1）、①，到2.2段里用1）、a）"。

使用标号一定是有多个相同重要或类似议题的意思要表达。如果只有一个意思，就不需要用标号。就是说"有2）才有1），没2）就没1）"。

3）标号的使用规范性

（1）、（2）、（3）…以上的级别必须是标题，不是内容。即标号后面是一个标题，结尾没有标点。中间最好不用标点符号。

1）、2）、3）…以下的级别是一句话，不是标题。即标号后面是一句话，或一段话，结尾必须有标点。中间可以用标点符号。

（7）注释

实习报告中有个别名词或情况需要解释时可加注说明，注释可用页末注（将注文放在加注页的下端），而不可用行中插注（夹在正文中的注）。注释只限于写在注释符号出现的同页，不得隔页。

（8）公式

公式应居中书写，公式的编号用圆括号括起放在公式右边行末，公式与编号之间不加虚线。引用文献标注应在引用处正文右上角用方括号[　]括起来的参考文献编号标明。

（9）表格

每个表格应有自己的表序和表题，表序和表题应写在表格上方居中排放，表序后空一格书写表题。表序和表题一般比正文小一个字号。表格允许下页续写,续写时表题可省略,但表头应重复写,并在右上方写"续表"。

(10) 插图

文中的插图必须精心制作,线条要匀称,图面要整洁美观;插图 6 幅以内,用计算机绘制;若为照片,应提供清晰的黑白照片,比例一般以 1 : 1 为宜。插图一律插入正文的相应位置,并注明图号、图题。每幅插图应有图序和图题,图序和图题应放在图片下方居中处,图序和图题一般比正文小一个字号。

(11) 参考文献

参考文献一律放在文后,参考文献的书写格式要按 GB/T 7714—2015《信息与文献参考文献著录规则》规定。参考文献按文中引用的先后序码,从小到大排序,一般序码宜用方括号 [ ] 括起,且在文中引用处用右上角标注明,要求各项内容齐全。文献作者不超过 3 位时,全部列出;超过 3 位只列前三位,后面加"等"字。中国人和外国人名一律采用姓名前后著录法。

6.3 毕业论文及学术论文的撰写

毕业论文是学生完成本科阶段学业的最后一个环节,它是学生的总结性独立作业,目的在于总结学习专业的成果,培养综合运用所学知识解决实际问题的能力。

从文体而言,它也是对某一专业领域的现实问题或理论问题,进行科学研究探索的具有一定意义的论说文。

当对一个问题研究之后,如何将其展现于众人面前是一个重要的工作。因此,无论是对于毕业论文还是学术论文来说,都是一个必须掌握的职业技能。

6.3.1 毕业论文的基本概念

毕业论文是高等院校毕业生提交的一份有一定学术价值的文章。它是大学生完成学业的标志性作业,是对学习成果的综合性总结和检阅,是大学生从事科学研究的最初尝试,是在教师指导下所取得的科研成果的文字记录,也是检验学生掌握知识的程度、分析问题和解决问题的基本能力的一份综合答卷。

1. 毕业论文的特点

毕业论文从文体上看,归属于议论文中学术论文的种类。议论文是一种证明自己观点的文章,它包括政论、文论、杂论在内的一切证明事理的文章,或说理、或评论、或辩驳、或疏证,以达到明辨是非、解除疑惑、驳斥谬误等目的。

毕业论文就其内容来讲分为三种:①解决学科中某一问题的,用自己的研究成果加以回答;②只提出学科中某一问题,综合别人已有的结论,指明进一步探讨的方向;③对所提出的学科中某一问题,用自己的研究成果,给予部分的回答。

毕业论文注重对客观事物作理性分析,指出其本质,提出个人的学术见解和解决某一问题的方法和意见。

毕业论文就其形式来讲,具有议论文所共有的一般属性特征,即论点、论据、论证是文章构成的三大要素。文章主要以逻辑思维的方式为展开依据,强调在事实的基础上,展示严谨的推理过程，得出令人信服的科学结论。

2. 毕业论文的性质

毕业论文虽属学术论文中的一种，但和学术论文相比，又有自己的特性。

（1）指导性

毕业论文是在导师指导下独立完成的科学研究成果。毕业论文作为大学毕业前的最后一次作业，离不开教师的帮助和指导。对于如何进行科学研究，如何撰写论文等，教师都要给予具体的方法论指导。

在学生写作毕业论文的过程中，教师要启发引导学生独立进行工作，注意发挥学生的主动创造精神，帮助学生最后确定题目，指定参考文献和调查线索，审定论文提纲，解答疑难问题，指导学生修改论文初稿等。学生为了写好毕业论文，必须主动地发挥自己的聪明才智，刻苦钻研，独立完成毕业论文的写作任务。

（2）习作性

根据教学计划的规定，在大学阶段的前期，学生要集中精力学好本学科的基础理论、专门知识和基本技能；在大学的最后一个学期，学生要集中精力写好毕业论文。

学好专业知识和写好毕业论文是统一的，专业基础知识的学习为写作毕业论文打下坚实基础；毕业论文的写作是对所学专业基础知识的运用和深化。大学生撰写毕业论文就是运用已有的专业基础知识，独立进行科学研究活动，分析和解决一个理论问题或实际问题，把知识转化为能力的实际训练。

写作的主要目的是为了培养学生具有综合运用所学知识解决实际问题的能力，为将来作为专业人员写学术论文做好准备，它实际上是一种习作性的学术论文。

（3）层次性

毕业论文与学术论文相比要求比较低。专业人员的学术论文，是指专业人员进行科学研究和表述科研成果而撰写的论文，一般反映某专业领域的最新学术成果，具有较高的学术价值，对科学事业的发展起一定的推动作用。

大学生的毕业论文由于受各种条件的限制，在文章的质量方面要求相对低一些。这是因为：

1）大学生缺乏写作经验。多数大学生是第一次撰写论文，对撰写论文的知识和技巧知之甚少。

2）多数大学生的科研能力还处在培养形成之中。大学期间主要是学习专业基础理论知识，缺乏运用知识独立进行科学研究训练。

3）撰写毕业论文受时间限制。一般学校都把毕业论文安排在最后一个学期，而实际上停课写毕业论文的时间仅为十周左右，在如此短的时间内要写出高质量的学术论文是比较困难的。当然这并不排除少数大学生通过自己的平时积累和充分准备写出较高质量的学术论文。

6.3.2 毕业论文的种类

毕业论文是学术论文的一种形式，为了进一步探讨和掌握毕业论文的写作规律和特点，需要对毕业论文进行分类。由于毕业论文本身的内容和性质不同，研究领域、对象、方法、表现方式不同，因此，毕业论文就有不同的分类方法。

1. 毕业论文的一般性分类
(1) 按内容性质和研究方法分类

按内容性质和研究方法的分类不同，可以把毕业论文分为理论性论文、实验性论文、描述性论文和设计性论文。

理论性论文具体又可分成两种：一种是以纯粹的抽象理论为研究对象，研究方法是严密的理论推导和数学运算，有的也涉及实验与观测，用以验证论点的正确性。另一种是以对客观事物和现象的调查、考察所得观测资料及有关文献资料数据为研究对象，研究方法是对有关资料进行分析、综合、概括、抽象，通过归纳、演绎、类比，提出某种新的理论和新的见解。

(2) 按议论的性质不同分类

按议论的性质不同可以把毕业论文分为立论文和驳论文。

立论性的毕业论文是指从正面阐述论证自己的观点和主张。一篇论文侧重于以立论为主，就属于立论性论文。立论文要求论点鲜明，论据充分，论证严密，以理和事实服人。

驳论性毕业论文是指通过反驳别人的论点来树立自己的论点和主张。如果毕业论文侧重于以驳论为主，批驳某些错误的观点、见解、理论，就属于驳论性毕业论文。驳论文除按立论文对论点、论据、论证的要求以外，还要求针锋相对，据理力争。

(3) 按议论的问题的大小分类

按研究问题的大小不同可以把毕业论文分为宏观论文和微观论文。

凡属国家全局性、带有普遍性并对局部工作有一定指导意义的论文，称为宏观论文。它研究的面比较宽广，具有较大范围的影响。反之，研究局部性、具体问题的论文，是微观论文。它对具体工作有指导意义，影响的面窄一些。

2. 毕业论文的综合性分类

综合性的分类方法是另外一种分类形式，即把毕业论文分为专题型、论辩型、综述型和综合型四大类：

(1) 专题型论文

专题型论文是分析前人研究成果的基础上，以直接论述的形式发表见解，从正面提出某学科中某一学术问题的一种论文。

(2) 论辩型论文

论辩型论文是针对他人在某学科中某一学术问题的见解，凭借充分的论据，着重揭露其不足或错误之处，通过论辩形式来发表见解的一种论文。另外，针对几种不同意见或社会普遍流行的错误看法，以正面理由加以辩驳的论文，也属于论辩型论文。

(3) 综述型论文

综述型论文是在归纳、总结前人或今人对某学科中某一学术问题已有研究成果的基础上，加以介绍或评论，从而发表自己见解的一种论文。

(4) 综合型论文

综合型论文是一种将综述型和论辩型两种形式有机结合起来写成的一种论文。既介绍了研究的现状，又提出了几个值得研究的问题，是一篇综合型的论文。

3. 毕业论文的规格

毕业论文的规格，即毕业论文的标准。这里讲毕业论文的规格或标准，主要是就毕业论文的质量方面而言的。至于一篇毕业论文的字数、格式、字号等，不同的学校有不同的规定。

为了更好地理解大学生毕业论文的规格，将与大学生毕业论文相近的几种论文作一番比较。大学生（主要是指本科生）在校期间一般要写两次论文，一次是大学三年级写的学年论文，另一次是大学临近毕业时写的毕业论文。此外，大学毕业后继续攻读硕士学位的研究生要写硕士学位论文，攻读博士学位的研究生要写博士学位论文。下面，把这四种论文的联系和区别进行分析说明。

学年论文、毕业论文、硕士论文和博士论文这四种论文是一种由浅入深的关系，它在学术水平上有区别，因而有不同的规格或标准。

（1）学年论文

学年论文是大学生在大学读了三年基础课，具备了一些基本知识之后，初次锻炼运用已有知识去分析和解决学术问题的能力。论文的题目不宜太大，篇幅不宜太长，涉及问题的面不宜过宽，论述的问题也不求过深。初学论文写作，主要是取得撰写论文的经验，初步掌握撰写论文的方法，为今后撰写毕业论文和学位论文奠定基础。

在大学的前两年，基本上是听讲、看书、接受前人已有知识；然而写论文，就不是听讲、看书、做笔记和汇总前人的知识了，而是要求自己运用前人的知识去解决一些前人没有解决的问题。由于写学年论文是大学生初次学做的一件新工作，所以，撰写学年论文要在有经验的教师指导下进行。

（2）毕业论文

毕业论文是大学生在大学的最后一个学期，运用所学的基础课和专业课知识，独立地探讨或解决本学科某一问题的论文，它是在撰写学年论文取得初步经验后写作的，它的题目应该比学年论文大一点、深一点。

其基本标准是：通过毕业论文，可以大致反映作者能否运用大学三四年间所学得的基础知识，来分析和解决本学科内某一基本问题的学术水平和能力。当然，它的选题一般也不宜过大，内容不太复杂，要求有一定的创见性，能够较好地分析和解决学科领域中不太复杂的问题。大专毕业论文篇幅一般在五千字左右，本科毕业论文篇幅一般在六千字以上。大学本科毕业生的毕业论文，如果写得好，可以作为学士学位的论文。

（3）硕士论文

硕士论文是攻读硕士学位研究生的学位论文，其学术水平比学士论文要高。它必须能够反映出作者所掌握知识的深度，有作者自己的较新见解。国家学位条例第五条规定，高等院校和科学研究机构的研究生，或具有研究生毕业同等学力的人员，只有在本学科上掌握坚实的基础理论和比较系统的专门知识，具有从事科研工作和专门技术工作的独立能力者，才可通过论文答辩，取得硕士学位。

这就是说，硕士论文强调作者在学术问题上应有自己的较新见解和独创性，其篇幅一般要长一些，撰写前应阅读较多的有关重要文献。

（4）博士论文

博士论文是非常重要的科研成果。它要求作者必须在某一学科领域中具有坚实而深广的知识基础，必须有独创性的成果；它应有较高的学术水平和学术价值，能够对别人进行同类性质问题的研究和其他问题的探讨，有明显的启发性、引导性，在某一学科领域中起先导、开拓的作用。

通过上述几种相近论文的比较，可以明确毕业论文的规格或标准，这对写好毕业论文有着具体的指导作用。写毕业论文，不可能把大学阶段所学的全部专业基础知识都用上，但在题目需要限度内所运用的一些专业基础知识，必须运用得准确。在论文写作过程中，要多动脑筋，认真思索，紧紧围绕论题，运用专业知识，使论文做到持之有故，言之成理，以体现出综合运用所学知识分析和解决问题的能力。

大学生的毕业论文，虽然不能完全做到发现前人所未发现的真理，但也要力求在前人已有成果的基础上提出一点新的见解，决不能人云亦云，仅仅重复前人已经讲过的东西，更切忌东抄西拼，改头换面，把别人的成果拿来冒充为自己的东西。

6.3.3 毕业论文的目的

大学生撰写毕业论文的目的，主要有两个方面：一是对学生的知识与能力进行一次全面的考核；二是对学生进行科学研究基本功的训练，培养学生综合运用所学知识独立地分析问题和解决问题的能力，为以后撰写专业学术论文打下良好基础。

1. 考核知识与能力

撰写毕业论文是在校大学生最后一次知识的全面检验，是对学生基本知识、基本理论和基本技能掌握与提高程度的一次总测试，这是撰写毕业论文的第一个目的。

大学生在学习期间，已经按照教学计划的规定，学完了公共课、基础课、专业课及选修课等，每门课程也都经过了考试或考查。学习期间的这种考核是单科进行，主要是考查学生对本门学科所学知识的记忆程度和理解程度。但毕业论文则不同，它不是单一地对学生进行某一学科已学知识的考核，而是着重考查学生运用所学知识对某一问题进行探讨和研究的能力。写好一篇毕业论文，既要系统地掌握和运用专业知识，还要有较宽的知识面并有一定的逻辑思维能力和写作功底。这就要求学生既要具备良好的专业知识，又要有深厚的基础课和公共课知识。

通过毕业论文的写作，使学生发现自己的长处和短处，以便在今后的工作中有针对性地克服缺点，也便于学校和毕业生录用单位全面地了解和考察每个学生的业务水平和工作态度，便于发现人才。同时，还可以使学校全面考察了解教学质量，总结经验改进工作。

2. 培养科研能力

撰写毕业论文的第二目的是培养大学生的科学研究能力，使他们初步掌握进行科学研究的基本程序和方法。

大学生毕业后，不论从事何种工作，都必须具有一定的研究和写作能力。在党政部门和企事业单位从事管理工作，就要学会搞调查研究，学会起草工作计划、总结、报告等，为此就要学会收集和整理材料，能提出问题、分析问题和解决问题，并将其结果以文字的形式表达出来。至于将来从事教学和科研工作的人，他们的一项重要任务就是科学研究。

大学是高层次的教育，其培养的人才应该具有开拓精神，既有较扎实的基础知识和专业知识，又能发挥无限的创造力，不断解决实际工作中出现的新问题；既能运用已有的知识熟练地从事一般性的专业工作，又能对人类未知的领域大胆探索，不断向科学的高峰攀登。

(1) 独立科学研究的过程

撰写毕业论文的过程是训练学生独立进行科学研究的过程。通过撰写毕业论文，可以使学生了解科学研究的过程,掌握如何收集、整理和利用材料,掌握如何观察、如何调查、如何作样本分析,如何利用图书馆,如何检索文献资料,如何操作仪器等。

撰写毕业论文是学习如何进行科学研究的一个极好机会,因为它不仅有教师的指导与传授,可以减少摸索中的一些失误,少走弯路,而且直接参与和亲身体验了科学研究工作的全过程及其各环节,是一次系统的、全面的实践机会。

(2) 专业知识的学习过程

撰写毕业论文的过程也是专业知识的学习过程,而且是更生动、更切实、更深入的专业知识的学习。

首先,撰写论文是结合科研课题,把学过的专业知识运用于实际,在理论和实际结合过程中进一步消化、加深和巩固所学的专业知识,并把所学的专业知识转化为分析和解决问题的能力。

其次,在搜集材料、调查研究、接触实际的过程中,既可以印证学过的书本知识,又可以学到许多课堂和书本里学不到的活生生的新知识。

此外,学生在毕业论文写作过程中,对所学专业的某一侧面和专题作了较为深入的研究,会培养学习的兴趣,这对于他们今后确定具体的专业方向,增强攀登某一领域科学高峰的信心大有裨益。

6.3.4 毕业论文的步骤

完成毕业论文的撰写可以分为选择课题、研究课题、论文撰写三个步骤。

1. 选择课题

选题是论文撰写成败的关键。因为,选题是毕业论文撰写的第一步,它实际上就是确定"写什么"的问题,即确定科学研究的方向。如果"写什么"不明确,"怎么写"就无从谈起。

毕业论文选题可结合本人从事的工作提出论文题目,也可由学校公布论文题目,由学生选择。不管学生是自己任意选择课题,还是在学校公布的指定课题中选择课题,都要坚持选择有科学价值和现实意义的、切实可行的课题。选好课题是毕业论文成功的一半。

(1) 坚持选择有科学价值和现实意义的课题

科学研究的目的是为了更好地认识世界、改造世界,以推动社会的不断进步和发展。因此,毕业论文的选题,必须紧密结合社会主义物质文明和精神文明建设的需要,以促进科学事业发展和解决现实存在问题作为出发点和落脚点。

选题要符合科学研究的正确方向,要具有新颖性,有创新、有理论价值和现实的指导意义或推动作用,一项毫无意义的研究,即使花很大精力,表达再完善,也将没有丝毫价值。

具体地说,学生可从以下三个方面来选题:

首先,要从现实的弊端中选题,学习了专业知识,不能仅停留在书本上和理论上,还要下一番功夫,理论联系实际,用已掌握的专业知识,去寻找和解决工作实践中急待解决的问题。

其次,要从寻找科学研究的空白处和边缘领域中选题,科学研究还有许多没有被开垦的处女地,还有许多缺陷和空白,这些都需要填补。学生应有独特的眼光和超前的意识去思索、去发现、去研究。

最后，要从寻找前人研究的不足处和错误处选题，在前人已提出来的研究课题中，许多虽已有初步的研究成果，但随着社会的不断发展，还有待于丰富、完整和发展，这种补充性或纠正性的研究课题，也是有科学价值和现实指导意义的。

(2) 根据自己的能力选择切实可行的课题

毕业论文的写作是一种创造性劳动，不但要有学生个人的见解和主张，同时还需要具备一定的客观条件。由于学生个人的主观、客观条件都是各不相同的，因此在选题时，还应结合自己的特长、兴趣及所具备的客观条件来选题。

具体地说，学生可从以下三个方面来综合考虑：

首先，要有充足的资料来源。"巧妇难为无米之炊"，在缺少资料的情况下，是很难写出高质量的论文的。选择一个具有丰富资料来源的课题，对课题深入研究与开展很有帮助。

其次，要有浓厚的研究兴趣，选择自己感兴趣的课题，可以激发自己研究的热情，调动自己的主动性和积极性，能够以专心、细心、恒心和耐心的积极心态去完成。

最后，要能结合发挥自己的业务专长，每个学生无论能力水平高低，工作岗位如何，都有自己的业务专长，选择那些能结合自己工作、发挥自己业务专长的课题，对顺利完成课题的研究大有益处。

2. 研究课题

选好课题后，接下来的工作就是研究课题。研究课题的一般程序是：搜集资料、研究资料，明确论点和选定材料，最后是执笔撰写、修改定稿。

(1) 搜集资料

搜集资料是研究课题的基础工作。学生可以从查阅图书馆、资料室的资料，从实地调查研究、实验与观察三个方面来搜集资料。搜集的资料越具体、细致越好，最好把想要搜集资料的文献目录、详细计划都列出来。

首先，查阅资料时要熟练掌握图书分类法，要善于利用书目、索引，熟练地使用其他工具书，如年鉴、文摘、表册、数字等。

其次，做实地调查研究，调查研究能获得最真实可靠、最丰富的第一手资料，调查研究时要做到目的明确、对象明确、内容明确。调查的方法有：普遍调查、重点调查、典型调查、抽样调查。调查的方式有：开会、访问、问卷。

最后，关于实验与观察。实验与观察是搜集科学资料数据、获得感性知识的基本途径，是形成、产生、发展和检验科学理论的实践基础，本方法在理工科、医学类等专业研究中较为常用，运用本方法时要认真全面记录。

(2) 研究资料

研究资料是研究课题的重点工作。学生要对所搜集到手的资料进行全面浏览，并对不同资料采用不同的阅读方法，如阅读、选读、研读。

通读即对全文进行阅读，选读即对有用部分、有用内容进行阅读，研读即对与研究课题有关的内容进行全面、认真、细致、深入、反复地阅读。在研读过程中要积极思考。要以书或论文中的论点、论据、论证方法与研究方法来触发自己的思考，要眼、手、脑并用，发挥想象力，进行新的创造。

在研究资料时，还要做好资料的记录。

(3) 明确论点

明确论点是研究课题的核心工作之一。在研究资料的基础上，学生提出自己的观点和见解，根据选题，确立基本论点和分论点。

提出自己的观点要突出新创见，创新是灵魂，不能只是重复前人或人云亦云。同时，还要防止贪大求全的倾向，生怕不完整，大段地复述已有知识，那就体现不出自己研究的特色和成果了。

(4) 选定材料

选定材料是研究课题的核心工作之二。根据已确立的基本论点和分论点选定材料，这些材料是自己在对所搜集的资料加以研究的基础上形成的。

组织材料要注意掌握科学的思维方法，注意前后材料的逻辑关系和主次关系。

3．论文撰写

(1) 准备工作

1) 计算和列表：把以往在进行实验后所作的计算和所得的结果，重新检查并核对；如有可能，用各种不同方法进行计算。

2) 绘图：尽可能把实验结果用图表达出来。

3) 结论：仔细研究有关系的图、表和分类的叙述性观察记录，进行分析，找出各项因素之间的关系，想想对所得数据能作什么解释，并得出暂时性结论。

4) 补充实验：如果需要，而且时间许可，重复或补充一些实验，收集更多的数据，看看这些实验结果是否与结论符合。

5) 修正结论：把记录数据和计算结果以及叙述性记录反复核对，看看暂时性结论是否恰当。检查一下在什么情况下结论是适用的，什么情况下是不适用的。

(2) 执笔撰写

执笔撰写是研究课题的关键工作。学生下笔时要对拟定提纲和基本格式两个方面加以注意。

拟定提纲包括题目、基本论点、内容纲要。内容纲要包括大项目（大段段旨）、中项目（段旨）、小项目（段中材料或小段段旨）。拟定提纲有助于安排好全文的逻辑结构，构建论文的基本框架。

基本格式：一般毕业论文由标题、摘要、正文、参考文献四方面内容构成。

1) 标题要求直接、具体、醒目、简明扼要。

2) 摘要即摘出论文中的要点放在论文的正文之前，以方便读者阅读，所以要简洁、概括。

3) 正文是毕业论文的核心内容，包括绪论、本论、结论三大部分。

绪论部分主要说明研究这一课题的理由、意义，要写得简洁。要明确、具体地提出论述的课题，有时要写些历史回顾和现状分析，本人将有哪些补充、纠正或发展，还要简单介绍论证方法。

本论部分是论文的主体，即表达作者的研究成果，主要阐述自己的观点及其论据。这部分要以充分有力的材料阐述观点，要准确把握文章内容的层次、大小段落间的内在联系。篇幅较长的论文常用推论式（即由此论点到彼论点逐层展开、步步深入的写法）和分论式（即把从属于基本论点的几个分论点并列起来，一个个分别加以论述）两者结合的方法。

4) 结论部分是论文的归结收束部分，要写论证的结果，做到首尾一贯，同时要写对课题研究的展望，提及进一步探讨的问题或可能解决的途径等。参考文献即撰写论文过程中研读的一些文章或资料，要选择主要的列在文后。

(3) 修改定稿

修改定稿是研究课题的保障工作。通过这一环节，可以看出写作意图是否表达清楚，基本论点和分论点是否准确、明确，材料用得是否恰当、有说服力，材料的安排与论证是否有逻辑效果，大小段落的结构是否完整、衔接自然，句子词语是否正确妥当，文章是否合乎规范。

修改，一是修改篇幅和结构，二是修改文字。

对于篇幅的修改要敢于取舍。对于结构的修改要注意各主标题和分标题排列的逻辑次序及文字衔接。对于内容的修改，需要有足够的材料来支持自己的论点，论文是否过于简要，所有的材料是否都符合著者的主要目的，论文是否有不必要的重复。对于语法的修改要做到斟字酌句。

总之，撰写毕业论文是一种复杂的思维活动，对于缺乏写作经验的学生来说，确有一定难度。因此，学生要"学习学习再学习，实践实践再实践"。

6.3.5 学术论文的撰写技巧

随着科学技术的发展，越来越多的学生和毕业生都会涉及学术论文的写作领域，毕业论文其实质上就是学术论文的一种。那么怎样能写好学术论文？学术论文写作是怎样要求的？有什么技巧吗？

学术论文的风格特点是：简明、直接，尽力使文字简练，用最少的字句把意思表达清楚；客观、朴素，表述客观、科学，避免夸张、比喻等文学性词汇；大多用第三人称；具有单独性和连贯性，每一节和每一段，也都各为一个单元；有鲜明主题内容；具有一定内在逻辑次序，如从时间、因果、重要性、复杂性、相似与相反的对比等。

下面就介绍一下学术论文的写作，希望能对论文写作有所帮助。要写出一篇好的论文，绝不是单单阅读这么一个简要的介绍就够了，还需自己多写、多练。

1. 题名

题名又称题目或标题。题名是以最恰当、最简明的词语反映论文中最重要的特定内容的逻辑组合。

论文题目是一篇论文给出的涉及论文范围与水平的第一个重要信息，也是必须考虑到有助于选定关键词和编制题录、索引等二次文献可以提供检索的特定实用信息。论文题目十分重要，必须用心斟酌选定。有人描述其重要性，用了下面的一句话：论文题目是文章的一半。对论文题目的要求是：准确得体；简短精练；外延和内涵恰如其分；醒目。对这四方面的要求分述如下。

(1) 准确得体

要求论文题目能准确表达论文内容，恰当反映所研究的范围和深度。常见毛病是：过于笼统，题不扣文。关键问题在于题目要紧扣论文内容，或论文内容与论文题目要互相匹配、紧扣，即题要扣文，文也要扣题。这是撰写论文的基本准则。

(2) 简短精练

力求题目的字数要少，用词需要精选。至于多少字算是合乎要求，并无统一的硬性规定，一般希望一篇论文题目不要超出 20 个字。不过，不能由于一味追求字数少而影响题目对内容的恰当反映，在遇到两者确有矛盾时，宁可多用几个字也要力求表达明确。若题名不足以显示论文内容或反映出属于系列研究的性质，则可利用正、副标题的方法解决，以加副标题来补充说明特定的实验材料，方法及内容等信息使标题成为既充实准确又不流于笼统和一般化。

(3) 外延和内涵要恰如其分

外延和内涵属于形式逻辑中的概念。所谓外延，是指一个概念所反映的每一个对象；所谓内涵，则是指对每一个概念对象特有属性的反映。命题时，若不考虑逻辑上有关外延和内涵的恰当运用，则有可能出现谬误，至少是不当。

(4) 醒目

论文题目虽然居于首先映入读者眼帘的醒目位置，但仍然存在题目是否醒目的问题，因为题目所用字句及其所表现的内容是否醒目，其产生的效果是相距甚远的。

有人对某专业方向公开发行的科技期刊某年发表的论文的部分标题，作过统计分析，从中筛选 100 条有错误的标题。在 100 条有错误的标题中，属于省略不当错误的占 20%；属于介词使用不当错误的占 12%。在使用介词时产生的错误主要有：

1) 省略主语，第一人称代词后，没有使用介词结构，使辅助成分误为主语。

2) 需要使用介词时又没有使用。

3) 不需要使用介词结构时使用。属主从结构错误的占 11%；属于并列关系使用不当错误的占 9%；属于用词不当、句子混乱错误的各占 9%；其他类型的错误，如标题冗长、文题不符、重复、歧义等时有发生。

(5) 技巧

1) 拟题方法：先拟出若干个题目，且多拟几个题目、反复揣摩。论文完成之后，再根据论文中心内容推敲，选出一个最能表达文章主题的标题。

2) 英文标题：注意英文的书写格式；不能按照汉字的字面结构逐字"死译"，重要的中心词可以提到前面来，放在突出的位置上。

2. 作者姓名和单位

这一项属于论文署名问题。

(1) 署名

署名一是为了表明文责自负，二是记录作者的劳动成果，三是便于读者与作者的联系及文献检索（作者索引）。大致分为两种情形，即单作者论文和多作者论文。多作者论文按署名顺序列为第一作者、第二作者。

重要的是坚持实事求是的态度，对研究工作与论文撰写实际贡献最大的列为第一作者，贡献次之的，列为第二作者，依此类推。注明作者所在单位同样是为了便于读者与作者的联系。

(2) 要点

1) 参加（或主持）过本项研究的设计或开创工作，如后期参加工作，则须赞同原研究设计。

2）必须参加过论文中某项观察或取得数据的工作。
3）必须参加过观察所见和取得数据的解释，并从中导出论文的结论。
4）必须参加过论文的撰写。
5）必须阅读过论文的全文，并同意其发表。

（3）非署名

有一些人做了一些与论文有关的工作，但是不能列入署名，可以列入"致谢"中，他们是那些：协助采取样本的人；负责某项实验的测试人员；受委托完成某项分析者；检验工作等的具体工作者。

3. 摘要

论文一般应有摘要，有些为了国际交流，还有外文（多用英文）摘要。它是论文内容不加注释和评论的简短陈述。摘要的其他作用是不阅读论文全文即能获得必要信息。

（1）定义

国际 ISO 标准：摘要是不加注释和评论，对文献内容的精确和扼要的表达。

我国国家标准：以提供文摘内容梗概为目的，不加评论和补充解释，简明、确切地记述文献重要内容的短文。

（2）内容

摘要应包含以下内容：从事这一研究的目的和重要性；研究的主要内容，指明完成了哪些工作；获得的基本结论和研究成果，突出论文的新见解；结论或结果的意义。

论文摘要虽然要反映以上内容，但文字必须十分简练，内容也需充分概括，篇幅大小一般限制其字数不超过论文字数的 5%。例如，对于 6000 字的一篇论文，其摘要一般不超出 300 字。

（3）类型

1）报道性摘要：也常称做信息性摘要或资料性摘要，其特点是全面、简要地概括论文的研究目的、研究方法、主要发现、主要数据和主要结论、经验教训和应用价值（不是必需的）。通常，这种摘要可以部分地取代阅读全文。

2）指示性摘要：也常称为说明性摘要、描述性摘要或论点摘要，一般只用二三句话概括论文的主题，而不涉及论据和结论，多用于综述、会议报告等。该类摘要可用于帮助潜在的读者来决定是否需要阅读全文。

3）报道—指示性摘要：以报道性摘要的形式表述一次文献中的信息价值较高的部分，以指示性摘要的形式表述其余部分。

（4）撰写

论文摘要不要列举例证，不讲研究过程，不用图表，不给公式，也不要作自我评价。

撰写论文摘要的常见毛病：一是照搬论文正文中的小标题（目录）或论文结论部分的文字；二是内容不浓缩、不概括，文字篇幅过长。

中文摘要范例：【目的】用完整的句子阐明研究的目的，对论文题目的解释，勿与题目同。【方法】具体描述试验材料、试验设计、测定项目及其方法。【结果】简述主要结果。【结论】要有具体内容，勿与结果重复。

4. 关键词

关键词属于主题词中的一类。主题词除关键词外，还包含有单元词、标题词的叙词。

主题词是用来描述文献资料主题和给出检索文献资料的一种新型的情报检索语言词汇，正是由于它的出现和发展，才使得情报检索计算机化（计算机检索）成为可能。主题词是指以概念的特性关系来区分事物，用自然语言来表达，并且具有组配功能，用以准确显示词与词之间的语义概念关系的动态性的词或词组。

（1）作用

关键词是标示文献关键主题内容，但未经规范处理的主题词。关键词是为了文献标引工作，从论文中选取出来，用以表示全文主要内容信息款目的单词或术语。一篇论文可选取3~8个词作为关键词。

关键词与主题词的运用，主要是为了适应计算机检索的需要，以及适应国际计算机联机检索的需要。一个刊物增加关键词这一项，就为该刊物提高引用率、增加知名度开辟了一个新的途径。

（2）技巧

关键词或主题词的一般选择方法是：由作者在完成论文写作后，纵观全文，选出能表示论文主要内容的信息或词汇，这些信息或词汇，可以从论文标题中去找和选，也可以从论文内容中去找和选。

例如，关键词选用了6个，其中前3个就是从论文标题中选出的，而后3个却是从论文内容中选取出来的。后3个关键词的选取，补充了论文标题所未能表示出的主要内容信息，也提高了所涉及的概念深度。需要选出与从标题中选出的关键词一道，组成该论文的关键词组。

5. 引言

引言又称前言、绪言、绪论，属于整篇论文的引论部分。

引言的写作内容包括：研究的理由、目的、背景、前人的工作和知识空白，理论依据和实验基础，预期的结果及其在相关领域里的地位、作用和意义。

（1）格式

引言部分一般不立"引言"等小标题。只介绍论文总纲，起到定向引导的作用。

引言的文字不可冗长，内容选择不必过于分散、琐碎，措辞要精练，要吸引读者读下去。引言的篇幅大小，并无硬性的统一规定，需视整篇论文篇幅的大小及论文内容的需要来确定，长度约占正文的1/10~1/8，一般在200~400字。长的可达600~800字或1000字左右，短的可不到100字。

（2）技巧

【研究意义】这部分要写明对××生产或××研究的重要性（没有意义的论文不值得发表）。【前人研究进展】所做研究的背景情况介绍，要有文献支持，文献量不应太少，国外文献不可忽略，近期文献应占相当比例，引文标注采用顺序编码制（因为绝大多数研究都是在前人研究的基础上进行的，对前人所做的工作应有所说明）。【本研究切入点】是转折，写前人的研究存在哪些不足，或有哪些需要完善之处，由此引出所要做的事情。【拟解决的关键问题】说明要做哪些工作，解决什么问题。

通过阅读引言，应该能让读者了解该研究领域的基本情况，以及所做研究在国内外所处的相对水平。

6. 正文

正文是一篇论文的本论，属于论文的主体，占据论文的最大篇幅。论文所体现的创造性成果或新的研究结果，都将在这一部分得到充分的反映。因此，要求这一部分内容充实，论据充分、可靠，论证有力，主题明确。

为了满足这一系列要求，同时也为了做到层次分明、脉络清晰，常常将正文部分分成几个大的段落。这些段落即所谓逻辑段，一个逻辑段可包含几个自然段。每一逻辑段落可冠以适当标题（分标题或小标题）。段落和划分，应视论文性质与内容而定。

正文的主要内容包括用何种材料、哪种方法，做了什么事情，获得了什么数据，如何做的分析，得到何种结果。

（1）材料

材料是指对材料的性质、质量、来源，材料的选取与处理等加以详细说明。以方便科学同行重复实验，对论文结果加以验证。

要求应写清楚试验时间、地点，试验材料与试验条件的代表性及具体名称、试验规模（样本容量）、设计思路、设计方法、重复次数、试验仪器、药品及规格、统计方法等。如果是借鉴他人方法，应交代清楚参考文献。

实验研究的"材料"包括实验研究对象、实验用试剂（应写明制造厂商或提供单位和个人、规格等）、实验仪器和设备等（制造厂商、出厂年份、型号，甚至主要性能）。

调查研究的"材料"包括调查对象（总体标准、调查数量、地区）、分组情况、确定调查的指标等。

（2）方法

方法也就是实验过程或操作步骤。主要有观察或调查的目的、时间、地点，方式、方法；或者在叙述实验方法时，详细介绍实验的仪器、设备、条件、实验过程中出现的正常或异常现象及问题等。

描述作者"做了什么""怎样做的"，将具体的实验方法、观测指标、对照设置、数据处理方法等交代清楚。

材料和方法这两部分只叙述使用的材料，采用的方法不必做任何解释，但是要求技术路线合理、可行等。

（3）结果

要分别叙述本研究分项试验得出的主要结果，应有基础数据及依据具体数据统计分析得来的二级或三、四级数据。要对统计、分析数据之后显示出来的信息予以描述，可对分项试验结果的逻辑关系进行阐述。要求层次分明，条理清晰。在结果部分，一般不对他人的研究进行评述。

文中只附必要的图和表，切忌与文字表述重复。图和表中的题名、注释或说明语等所有中文均需加对照英文。图和表要有自明性，即通过图表的标题、数据或图像及图表注释能够说明问题。

结果展示方法：应采用插图、表格、照片，具直观和形象性；也需要用文字说明论述，对结果进行分析。

结果分段方法：根据观测指标分段，适用于对同一研究对象施以相同处理因素的论文；根据不同处理因素分段，适用于对比几种处理因素实验结果的论文；根据不同观察内容分段，适用于研究或观察某研究对象不同方面特点的论文。

(4) 分析

分析是对实验、调查和观察结果进行理论分析和综合。分析能使结果通过逻辑推理、理论分析，从中提出科学结论，能够回答"为什么出现这样的结果""出现这样的结果意味着什么"。

7. 结论

结论是从实验或观察结果中抽象概括出来的一个判断。它要回答原建立的假设是否正确，从而对该研究所提出的问题作出解答。其目的是节省读者的阅读时间，便于读者作笔记或卡片。

结论要高度简明、扼要；要有实际内容；应条理清晰地概括本研究的基本结论；应将本研究揭示出来的基本信息全部概括性地展示给读者，以便他人引用。

结论不是对研究结果的评论，要避免"奠定了基础""提供了保障"等评论性语言。实验中不能肯定的内容不能写入结论。字数控制在 100～300 字为宜。

8. 参考文献

要求阅读过且与本文密切相关的文献，近 5 年文献较多，中英文均可。一般论文引用的参考文献数为 10～15 条，综述应超过 20 条。

(1) 类型

参考文献类型包括期刊、图书、国家标准、网页等。

图书是指内容比较成熟、资料比较系统、有完整定型的装帧形式的出版物。

期刊是指一种以印刷形式或其他形式逐次刊行，通常有数字或年月顺序编号，并打算无限期地连续出版下去的出版物。期刊一般都有固定的刊名。

(2) 标注

参考文献有以下两种标注法。

顺序编码制：按论文正文部分引用文献出现的先后顺序连续编码，将序号置于方括号中。

著者出版年制：按引用文献的出版年先后顺序编码，这种标注方法逐渐在减少。

6.4 技术文档及其写作

技术文档是使用有技术含量的现代工业、民用、家用产品必不可少的工具之一，不可想象如果一个现代化产品没有任何附带的技术文档的话，将如何正确和安全地使用。对于充斥着微处理器、数字处理电路等部件、产品、微系统和子系统的现代化设备，其技术文档更是在选型、设计、施工、调试、使用中发挥不可或缺的作用。

正因为如此，无论作为现代化设备的生产者，还是现代化设备的使用者，或是现代化设备的工程商，都会对现代化设备的技术文档有极大的依赖性。对于一个工科大学生，对于技术文档的写作能力，也是其职业生涯中不可或缺的能力之一。

6.4.1 技术文档的分类

技术文档是指介绍某种设备的性能、功能、结构、原理、安装使用、电子电路、环境要求、维修维护等内容的技术性资料。通常把介绍类的称为产品样本，指导类的称为技术资料，应用类的称为技术手册，本书中统称为技术文档。

设备的技术文档可以作为设计部门选型的依据，采购部门订货的向导，安装部门的安装工具，使用部门的操作参考，维护维修部门的参考资料，又是生产厂商对用户所用产品的质量的承诺保证书，有时也是用户向生产厂商索赔的证据。

因为技术文档要满足上述诸多方面的要求，所以一种设备的技术文档要包含的内容相当多，从而使得目前许多生产厂商印刷的技术文档包罗万象、内容各异。需求不同，各方面人员对技术文档的内容要求不同。

根据目前国内外的实际状况分析，一般设备技术文档应分为以下几种。

1. 产品概述

这是一种广告性质的技术文档，一般仅为一二页，能给读者一个简单的概念。这类产品的技术文档通常可称为产品概述，国外通常称为 Bulletin。

产品概述的内容：产品的外形、用途、主要性能；在原理上、结构上的独特之处；有时会标注产品供货期和参考价格范围。

产品概述的主要特点：篇幅少，印刷量大，携带方便，使产品高度概括；往往印刷精美以吸引用户的注意。

产品概述的主要用途：在展览会、展销会和订货会上散发；感兴趣的用户可以进一步索取详细资料，不感兴趣的读者弃之，对生产厂商浪费也不大。

2. 产品规格书

产品规格书是一种供设计选型用的技术文档，是产品概述的详细资料，是对某一具体产品各方面的进一步描述。这类产品技术文档通常可称为产品规格书，国外通常称为 General Specifications 或者 Data Sheet。

产品规格书的内容：产品性能指标、详细功能、型号、规格、环境等级、包装及外壳等；产品接口标准、安装要求、端子及接线方法、外形尺寸、参考价格等。

产品规格书的主要特点：篇幅较大，印刷量适中，易于翻阅，技术含量不高；往往印刷质量较高以经受用户的长期使用。

产品规格书的主要用途：送交设计选型部门或直接用户中，在设备的设计选型、招标投标、详细设计等方面作为参考或依据。也可以送给对"产品概述"级技术文档感兴趣的潜在用户。

3. 产品使用说明书

产品使用说明书是一种为直接用户使用其产品提供的技术文档。它能够给读者一个正确的设备安装、使用、维护、维修概念。这类产品技术文档通常可称为产品使用说明书，国外通常称为 Technical Information 或者称为 User's Guideline。

产品使用说明书的内容：产品的结构、原理、安装要求、接线和操作方式、电子电路图或装配图、维护维修注意事项等。

产品使用说明书的主要特点：篇幅大，印刷量少，随产品附送，技术含量较高；往往印刷质量一般，大多使用简装版以节省开支。

产品使用说明书的主要用途：随产品发货至直接用户方，方便用户在安装使用过程中，了解掌握正确的安装使用方法，并在维护维修过程中得到必需的技术文档辅助。

4. 产品技术手册

产品技术手册是针对带有微处理器的设备而编写的一种说明书，它能够给读者一个正确的有关本产品软件部分的概念。这类产品技术文档通常可称为产品技术手册，国外通常称为 User's Manual。

产品技术手册的内容：本产品的软件构成、组态方式、编程方法、二次开发方式、自诊断和故障处理办法等。其内容深度应基本达到培训教材的程度。

产品技术手册的主要作用：一方面送给设计部门和直接用户在设计选型时作参考；另一方面，随产品送给直接使用者在使用操作和维护维修方面作为工具书使用。

5. 产品参考资料

产品参考资料是对设备在选型和使用过程中要用到的其他技术文档的汇编。这类产品技术文档通常可称为产品参考资料或产品技术文档，国外通常称为 User's Reference。

例如：各种检测元件选型使用时发生的计算公式，以及计算公式中涉及的常见的某些介质相关的物理化学性质，不同介质条件下测量装置的选择方法等；电器设备选型使用时涉及的某些介质的相关参数、计算方法、执行机构选择，常用的电缆参数；机械设备选型时常用的材料材质、钢号、材料手册等；产品使用的某些通信协议的文本与规范节选；生产厂商的产品所属领域的国家、国际或行业的技术条件、产品标准的主要条款；设备应用领域的国家、国际或行业的安装、使用、检验等标准的主要条款等。

这种技术文档的目的是使设计和使用人员在设计选型和计算时，在实施过程中不必查阅诸多参考书，可以让用户随时查询到有关参数，方便工作。同时，通过这种方式，让用户感到产品质量过关，厂商服务到家，让用户对产品更加信任。

6.4.2 技术文档的基本要求

项目的实训指导书，是类似于上述的产品使用说明书的技术文档。多数产品都必须以一种普通用户能够理解的方式来教会大家如何使用。简单来说，产品在交到用户手上时，至少要有使用说明，不然厂家就得疲于应付客户的频繁咨询请求。

1. 技术文档的质量要求

技术文档写作的质量要求可以归纳为准确、规范、简要三点。

准确，是最重要的一点。可以想象一下，如果拿着一本错漏百出的说明书去驾驶航天飞机，会造成什么后果。

规范，指的是语言措辞上的表达要清晰。不要写成专家才看得懂的论文，也不要满篇都是口语化的风格。

简要，目的是提高用户的阅读、体验与信息查找效率。太多废话、过多修饰的说明书不是好的说明书。

2. 技术文档的格式要求

（1）文档有索引

这个非常重要，因为它能迅速帮助用户定位到其感兴趣的内容。通常，在正方向上，使用目录。反方向上，使用术语索引。

附图与附表要有图表的编号，表示图表的内容、序号等。公式也要有编号，以便引用。必要时，附图与附表也要做索引。

(2) 排版要美观

一般来讲，就是章标题要居中，节标题要有序号，首行要缩进，标点符号要运用得当。段与段之间的间隔要适中，不能拥挤，否则会影响阅读。

合适的分段，对于理解文章内容，让读者获得愉悦的体验感尤为重要。既要反对一句一行一段的分段方式，也要反对一页一段的书写方式，应以一个内容完整的叙述作为一个段落的划分依据。

(3) 字体要清晰

就是一眼看上去，就能了解到这个章节的结构。哪部分是标题，哪部分是摘要，哪部分是内容，哪部分是示例，哪部分是关键字。这些都能通过字体的大小、粗体、斜体、下划线来体现。

另外，还要注意正文内容的字体不能过小，否则长时间的阅读容易让眼睛疲劳，一般都是选用小四号和五号字体为宜。

(4) 字体要统一

字号字体的统一是指：标题、小标题、内容等的字号和字体，在每一个章节里，它的大小和形式都是一致的。不能有些章节的标题是三号字体，有些章节的标题是四号字体，或者有些章节的标题是宋体字，有些章节的标题是黑体字。

(5) 标号要顺序

章节标题前一般要有标号。

按照一般惯例，汉字数字标号的级别大于阿拉伯数字标号的级别，一般的顺序为"一""（一）""1""（1）""1)"。

顶级汉字数字标号的后面可以跟随汉字独有的标点符号"、"，顶级阿拉伯数字标号的后面只能跟随英文独有的标点符号"."。非顶级标号后不可跟随标点符号。如可以"一、"或"1."，不可以"一."或"1、"，不可以"（一）、"或"1）."。

无论是否有标号，章节和小节的标题后不允许有标点符号。

6.4.3 技术文档的写作要求

1. 技术文档与广告文案的区别

技术文档和广告文案是有很明显区别的。先来看一个流传甚广的段子：

山路之上，一辆汽车驶近，路边寺庙门旁，一小和尚高举"回头是岸"横幅，大喊："施主看这里！"车内一个年轻人隔窗笑骂："脑残！"瞬间飞驰转弯而去。10秒钟后，碰撞声、惨叫声、坠落声传来。当晚，禅房内，小和尚对住持说："师父，是不是还是直接写'前方桥梁已断'好一些?"

这个段子已经足以说明技术文档和广告文案的区别了。技术文档讲究精确、高效，让用户快速找到想要的内容并加以理解。广告文案更推崇让人细细回味、反复思索的传播效果。如上面的例子，一般人看到"回头是岸"这四个字会联想到的是与佛教相关的一些信息，绝不会把它跟"前方桥梁已断"联系起来。在这种事关人命的场合，用广告文案来做警示语显然很不应该。

对于刚接触技术文档写作的人来说，一个经常犯的错误就是，在写作时会不经意间掺杂一些营销性的措辞。例如，介绍某功能时这么写："启用此项设置后，系统运行速度将明显加快，可以极大地提高您的企业管理效率"。在这个例子中，且不说诸如"明显"这种模糊化的词汇很有问题，后面这句"极大地提高您的企业管理效率"带有广告的口吻，专业的读者会觉得很莫名其妙。用户手册的撰写者不能把对自家产品的自信和热爱用到技术文档的编写中，广告还是放在官网和其他媒介中更合适。

　　在应该使用广告文案的地方，就不要使用太多的专业术语。在介绍产品时过多使用各种技术参数，并不是个好主意。一来普通用户不太懂这些术语，各种数字和字母的组合对他们来说意义不大，也记不住；二来竞争对手也可以搞一大堆参数来做对比，这样一来反倒让自己陷入被动。以三星手机为例，在安卓系统崛起的早几年，三星每次发布旗舰级产品时，都非常强调各种技术参数，如更大的屏幕，更多的内存等。后来三星意识到，一味地强调冰冷的技术参数，会导致消费者的审美疲劳。所以，三星现在在产品发布会上将人们的关注点转移到体验上了。

　　2. 技术文档写作者的基本要求

　　一般人会认为，可以直接让研发产品的工程师完成使用说明的撰写，他们最了解产品。理论上是可以这么做，事实上也有人这么做，前提是产品并不复杂，也不庞大。但是，所谓术业有专攻，让研发人员为一个大型系统撰写操作手册是不合适的，因为研发人员的关注点和思维方式决定了其更侧重于技术实现原理和细节，而不是将复杂的技术以通俗的方式解释给最终用户，让用户理解产品和用好产品。

　　技术文档编写人员未必对产品的技术细节非常了解，但他们善于从用户的角度来思考，能够写出最终用户看得懂、用户体验良好的使用说明。

　　从广义上说，技术文档写作并不仅限于文本的创作，它还包括了产品截图和演示视频等更丰富的形式。所谓一图胜千言，很多时候，一张精美的截图可以省去很多解释的笔墨。

　　产品使用说明也不是唯一的写作内容范畴，技术文档编写人员往往还要负责撰写产品白皮书、发布说明、产品规格说明书，演示文档等材料。

　　3. 技术文档写作者的技能要求

　　技术文档写作对写作者技能上的要求可以分为三大方面：基础的书面表达能力、专业领域的知识水平、人际沟通能力。

　　在书面表达能力方面，既然叫写作，肯定要对书面表达有一定的要求。如果无法准确、规范、简要地用文字来介绍一件事物，就不太适合当一名技术文档编写人员。

　　在专业领域和知识层次方面，不同行业都有自己的专业知识门槛，不可能让一个非医科背景出身的人，去负责撰写各种药品或医疗器械的使用说明，这个风险是很大的。

　　在人际沟通能力方面，由于技术文档编写人员在内部需要频繁与研发人员和其他部门人员沟通产品问题，对外有时候还要倾听用户的反馈。因此，良好的沟通能力也是一个重要的要求。

第 7 章　演讲汇报与答辩

作为一个工科大学生，无论是在求学时期的学生会工作、社会工作、课上提问、实验实训口头报告、课程设计答辩、实习报告答辩和毕业论文答辩；还是奔向工作岗位后对领导交办工作的汇报，学术会议上的论文报告，职称晋升时的职称论文答辩，项目投标时的项目经理答辩，项目开工时的开工报告，实验实施前的论证报告；都需要有一定的口才和演讲能力，能够完成任务复述，具有口头汇报能力，具有完成答辩的能力。

本章主要在演讲与口才、复述、口头汇报、答辩方面加以介绍，读者经过学习、训练和练习，具有这些基本素质和能力。

7.1　复述及其基本训练

复述就是重复述说，是一种最基本、用途最广泛的口语表达方式，它不是背诵，也不是放录音，而是按照一定的要求用自己的话表达原始材料的内容。

口头汇报是一种经常性的沟通协调、统一思想的工作模式，只有遵守规范和礼仪秩序才能充分发挥其促进和推动工作的作用。

7.1.1　演讲与口才

1. 定义

演讲又称"讲演"或"演说"，是一种对众人有计划、有目的、有主题、系统的、直接的带有艺术性的社会实践活动，也被视为"扩大的"沟通。演讲是演与讲的有机结合。它是一种在特定的时空环境中，演讲者凭借有声语言和相应的体态语言，郑重系统地发表见解和主张，从而达到感召听众、说服听众、教育听众的艺术化的语言交际形式。

口才是口语交际中口语表达的才能，是在交谈、演讲和论辩等口语交际活动中，表达者根据特定的交际目的和任务，结合特定的言语交际环境，准确、得体、生动地运用连贯、标准的有声语言，并辅之以适当的体态，表情达意以取得圆满交际效果的口头表达能力。

口才是人们的素养、能力和智慧的一种综合反映，演讲是口才的一部分。

2. 提高演讲水平的基本途径

演讲是一门综合性很强的社会实践活动，经过长期不懈的训练是可以成功的。一个人要想口若悬河、滔滔不绝地面对听众讲话，就必须做到以下方面。

"多看""多听""多问"：多看一些演讲与口才方面的书籍和文章，多看名人的演讲录像，认真仔细地观察社会、生活、事物、人与人之间微妙的关系和变化；多听别人演讲，多听自己的讲话练习，学会"听"话的艺术；多向演讲口才专家咨询求教，并接受专家的辅导。

"多写""多思""多学":多写发言稿、演讲稿,多写学习演讲与口才的心得体会;要才思敏捷、思维灵活,要深思熟虑,要经常冷静思考、反复分析,说话前要在脑海里认真构思一下;多学知识,多学演讲技巧。

"多记""多练":把知识储存起来,记在脑子里;靠自信、勇气、拼搏、锻炼演讲。

3. 口才训练方法

练口才不仅要刻苦,还要掌握一定的方法。科学的方法可以会事半功倍,加速口才的形成。常用的办法有:速读法、背诵法、练声法、复述法、模仿法、描述法、角色扮演法、讲故事法。

(1) 速读法

速读法的"读"指的是朗读,"速读"就是快速的朗读。训练的目的,是锻炼人口齿伶俐,语音准确,吐字清晰。

方法是找来一篇演讲词或一篇文辞优美的散文开始朗读。一般开始朗读的时候速度较慢,逐次加快,一次比一次读得快,最后达到最快速度。

(2) 背诵法

演讲要求的背诵,不仅要求把某篇演讲词、散文背下来。演讲的背诵,要"背",还要"诵"。这种训练的目的有两个:一是培养记忆能力,二是培养口头表达能力。

背诵法,不同于前面讲的速读法。速读法的着眼点在"快"上,而背诵法的着眼点在"准"上。也就是所背的演讲词或文章一定要准确,不能有遗漏或错误的地方,而且在吐字、发音上也一定要准确无误。

(3) 练声法

练声也就是练声音、练嗓子。在生活中,人们都喜欢听那些饱满圆润、悦耳动听的声音,而不愿听干瘪无力、沙哑干涩的声音。所以锻炼出一副好嗓子,练就一腔悦耳动听的声音,是我们必做的工作。

俗话说练声先练气,气息是人体发声的动力。练声,首先要学会用气。吸气要深,小腹收缩,整个胸部要撑开,尽量把更多的气吸进去。呼气时要慢慢地进行,要让气慢慢地呼出。

声音是通过气流振动声带发出来的。练发声先放松声带,用一些轻缓的气流振动它,让声带有点准备,发一些轻慢的声音。声带活动开了,还要在口腔上做一些准备活动。

(4) 复述法

复述法就是把别人的话重复地叙述一遍。这种训练方法的目的,在于锻炼人的记忆力、反应力和语言的连贯性。

其方法是:选一段长短合适、有一定情节的文章,请朗诵较好的同学朗读并录下来,然后听一遍复述一遍,反复多次地进行。直到能完全把这个作品复述出来。

开始练习时,最好选择句子较短、内容活泼的材料进行,这样便于把握、记忆、复述。随着训练的深入,可以逐渐选一些句子较长、情节少的材料进行练习。这样由易到难,循序渐进,效果会更好。

(5) 模仿法

模仿的过程也是学习的过程,练口才可以利用模仿法,向这方面有专长的人模仿。

在生活中找一位口语表达能力强的人，请他讲几段最精彩的话并录下来，从而可以反复模仿。也可以把喜欢的、又适合自己模仿的播音员、演员的声音录下来，然后进行模仿。

在听广播、看电视时跟着播音员、演播员、演员进行模仿，注意他的声音、语调，他的神态、动作，边听边模仿，边看边模仿，日积月累，口语能力就得到提高。

（6）描述法

描述法就是把看到的景、事、物、人用描述性的语言表达出来。描述法比以上的几种训练法要求更高，没有现成的演讲词、散文、诗歌等做练习材料，而要自己去组织语言进行描述。所以描述法训练的主要目的在于训练语言组织能力和语言的条理性。

（7）角色扮演法

角色是指演员扮演的戏剧或电影中的人物。角色扮演法，就是要学演员那样去演戏，去在语言上扮演作品中出现的不同人物。这种训练的目的，在于培养语言的适应性、个性，以及适当的表情、动作。

选一篇有情节、有人物的小说和戏剧为材料。对选定的材料进行分析，特别要分析人物的语言特点。根据作品中人物的多少，找同学分别扮演不同的人物角色。也可一个人扮演多种角色，以此培养自己的语言适应力。

（8）讲故事法

讲故事，可以训练人的多种能力。因为故事里面既有独白，又有人物对话，还有描述性的语言、叙述性的语言，所以讲故事可以训练人的多种口语能力。

分析故事中的人物。故事的情节性是十分强的，而且故事的主题大都是通过人物的语言、行动表现出来的，所以在讲故事以前就要先研究人物的性格特征，以及人物之间的关系。

掌握故事的语言特点。故事的语言不同于其他文学形式的语言，其最大的特点是口语性强、个性化强。所以拿到一个材料的时候，不要马上就开始练习，而要先把材料改造一下，改成适合自己讲的故事。

反复练讲。对材料做了以上的分析、加工以后，就可以开始练讲。通过反复练讲达到对内容的熟悉。最后能使自己的感情与故事中人物的感情相隔合，做到惟妙惟肖地表现人物性格，语言生动形象。

7.1.2 复述的基本概念

1. 复述的定义

复述，是对现成语言材料的重述，这是培养和提高系统、连贯的口述和笔述能力的有效方式。复述要求用自己的话把听过或读过的语言材料重述出来，重在内容的提取和言语的转换，不能像背诵那样一字一句都与原材料一样，这是它比背诵困难的地方，也正是它的独立价值所在。在复述的过程中，可以加深对原材料的理解，熟悉其中的语汇、句式和章法。同时，复述又可以用来检查听、读的效果，作为检测、评定的手段，它还可以加强记忆，防止遗忘。

复述是以言语重复刚识记的材料，以巩固记忆的心理操作过程。学习材料在复述的作用下，保持在短时记忆中，并向长时记忆中转移。

复述分为保持性复述和整合性复述两种形式。

前者又称简单复述或机械复述，对短时记忆中的信息只进行重复性的、简单的心理操作，使记忆痕迹得到加强，但不一定能进入长时记忆。后者又称精细复述，通过复述使短时记忆中的信息得到进一步的加工和组织，使之与预存信息建立联系，从而有助于向长时记忆转移。精细复述的加工水平较高，具有主动性。

2. 重复性复述

重复性复述又分为详细复述和摘要复述两种类型。详细复述要尽量完整地保留原作的观点、情节或内容，不改变原作中材料的顺序。摘要复述要根据要求截取主要观点、主要情节或内容。复述性复述可以直接引用原作语言，但不可避免要对原作语言做必要调整。

（1）详细复述

详细复述是对原来的语言材料进行详细复述，要求按照原来材料的顺序、结构，把它的内容原原本本地重述出来。如果是笔述，原材料的许多语句都可以保留；如果是口述，则要把书面语句式、倒装句式等改为口语句式。

详细复述要求保留文章的主要内容、主要观点和主要情节，基本上保持原貌，在语言风格、叙述顺序、人称上进行改动。详细复述不同于背诵，复述要把复杂的长句改成简单的短句，将难懂晦涩的书面语词改成通俗晓畅的口语词。

（2）简要复述

简要复述又称概要复述，是对材料作浓缩概括，要求在保留原材料的中心意思的前提下，简明扼要地讲述原材料内容。在总体把握原材料的基础上，抓住主要内容，再用自己的语言表达出来。原材料的重要语句应该保留，而那些次要的材料、过渡性的段落、插说等可以舍去。

记叙性的材料，可选取主要事件的梗概或主要人物的事迹；说明性的材料，可抓住对事物特征的说明或对程序的主要步骤的介绍；议论性的材料，可就其主要观点和论据作简要的重述。

简要复述，就应"简要"，要保留原材料的主干，它是对原材料的"浓缩"，所以不能改变原来的体裁，也不能加进自己的认识、体会和评论。它要求按原来的结构和逻辑顺序，用原来的人称和口气，不能随便颠倒变更。简述本身也应当做到结构完整，有头有尾，有条有理。比如，对一段议论性文字作的口头简要复述，就要用简洁的口语，把原材料的主要观点、主要论据都表述出来，字数要比原文少很多。

（3）局部复述

这是在较长的语言材料中摘取某一片段进行重述的方法，比如故事的某一段情节，事物的某一方面特征，论证的某一个分论点等。局部复述既可详述，也可简述。

3. 改造性复述

改造性复述又称创造性复述、扩展复述，有时也称转述。改造性复述要求在不改变原材料主题和重点的基础上根据表达的需要对原材料进行合理加工、大胆想象，使内容更生动、更完整的一种表达形式。

所谓的"合理"，指的是加工、想象的内容与原材料的内容吻合，不发生矛盾；所谓的"加工"，指的是对原材料中没有展开的内容有选择地进行发挥，其目的是为了更好地表现主题和重点。

改造性复述，也是对现成语言材料的重述，在这一点上，它与重复性复述是共通的，但它们又有区别。重复性复述，要求全面地忠于原材料；而转述，则要求在不歪曲原意的前提下对原材料的内容与形式加以改造。改变顺序、改变角度、变换结构、改变人称、改变体裁、增删内容等都是改造性复述的具体方法。也就是说，改造性复述是要求改变原作结构、顺序、角度或表现方法的复述。

改造性复述可以分为不同的类型：一种是概括性转述，它要求删去次要的、解释性的和修饰性的内容，并要求对内容进行必要的抽象，再用自己的语言加以组织和概括；另一种是改编性转述，改编大体有以下几种情况：时空与人称的转换、体式与风格的转换、内容侧重点的转换。

（1）时空与人称的转换

同样一件事，今天说与明天说，在这里说与在那里说，跟这个人说与跟那个人说，时间词、方位词、人称词都必须跟着转换，不然就会造成混乱，甚至闹出笑话。这就是时空与人称的转换。

（2）体式与风格的转换

不同场合有不同的要求，不同对象也有不同的需要，在重述某一语言材料时，要根据这特定的需要作体式或风格的转换。如果给少年儿童讲历史故事，就不能用文言，而要转换成现代语言；如果在故事会上讲《石壕吏》，就不能用诗的形式，而要按照讲故事的要求改成故事的形式；如果原材料内容深奥，做普及宣传时就得"深入浅出"；如果原材料只是个梗概，为了取得吸引人的效果，也不妨通过想象适当增添一些情节和细节等。这些都属于转述的范围。

（3）内容侧重点的转换

在重述某一语言材料时，目的不全在于如实地传达其本意，而是要借它来表达自己的某种意念，这就要作内容侧重点上的转换。在论证某一观点时，常常要举出某个事例，但那事例原本不是为论证这一观点而存在的，所以在引用时就要作"角度"的转换。同一事例，用它说明不同的观点，也就有不同的叙述角度。

7.1.3 复述的基本训练

1. 复述的训练方法

（1）复述的一般要求

采用复述的方法，一方面可以进行记忆能力的训练，强化知识；另一方面，可以训练有序、有节、有理的表达能力。

复述的基本要求是，复述时要按照时间、地点、起因、经过、结果等顺序来复述；复述时要准确把握语言材料的内容、重点、中心。

针对一些叙事性较强的文章，可以采取不同的复述方法，或简要复述、详细复述、创造性复述。不论哪种形式的复述，都要注意把握以下几点：

1）把书面语转换为口头语。
2）突出重点，准确地体现原材料的中心和重点。
3）条理清楚，反映各部分内容的内在联系，如果叙述一件事情，复述时一定要交代清楚时间、地点、人物、事情的起因、经过、结果等。
4）语言力求准确。

5）必要时可以加入个人想象。

（2）复述训练的基本方法

按照复述的基本要求，训练通常分三个层次进行：第一层次复述时，只要能把基本情节复述出来就可以，在记住原话的时候，可以用自己的话把意思复述出来；第二次复述时，就要求不仅是复述情节，而且要求能复述一定的人物语言或描写语言；第三层次复述时，就应基本准确地复述出人物的语言和基本的描写语言，逐次提高要求。

在进行这种练习之前，最好能根据自己的实际情况和所选文章的情况，制定一个具体的要求。比如，选了一段共有10句话的文章，那么第一次复述时就要把基本情节复述出来，并能把几个关键句子复述出来；第二次就应该能复述出5～7个句子；第三次就应能复述8～10个句子。当然，速度进展得越快，也就说明语言连贯性和记忆力越强。

2．复述的训练要领

高水平的复述，是富有创造性的劳动，能把记忆、思考、表达三者有机地结合起来，使之融为一体。

（1）记忆

记忆是复述的基础。要想复述好，在阅读时，必须要快速记住语言材料里的一些重要词语，结构层次，以及它的具体内容。边读边记，养成口脑并用的良好习惯。反复阅读的过程就是记忆的过程，记忆就是复述的准备，复述反过来又能进一步加深记忆。

（2）思考

复述不是照搬原材料，必须按照一定的要求，对原材料的内容进行综合、概括，适当取舍，并要认真选词，组织安排材料。这就是在记忆的基础上进行思考的过程。经常复述，不仅可以训练思维能力，也可以培养思考问题的习惯。

（3）表达

复述的特点就是要连贯地叙述原材料，无论口头还是笔头，都要围绕一定的中心内容去思考，然后准确而明晰地说出或写出来，这有利于培养和提高表达能力。

成功的复述首先要对原材料进行认真阅读和理解，同时注意记忆的技巧，既有框架记忆，又要有细节记忆；留意能提示记忆的重点语句，为了疏通语流，可以先自言自语地试述一遍。如果是简要复述的话，要防止取舍不当，偏离中心。

7.2　口头汇报及其基本训练

出色的口头汇报不但可以让他人在短时间内掌握自己工作的进度、主要成绩、存在的问题及其意见建议，而且还可以通过汇报展现自己的基本素质和口才，给他人留下难忘的印象，为自己创造发展机遇。

7.2.1　口头汇报概述

1．当众说话的勇气

美国演说家卡耐基说：最使人感到屈辱的莫过于因缺乏勇气去摇动李树而失去了李子。

很多学生在做演讲、答辩、复述等口头汇报类的工作时，常常因为自卑、缺乏实践训练，表现出各种不恰当的举止。比如，怯场、张不开嘴、手足无措、表情僵化或是傻笑不止，内容上语无伦次、词不达意。

如果想培养出当众说话的勇气，就必须克服恐惧心理，在正式讲话前做好各种准备。比如集中思考要说的话，外部动作上的准备，不要死背文稿。

可以用下面的问题对自己当众说话的勇气进行自查：在什么场合、什么人面前能毫不拘束的讲话；是不是见了生人就觉得无话可说；是不是很难找到一个大家都感兴趣的话题；当发觉自己的话使别人产生反感时，是不是很快能收住话题；能不能把所要谈的问题用不同的方式讲出来，以适应不同的谈话对象；有没有在说话时挤眉弄眼、抓耳挠腮；是不是口齿含混不清，发音不够规范；当别人谈话时，是不是一个很有耐心的倾听者。

2. 口头汇报的方法

要做好口头汇报，可从以下几个方面着手：

(1) 要找准汇报的着眼点

向听众汇报只有找准了着眼点，才可能有正确的心态和出色的表现。要把汇报的重心放在让听众了解工作内容、为其提供大量信息上，以坦然态度面对听众。这样在汇报时才不会过分紧张，才可能正常或超常发挥，给听众留下深刻印象。如果总想着如何表现自我、谋求给听众留下好印象的话，那心态就偏了。心态一偏，汇报人的注意力就会集中在听众身上，就会影响汇报质量。

(2) 要思路清楚、条理分明

在汇报之前要做充分的准备，掌握大量的第一手材料，吃透下情，对自己的工作情况了然于胸。只有这样，才可能在汇报时做到如数家珍、侃侃而谈。同时，还要根据要求和宗旨，对原始材料进行必要的梳理加工、归纳整理，使汇报有条理性、有观点、有事例、有数据、有分析，在听众头脑中勾画出一幅完整清晰的图画。

(3) 要考虑听众的关注方向

向听众汇报工作要充分考虑听众的意向，有详有略、突出重点。汇报的侧重点通常与听众要求相关。

(4) 要把握好汇报时间

汇报者要根据会议总时间及给予汇报者的时间量，决定自己汇报内容的多少。要在规定的时限内完成口头汇报的内容，最好提前完成，不要超时。对汇报时间不足的，就要少讲一般化内容，果断地将汇报内容中可有可无的部分进行压缩删除，让内容更精炼。汇报时，应给听众留出提问时间。如果汇报者没有时间观念，对汇报内容不加整理就漫无边际地去讲，那是最令听众反感的。

(5) 要如实回答提问

在汇报过程中，听众会插话或提问。通常这些插话或提问是听众不清楚或希望了解的内容，汇报者要高度重视并回应。从另一个角度看，回答听众提问有一定的随机性，最能表现汇报者对情况掌握的熟悉程度和反应的机敏能力。所以，在这个环节上要多用一点功夫，提供更多有用信息，要注意答其所问、应答如流。

7.2.2 口头汇报的基本训练

清晰、合乎逻辑的表达观点、工作成果和科学研究结果是事业成功的重要组成部分。讲演和口头汇报将促进劳动成果的广泛传播，这些恰恰是书面形式无法达到的效果。下面列举的就是提高演讲或者口头汇报能力的十大法则。

（1）与听众的交流

当口头汇报时与更多的听众进行目光交流非常重要，因为这样使得气氛更加融洽和舒适。当准备口头发言时，应该考虑面对的听众。要确认对听众有所了解，了解听众的背景，了解他们对口头报告内容的理解水平，了解他们希望从口头汇报中学到什么。脱离主题的演讲常常是乏味的，也无法赢得听众的喜爱，所以要表达听众想听的内容。

（2）越少则越好

缺少经验的汇报者常犯的错误就是试图说得过多过细，他们总试图向听众证明自己懂得很多、考虑的很周全，结果会常常导致丢失了应该传达的主要信息，而且往往会缩短本属于更能呈现有价值的信息的提问时间。

听众对汇报主题的了解，是需要通过汇报者清晰且简短的口头发言的完美表达来达成的，完美的表达通常具有煽情性，从而提高听众参与的积极性，增强提问和回答的互动性。只有这样，听众对汇报主题的认知才能清晰的获得。

过多的材料罗列，还会导致汇报时语句说得太快，或者遗失其他有用信息。如果对汇报的一些话题没有把握，很可能会违背汇报的初心，更糟的是，口头汇报变得使人费解。

（3）讲有价值的信息

即使时间允许，也不要过分的发表临时感悟。研究表明，临场发挥的后果并不像想象的那样对汇报有帮助，实际上往往适得其反。请时刻牢记听众的时间是很宝贵的，不能被一些无趣的或初级的内容所占用。

（4）使听众牢记获取有用信息

经验认为，如果能使听众一周后仍能记得口头汇报内容，他们可能只会记住其中三点。如果这三点正好是当时准备汇报的要点，那么汇报做的就尽善尽美了。如果他们记住的那三点不是汇报的要点，那这次汇报就不能说是成功的。当然，如果他们连三点都回忆不起来，这次汇报意味着一定是失败了。

（5）注意汇报的逻辑性

将口头报告看作讲故事，有一个合乎逻辑的流程，清晰的开头、过程和结尾，按照当初的设定去开头，用讲故事描述来龙去脉，最后呈现完美的结局。那么，观众获取的信息就是完整的，也是容易理解的。

（6）把讲坛看作舞台

口头报告应该体现趣味性，但切忌不要过火，要深知自己的软肋。如果汇报者的性格不属于幽默性，就不要假装幽默；如果不擅长讲名人轶事，就不要讲这些。要能够吸引听众，并时刻提醒自己，上述第4条法则"使听众牢记获取有用信息"才是双方对汇报需求的第一法则。

（7）练习和安排好汇报时间

练习和安排好汇报时间，对于新手汇报者尤为重要。需要牢记的是：当汇报时，要始终坚持平时练习的模式。汇报时的离题错误，甚至所汇报的内容都是听众已经知道的，这些问题对于新手都很常见。练习的越多，偏离正题的可能性就越小，因为做的汇报越多，水平就会越高。

抓住各种机会去参加会议活动，特别是一些技术论坛和学术会议，在良好的氛围中锻炼自己，并努力在其中成为一名演讲高手。记住，一次重要的演讲或汇报通常不会第一次就直接呈现给领导和同行听众的，所以，实验室小组会议、实训过程的汇报、甚至课堂的提问回答，可能都是锻炼口头汇报能力的很好机会。

(8) 少而精的使用视觉材料

汇报者都有不同的汇报风格。一些汇报者可以不用或者很少用视觉效果却能吸引听众；另一些汇报者则需要视觉效果的暗示，仅仅依赖于汇报的内容，如果没有适当的视觉效果，比如图表等，其汇报可能不会精彩。

准备精彩的视觉材料是提高汇报质量的十项法则之一。上述第 7 项法则"练习和安排好汇报时间"会帮助确定精彩汇报的视觉材料数目。一般来说，本法则最有效的原则是，选用少而精的视觉材料。不要使用太多的视觉材料，应尽量促使论点少而清晰。

如果汇报的每一分钟都有超过一个视觉材料，那就有些多，呈现时就会匆匆而过。很显然，视觉材料呈现给受众的时间短，受众没有足够的时间来获取内含信息。汇报者应当避免一字一句的阅读视觉材料，因为受众自己能阅读，即便想强调汇报内容的重点之处，那也只是阅读部分内容而已。视觉材料必须支持汇报者演说的内容，最好在汇报时配合呈现的这些材料，能证明汇报者所强调的核心内容。

(9) 录制并回顾汇报者的音频或视频

对于汇报过程，可能没有任何方法比边听边看效果更好了。避免违反上述所有法则的最有效的方法，是事先把汇报者的汇报过程全部录制下来，汇报者自己播放并观看，从中发现错误。这样可以避免一些无法挽回的坏习惯。

汇报时或过后发现错误很容易，但要改正却困难，因为很可能不会再有下一次机会。一些汇报时的坏习惯是轻易发现不了的，也是很难在短期内可以改掉的。一遍遍的录制并回顾汇报者的音频或视频是一个非常好的方法。努力改掉坏习惯，这非常重要。

(10) 提供适当的致谢

在汇报的开始或结尾应该留出适当的时间，去感谢在其汇报中做出贡献的人，以及致谢的理由。当然，如果罗列太多毫无理由的致谢，则会贬低实际作出贡献的人。如果违反第 7 条法则，那么没有正确的致谢相关的人和组织，因为已经用完了所有的时间。在演讲的开始或者遇到他们做出贡献的演讲内容时，进行致谢通常比较恰当。

最后，需要注意的是，即使遵守了这十条法则（或者认为正在遵守它们），也常常不能保证演讲取得预期效果。听众与汇报者之间的动态性很难预测，即使可以将问题的深度和强度具体化，即使运用非线性计算追踪方法进行预测，其预测结果也往往差强人意。有的时候，似乎可以确信一场演讲会进行得很顺利，但演讲结束，却往往感觉很差。还有的时候，害怕听众会有不同的想法，因此汇报完就战战兢兢的离开。这些都是正常的，不必惶恐不安。最典型的是美国前总统林肯葛底斯堡演说，当时是坏评如潮，而现在却铭记青史。

7.3 答辩及其基本训练

有效地完成答辩是一个大学生所必须具备的基本能力。

在大学时，答辩通常分为课程论文答辩、课程设计答辩、实训报告答辩、实习报告答辩和毕业论文答辩。这些答辩是用来检查学生是否是认真独立地完成了有关报告和论文，考察学生综合分析能力，理论联系实际能力，专业方面的潜在能力。

即便是在学生毕业之后，在很多场合也要运用到答辩。比如，学术会议上的论文报告，职称晋升时的职称论文答辩，项目投标时的项目经理答辩，工程项目开工时的开工报告，研究项目实施前的论证报告。

7.3.1 答辩的基本知识

1. 答辩的目的

答辩的主要目的是审查报告和论文的真伪，审查写作者知识掌握的深度，审查报告和论文是否符合体裁格式，以求进一步提高。学生通过答辩，让教师、专家进一步了解报告和论文立论的依据，处理课题的实际能力。学生可由此获得锻炼和提高的机会，应看作是治学的"起点"。

报告和论文答辩小组一般由三至五名教师、有关专家组成，对报告和论文中不清楚、不详细、不完备、不恰当之处，在答辩会上提出来。一般地，教师、专家所提出的问题，仅涉及该报告和论文的学术范围或文章所阐述问题之内，而不是对整个学科的全面知识的考试和考查。

2. 答辩的程序

报告和论文答辩会一般由四个环节组成：学生作口头汇报，毕业答辩小组提问，学生答辩，成绩评定（由答辩会后答辩小组商定）。对于学生来讲，其主要部分是口头汇报和答辩。

口头汇报要求学生简要叙述其报告和论文内容。叙述中要表述清楚写这篇报告和论文的构思、提纲，论点、论据，论述方式、方法。答辩老师通过学生的叙述，了解学生对所写报告和论文的思考过程，考察学生的分析和综合归纳能力。

现场答辩是答辩老师向学生提出二三个问题后，让学生做即兴答辩。其中一个问题，一般针对学生的论文中涉及的基本概念、基本原理提出问题，考察学生对引用的基本概念、基本原理的理解是否准确。其他的问题，一般针对学生的报告和论文中所涉及的某一方面的论点，要求结合工作实际或专业实务进行论述。考察学生学习的专业基础知识对实际工作的联系及帮助，即理论联系实际的能力。

3. 报告与论文的口头汇报

口头汇报，不是宣读论文，也不是宣读写作提纲和朗读内容提要。

（1）必须汇报的内容

在口头汇报中必须阐述下列三个内容：

1）为什么选择这个课题或题目，研究它有什么学术价值或现实意义。

2）说明这个课题的历史和现状，即前人做过哪些研究、取得哪些成果、有哪些问题没有解决、自己有什么新的看法、提出并解决了哪些问题。

3）文章的基本观点和立论的基本依据。采用了什么样的研究方法。

（2）选择汇报的内容

学生可以从下列内容中，根据自己的实际情况，选取二三个内容，作好汇报准备，内容最好烂熟于心，在不看稿子的情况下达到语言简明流畅。

1）学术界和社会上对某些问题的具体争论，自己的倾向性观点。

2）重要引文的具体出处。查阅了哪些参考书、数据库和网站。

3) 本应涉及或解决但因力不从心而未接触的问题。
4) 本文提出的见解的可行性。
5) 定稿交出后，自己重读审查新发现的缺陷。
6) 写作毕业论文（作业）的体会。
7) 本文的优缺点。

7.3.2 答辩的基本训练

1. 报告与论文的即兴答辩

（1）基本对策

听取答辩小组成员的提问，精神要高度集中，同时，将提问的问题一个一个地记录下来。

对提出的问题，要在短时间内迅速做出反应，以自信而流畅的语言，肯定的语气，不慌不忙地逐一回答。

对提出的疑问，要审慎地回答，对有把握的疑问要回答或辩解、申明理由；对拿不准的问题，可不进行辩解，而实事求是地回答，态度要谦虚。

（2）注意事项

回答问题要注意以下几点：

1) 正确、准确。正面回答问题，不转换论题，更不要答非所问。
2) 重点突出。抓住主题、要领，抓住关键词语，言简意赅。
3) 清晰明白。开门见山，直接入题，不绕圈子。
4) 有答有辩。有坚持真理、修正错误的勇气。既敢于阐发自己独到的新观点、真知灼见，维护自己的正确观点，反驳错误观点，又敢于承认自己的不足，修正失误。
5) 辩才技巧。讲普通话，用词准确，讲究逻辑，吐词清楚，声音洪亮，抑扬顿挫，助以手势说明问题；力求深刻生动；对答如流，说服力、感染力强，给教师和听众留下良好的印象。

2. 报告与论文答辩的准备

答辩前的准备，最重要的是答辩者的准备。要保证报告和论文答辩的质量和效果，关键在答辩者一边。报告或论文作者要按顺序通过答辩，在论文提交之后，不要有松一口气的思想，而应抓紧时间积极准备答辩。答辩者在答辩之前应该从以下几方面去准备：

（1）要写好报告和论文的简介

主要内容应包括论文的题目，指导教师姓名，选择该题目的动机，报告和论文的主要论点、论据和写作体会，以及本议题的理论意义和实践意义。

（2）要熟悉自己所写报告和论文的全文

尤其是要熟悉主体部分和结论部分的内容，明确报告和论文的基本观点和主论的基本依据；弄懂弄通报告和论文中所使用的主要概念的确切含义，所运用的基本原理的主要内容；同时还要仔细审查、反复推敲文章中有无自相矛盾、谬误、片面或模糊不清的地方等。如发现有上述问题，就要作好充分准备——补充、修正、解说等。只要认真设防，堵死一切漏洞，这样在答辩过程中，就可以做到心中有数、临阵不慌、沉着应战。

(3) 要了解和掌握与自己所写报告和论文相关联的知识和材料

如自己所研究的这个论题学术界的研究已经达到了什么程度，目前存在着哪些争议，有几种代表性观点，有哪些代表性著作和文章；自己倾向哪种观点及理由；重要引文的出处和版本；论证材料的来源渠道等。这些方面的知识和材料都要在答辩前做到有比较好的了解和掌握。

(4) 清楚未涉及、未解决的内容及与他人的界限

报告和论文还有哪些应该涉及或解决，但因力所不及而未能接触的问题。对于优秀报告和论文的作者来说，还要搞清楚哪些观点是继承或借鉴了他人的研究成果。

3. 报告与论文答辩的失败

在报告和论文答辩会上常常质量较高的报告和论文却没获得高分数。这是因为答辩的失误。答辩失败的原因有以下几个方面。

(1) 缺乏自信

不少学生本来准备得不错，但就是对自己缺乏信心。结果一开始介绍报告和论文时就怯场，头也不敢抬，讲话声音小得可怜，只求尽快结束讲话。回答教师提问，更是吓得"汗不敢出"，本来是常识性的问题，由于过度紧张，竟回答不上来，或者说得吞吞吐吐，前言不搭后语，让人无法理解。

记住，自信是成功的一半，缺乏自信则意味着失败。

(2) 介绍冗长

介绍自己的报告和论文，应该重点突出，简洁明了。有些学生生怕别人不能理解论文，恨不得把全篇论文所有内容都讲出来，结果，面面俱到，主次不分，冗长乏味。须知，答辩教师对论文已心中有数，只重点介绍论文的精华部分就可以了，很多话可以在答问的时候再讲。其实，即使教师事先没看过论文，听了这主次不分的冗长乏味的介绍以后，也无法理解论文的主要观点与精华所在，还得通过多角度的提问才能加深认识。

记住，少而精的介绍才是最难能可贵的，也是最受人欢迎的。

(3) 厚此薄彼

有的学生在回答各位教师提出的问题时，根据教师职称高低来安排自己答问的先后顺序，即先回答教授的提问，然后再回答讲师的提问，甚至对低职称教师的问题不作答复，表现出厚此薄彼的倾向。

由于这种答问顺序没有考虑问题的难易程度，常常碰到教授提出的问题是自己没有准备或无法做出满意答复的难题。结果，答辩一开始就使自己陷于窘境，给后边的答辩带来了阴影，甚至由于失利，致使整个答辩全盘皆输。

正确的做法是，根据问题的难易程度来安排自己的答问顺序，即先回答自己准备得最充分、最有把握的问题，然后回答经过思考以后可以答好的问题，最后回答"难题"，或者老实承认自己回答不了，愿做进一步思考。

(4) 不肯认错

任何文章都不可能十全十美，总会有一些缺点或不足之处。可是，有的学生对此没有正确的认识，生怕别人找出论文的缺点，从而影响论文评估。当教师提出自己论文中的缺点时，千方百计为自己辩解、不肯认错。有的本来是无关大局的小毛病，可由于不愿做丝毫让步，致使答辩偏离正常轨道，在牛角尖里绕圈子。结果，在教师的步步追问下，必然也是一

败涂地。

承认错误并不意味着失败。如果认识到错误的所在，马上纠正，并在新的认识基础上作新的阐述，反而会反败为胜。所以，在答辩过程中，当教师指出缺点时，应虚心承认，有新的认识可做新的阐述，没新的认识，可表示日后进一步思考，这样效果会更好。

（5）随口便答

有的学生在答辩过程中，当教师插话提问时，自以为问题很简单，不假思索，随口便答。结果，常常说出一些欠考虑的话，甚至在答话中出现常识性错误，使自己陷于被动地位，追悔莫及。

须知，答辩教师都是本专业的同行，一般来说，所提出的问题都是经过一番思考后才提出来的，都有一定的针对性。因此，对于教师所提的一切问题，都要慎重对待，认真思考，切不可草率作答。

（6）体态失佳

体态也是一种"语言"，它能传递各种信息。答辩场上，仪态庄重大方，动作优雅美观，才会给人好感。有的学生恰恰不注意这一点。有的衣着不整，有的讲话时摇头晃脑，有的不时地抓耳挠腮，甚至还有的跷起二郎腿。这些失佳的体态给教师留下很不好的印象。无疑，体态给自己打了个"不及格"，论文也很难获得"优秀"。

第 8 章　故障分析与问题处理

故障分析和问题处理，是每个工科大学生在自己的职业生涯中必须掌握的职业技能，它会伴随一个人一生的职业生涯。工作中的每个人，实际上每时每刻都在做着故障分析和问题处理的工作。无论是在生产第一线做运行、维护的技术人员，还是在工程建设中做设计、安装、调试的实施人员，又或是在企业管理的质量、产量、环境、能源等诸多岗位，故障分析和问题处理能力都是至关重要的。

本章从故障分析和解决问题的基本方法谈起，重点讲解解决问题的 5WHY 法、解决问题的七步法，并详解了故障诊断及排除的处理流程。本章会频繁使用第三章介绍的各种管理工具和管理方法，所以在阅读本章时，要参考第三章的内容。

8.1　故障分析基本方法

故障分析思路：①通过基本目测法，对系统表层故障进行分析；②通过手动试探法，对系统的电路等部件进行故障分析；③通过逻辑分析法，分析系统整体故障和程序故障；④通过替换排除法，将故障部件剔除，完成故障处理。也就是说通过对对象系统的深入了解，应用基本方法，便可快速完成全系统的故障分析与排除。

8.1.1　直接目测法

直接目测法是指只通过对机器设备不同状态下的观察，与正常状态下进行比较，并得出故障原因的方法。目测法是一种最直接，最常用的故障分析方法之一。其主要的优点是方便、直观、节省时间，但对故障原因往往无法准确定位，可能造成误判。不过，目测法在一般单体设备和简单系统的故障排除仍占有重要的地位，尤其对于部分虽然简单，但对设备影响很大的故障具有很好的效果。

直接目测法的基本原则为先整体后局部，先简单后复杂。比如，在对一个实训室的实训设备进行系统维修时，目测步骤如下：

首先，观察设备的电源等动力源。打开控制面板上电源开关，观察设备和控制面板是否可以正常供电；在保证各个单元正常的情况下，各种动力源是否可以正确输出。

其次，各个模块之间是否进行有效连接，且各个接口和管线的对应关系是否正确。比如设备的安装位置、各种电源线和信号线等。

再次，观察设备各部件是否完整，是否发生移位，部件之间的相对位置是否合理。比如，测量装置的位置等。

最后，在通电或通气的条件下，观察各个部件的状态是否正确，重点观察被控设备、控制设备和测量装置的状态是否满足系统运行初始化条件。例如，相关信号指示灯是否亮起等。

在目测时，如果系统较大，采用多人分模块目测可以大幅度提高工作效率。

8.1.2 手动试探法

在故障分析时，往往仅通过目测是远远不够的，需要手动试探。手动试探法也是一种比较直观、简便的方法。在实训装置中，手动试探法主要依靠按照系统的操作流程的走向和结果进行试探。分成被测对象的驱动控制、动力源驱动控制、万用表的实际测量等方式来实现。

被测对象驱动控制的试探法，主要应用于全系统都不能正常的工作时，欲测试相关的电路执行部件是否正常。例如，当系统不能正常工作时，欲测定测量装置、控制模板、动力源、交直流电源是否能正常工作，就可以使用相应的接线将控制面板上的相关控制点短接起来，控制其发生动作，以便分析出故障。

动力源驱动控制的试探法，主要用于系统的部分设备故障时，主要是对动力源进行相关动作，对整个动力线路进行检查。如，可以发现无动力输出、漏气、动作不正常等现象。

万用表实际测量的试探法，主要是针对系统的各个接点电位、信号线本体、信号线的连接等，查看其是否本身故障、连接正确，可以直接发现故障原因。

8.1.3 逻辑分析法

逻辑分析法是建立在对设备充分了解的基础上，通过对故障现象的综合观察，运用推理、反证、比较等方式对故障原因进行分析的一种重要方法。

在对复杂的系统进行系统性故障分析时，逻辑分析是最重要的方法。通过严谨逻辑分析，在节约时间的同时，还更加准确有效。

例如，在某实训装置 Aotomate-200 设备中产品的分类有六种：黑色有孔/黑色无孔，金属有孔/金属无孔，白色有孔/白色无孔。通过程序根据传感器的信号判断产品的种类：电涡流传感器判断产品是金属还是非金属，光电传感器判断产品是黑色还是白色，光电传感器判断产品是有孔还是无孔。然后，程序决定哪类产品放置于哪些仓库。通常情况下，可以列出正常状态下的分类表，再列出非正常状态下的分类表，则基本能够用逻辑分析的方法，完成对非正常状态的判断。

逻辑分析法简单方便，但在复杂的系统中，要求维修者对机器有较为深入的认识和理解，并且具有较强的思维能力。

8.1.4 替换排除法

在系统故障分析时，我们往往无法分析出故障具体可能出在什么地方，一种故障现象可能由多种部件不正常导致，故在故障分析时，经常采用替代法。

这种方法是用好的部件去替代可能有问题的部件，若系统正常工作，则被替换的部分有问题；若系统仍异常，则未替代部分有问题。这样，能有效缩小故障分析的范围，排除其他可能。

替换排除法思路简单、分析直接，但其替换过程耗时严重，且不够方便，仅适用于较复杂的故障分析。一般与逻辑分析法结合使用。

8.2 解决问题的基本方法

俗话说：授人以鱼，不如授人以渔。教人解决一个问题，不如教人解决问题的方法。

善于解决问题的能力是一种缜密而系统化思维的产物，任何一个具有正常思维的人都能获得这种能力。培养自己良好的逻辑思考方式，养成系统有序的思维有助于灵感的产生和思维的创新。

发现问题需要知识作铺垫，解决问题需要能力作基础，发现和解决问题是管理者必须具备的才能，能力的大小，实际上就体现在解决问题的大小。解决问题需要科学的思维和逻辑推理，故障诊断与排除的技能是建立在自觉地提升认识问题和解决问题的能力之上的。

8.2.1 问题的基本概念

1. 问题的定义

当某件事、设备或人员等已经发生，或可能在预期的期限内呈现的效果与"应该"或"预期"的水准有差异时，定义为"问题"（Problem）或"故障"（Fault），如图 8-1 所示。

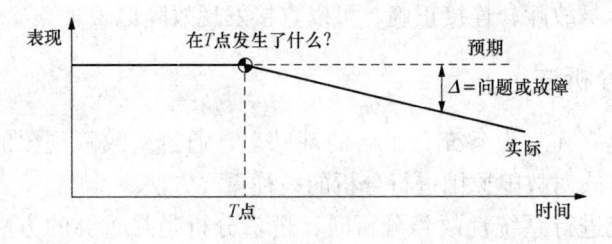

图 8-1 问题的定义

什么是问题？一言以蔽之，问题来源于现实与目标的差距。

（1）问题产生的原因

1）不清楚目标是什么；

2）不知道差距产生的原因是什么；

3）虽然知道差距产生的原因，但是不知道如何消除这个差距，以及不确定消除差距的方法对不对。

这些问题会不断地出现在工作和生活中，能较好解决的问题称为"问题"，无法较好解决的问题称为"麻烦"。

（2）问题的种类

问题或故障一般分为三类。

1）一般性的问题，比如，某条生产线的输送机不运转了；某个业务代表的销售业绩突然下降了。

2）重复性的问题，比如，计算机时好时坏；每三个星期产品不良率上升，持续一星期又恢复正常。

3）起始性的问题，比如，新买的设备，无法达到规格书描述的性能指标。

(3) 问题的特性

问题的特性有大小、严重性、发生频率、可探测性、重复性、区域性、系统性。

解决问题的基础条件是具有知识、技能、经验，通过提问获得信息，对问题进行分类，了解问题的特性，对问题进行逻辑分析，提出解决方案，用推理过程对解决方案加以演绎，从而使问题得到解决。

2. 问题的陷阱

在解决问题时，一定要留心下面这些陷阱，避免陷入错误，致使问题更加严重。

(1) 意识不到问题的存在

意识不到问题存在的一个可能的原因是很多人犯了经验主义错误，简单地用过去的经验解决当前的问题。问题通常是隐藏的，在未解决问题前要防范于未然。

(2) 没有确认问题的性质

大部分人都喜欢花费大量时间制定解决问题的措施，以致忽略了问题的性质，如一想到成本高就想到降低采购价格。这就是典型的还不知道问题的性质，就急于采取措施。

因为给问题"定位"是解决问题的开始，所以，想引导后续正确的行为，就要确认问题的性质，否则就无法对症下药。

(3) 未找到问题发生的真正原因

有时人们会把某个浅显的原因误认为是真正原因，却不知错误的原因会导致错误的方案，还可能引起更大的问题。很多人在分析原因时没有客观、公正的心态，或是没有敢于承认问题的信心和勇气，从而不敢面对问题发生的真正原因。

(4) 缺少有效的实施措施

这类现象往往是由于在还没有确认问题的成因前就过早出台措施。而措施不利，或仅针对表面现象没有针对问题的根本原因，或是多层原因但问题的措施只针对某些成因，往往不能从根本上解决问题。

(5) 没有评估问题是否有效解决

由于实施的措施仅仅是根据问题的表象而判断，没有评估和检查这些措施是否能从根本上解决问题。由于仅仅关注措施对问题的表象影响，没有评估可能带来其他新的问题，解决措施还会引起新的问题。

(6) 对解决问题的时机把握不当

事情分轻重缓急，问题也有重要非重要、紧急非紧急之分。如果在解决一个问题前没有考虑这个问题是否现在必须解决，从而将时间、精力、资源都用在处理非重要的问题上，结果失去了处理可能引起严重后果的问题的最佳时机。

3. 问题的解决

一个真正的解决问题的高手，其实应该有能力用一套方法论去解决问题的所有要素，不管这个问题再简单、再新鲜、再复杂都能搞定。尤其是可以有效的避免上述解决问题陷阱。

(1) 系统性思维解决问题

会解决问题的人和不会解决问题的人，在实际工作和生活当中有什么区别呢？

假设有人想咨询一个新产品问题："我们开发了一个新产品，这个产品的表现不太好，用户付费转化不够，怎样才能提高用户付费转化率？"

这时，要是一个没有解决问题训练的人，就不会解决问题。很可能开始在头脑里想象一些碎片式的解决方案，比如说，是不是产品存在问题、是不是运营存在问题，是不是需要做推广来获得更多的流量等。

这些碎片一样的问题里有没有可能有正确的答案呢？当然有可能的。但是，这肯定不是一个解决问题的高手做事的方法。真正的高手具备解决问题的思考框架，能够采用系统思维的思考方式来解决问题。

（2）系统性解决问题的优势

1）可以准确界定、清晰表述问题，提高工作效率。

2）有效掌控事件的本质，完全地抓住了事件的主骨架，把事件打回原形思考。

3）简单、方便，易于理解、使用，富有启发意义。

4）有助于思路的条理化，杜绝盲目性。有助于全面思考问题，从而避免在流程设计中遗漏项目。

8.2.2 解决问题的四个关键要素

采用系统思维的思考方式来解决问题的最简单方法，可以从解决问题的通常思路上总结出来，回顾解决问题的一般思路我们会发现解决问题实际上存在四个关键要素。

发现异常，也就是找到期望和现实之间存在的差异，并且选择出最关键的异常，就是找到关键问题所在，这是第一步，发现问题。第二步就是要对问题进行分析，即要因分析，分析出引起异常的主要原因。第三步就是提出假设，即提出解决方案，并找出可行的方案。最后一步就是校验假设，即确认可行方案，并落地执行实施这个方案。这四步就是围绕解决问题的四个关键要素，任何一种解决问题的方法都离不开这四个关键要素。

1. 发现问题

发现问题就是明确和理解问题，也就是说需要明确：发生了什么、何时发生的、何地发生的、造成的影响（安全、环境、收益、成本、发生的频率等）；而不需要描述"谁"和"为什么"。想把问题界定清楚，就需要简洁、客观、思考全局、一次一个问题。可以使用下面两个方法来明确及理解问题。

（1）准确地描述问题

语言（包括口头语言和书面语言）是传递信息、交流思想、表达感情的主要工具。每一句话中的文字都会表达一些意思，但往往这些意思并不能传达说话者内心的全部观念和意义，正所谓"书不尽言，言不尽意"。

这种语言中有很多说不出来的意思的情况，既可能是表达者自身局限所导致的，也可能是表达者根本就不想说出来。但无论是哪种情况，既然现在已经知道了语言往往不能传达说话者全部的含义，那就需要在分析问题前了解说话者的真实意图。从而能准确的描述问题。

（2）明确问题的构成要素

在平时的工作、生活或学习中，经常接到各种各样的任务。工作中有领导分派的任务，生活中有家务等事情，学习中有班级活动、学习安排等事项，是应对自如，还是经常手忙脚乱？

遇到任务类的问题，第一时间就要确认清楚，一是可以减少反复确认的时间，提高效率，二是可以给对方留下"思维缜密"的好印象。反之，如果浪费时间，就会给对方留下"考虑问题不周"的坏印象。

能在第一时间就确认清楚这类任务式问题的所有要素,最好采用"5W2H"框架,去明确问题的构成要素。对于决策和执行性的活动非常有帮助,也有助于弥补考虑问题的疏漏。

比如,领导交代到某地出差的问题,就可以运用"5W2H"的框架与领导一次性确认所有关键要素。①为什么要你去(Why)?②现在具体情况及去做什么(What)?③具体什么时间到、什么时间结束(When)?④项目的具体地址,去了住哪儿(Where)?⑤都有哪些人在,有人一起去吗(Who)?⑥去的话,允许乘坐哪些交通工具(How)?⑦有多少预算可以用(How Much)?

"准确地描述问题"和"明确问题构成要素"这两种明确及理解问题的方法容易上手,真正掌握它们的关键在于平时要有意识地多多练习,以尽快形成习惯。

2. 分析问题

接下来要做的就是确定问题的成因了,也就是分析问题,探究问题的本质。通常主要从人员、设备、原料、方法和环境五方面,运用鱼骨图方法分析。这就需要收集各类背景信息加以分析。通常列出所有能收集到的全部信息,加以选择和分类,还要避免主观偏好。这里也有两个方法。

(1) 区分问题的表象与根本原因

在日常的工作、生活和学习中,人们总是能碰到各种各样的问题,但是大部分时候,真正的问题并不会自动摆在面前,它们会以问题的表象、问题的初步解决方案,或者无关的干扰信息等形式出现。大多数人都会被这些偏差迷惑,从而偏离问题的真正解决之道。

比如,员工上班常常用微信闲聊的小事,最终的可能解决措施竟然是看似风马牛不相及的把产品升级换代。这是运用"探究问题本质"的第一种方法——5Why法,来区分问题的表象与根本原因做到的。5Why法的关键是鼓励解决问题的人努力避开主观或自负的假设和逻辑陷阱,从结果着手,沿着因果关系链条,顺藤摸瓜,直至找出原有问题的根本原因。这个方法非常有效,因此被命名为下一节详述的"解决问题的5Why法"。

(2) 区分问题的初步解决方案与问题本身

除了"探究问题本质"的第一种类型——区分问题的表象与根本原因,还有"探究问题本质"的第二种类型——区分问题的初步解决方案与问题本身。

在现实的工作、生活和学习中,很多时候对方提出的问题都是经过其初步加工后的解决方案,而非真正的问题。将问题的初步解决方案与问题本身混为一谈是最容易犯的错误之一,也是大量时间和精力浪费的根源之一。所以,我们要做的是找到真正的问题,而不是惯性地将初步解决方案当做问题本身来应对。

比如,一个客户要求将原有数据库的大量数据移植到新的管理平台上,这种看似需要花费大量人力物力的工作,可能根本原因是客户想要能在新的管理平台上访问这些数据而已。"移植"数据库仅仅是初步解决方案而不是真正的问题。

3. 提出假设

在分析问题的基础上,提出解决问题的假设,即可采用的解决方案,其中包括采取什么原则和具体的途径和方法。所有这些往往不是简单和现成的,而且有多种多样的可能性。提出假设是问题解决的关键阶段,正确的假设会引导问题顺利得到解决,不正确不恰当的假设则会使问题的解决走弯路或导向歧途。

(1) 解决方案的标准

一个好的解决方案的标准是：能够防止问题再出现，并减轻问题的影响；最好把问题控制在影响之内，即使超出了，也要积极施加影响；解决方案能满足某些目标。

如何找到有效的解决方案呢？这就需要针对上一步骤里分析出的每一个原因提出一个有针对性的解决方案，并回答应该做什么，能够改变什么。记录所有的解决方案，不要过早判断这些方案是否可行。团队对这些解决方案进行比较权衡，从中找到最佳的解决方案，这个被选中的方案必须满足上述解决方案的标准。

为找到有效的解决方案，在方向上尽可能简洁，要能够利用已有的途径。"够准"即好，而不做完美主义者；注意发挥团队的力量，要开拓思路，激发创造力；明确本步骤的目的只是做出评估和选择，而且要注意资源的限制。

(2) 制定解决方案的过程

在制定解决方案的过程中要融入创新。创新方式包括向前延伸的延伸式创新，向后延伸的逆向思维，横向叠加的叠加思维，横向拆分的拆分式创新，流程调整的流程式创新和颠覆式创新的破坏与颠覆。

制定解决方案的具体过程是：首先，要选择几个备选方案，解决问题要有做备选方案的意识。然后，针对不同的备选方案按照"效果""时间""成本"和"风险"这几个要素进行方案选择。选择这些方案要按照"动作""任务"进行客观描述，按照"标准""期限"进行标准衡量。

4. 校验假设

假设只是提出一种可能的解决方案，还不能保证问题必定能获得解决，所以问题解决的最后一步是对假设进行检验。

通常有两种检验方法：一是通过实践检验，即按假定方案实施，如果成功就证明假设正确，同时问题也得到解决；二是通过心智活动进行推理，即在思维中按假设进行推论，如果能合乎逻辑地论证成果，就算问题的初步解决。特别是在假设方案一时还不能立刻实施时，必须采用最后一种检验。但必须指出，即使后一种校验证明假设正确，问题的真正解决仍有待实践结果才能证实。

不论哪种检验如果未能获得预期结果，必须重新另提出假设再进行检验，直至获得正确结果，问题才算解决。

对假设的校验标准是"可执行""可衡量""可落地"和"可评价"。

8.2.3 解决问题的 PDCA 法

本书第三章讲 PDCA 循环的四个环节有八个步骤，其中 P（计划）环节包括：分析现状，发现问题；分析各种影响因素；分析主要原因；选择对主要原因采取的措施。D（行动）环节包括：执行，按措施计划的要求去做。C（检查）环节包括：检查，把执行结果与目标对比。A（处理）环节包括：标准化，总结成功经验，制订相应标准。把没有解决或新出现的问题转入下一个 PDCA 循环中去解决。利用 PDCA 循环的八个步骤，结合解决问题的四个关键因素，可以用于解决疑难问题，这是 PDCA 循环在故障分析与问题处理方面的一个具体应用。

1. 步骤一：确认问题

目的：对问题进行切实可行的定义。

输入：过程中发现的异常，管理层设定和提出的问题。

过程：成立解决问题小组；评审现有的描述问题的数据；收集团队的反馈及其他实际数据；在尽可能的条件下，亲自去调查一下异常和问题；完整的描述何事、何地、何人、何时、如何；确认如果问题得到解决，情况会有什么变化。

输出：何事（有什么现象?）、何地（发现了问题?）、何人（同这个问题有关?）、何时（从何时开始？重复发出?）、为何（问题是重要的?）、如何（用百分数、个数、PPM、时间等术语量化），清晰的将问题定义出来，记录在解决问题小组的项目纪要上，最好用流程图表示出来。

工具：检查表（问题陈述）、因果图（鱼骨图、人机料法环）、流程图（输入-输出图）。

提示：不要将问题表述成了原因，避免问题式的或方案式的表述，尽可能的用事实去定义问题，要判断是否为急待解决的或实际存在的问题。

2. 步骤二：收集和组织数据

目标：收集数据以便更好地理解问题。

过程：用头脑风暴法收集所需要的数据；画流程图；准备数据收集计划（何人、何事、何时、如何）；执行计划；用直观的形式组织数据（图表、曲线、排列图等）；分析组织好的数据。

输出：所有描述问题的图表。对问题完整的描述。

工具：数据收集计划、头脑风暴法、检查表、排列图、控制图、直方图、流程图、其他图形。

提示：要明白为什么要做这些图形。要避免没有目的地滥用图表。

3. 步骤三：找出影响问题的主要因素

目的：比较所有可能的原因，然后辨认对问题有直接影响的主要因素。

过程：收集所有的影响因素；整理出所有的末端因素；评估是否这些末端因素是可控的；对末端因素逐条确认；找出真正影响问题的主要原因。

输出：主要原因。

工具：排列图、散布图、关联图（亲和图）、矩阵图、实验设计法等。

提示：原因仅限于那些对质量有直接影响的。

4. 步骤四：寻找可能的解决方法

目标：确认所有可能的解决方法，以及简单、快速地验证这些方法的可能性。

过程：用头脑风暴法获得所有的解决方法；针对主要原因验证所建议的解决方法；选择那些最佳的备选方法；明确地描述解决方法；进行简单的验证看是否可以解决问题。

输出：关于解决方法的简明清单。

工具：头脑风暴和投票决策法。

提示：解决方案要限制在十个以下。

5. 步骤五：行动计划和执行措施

目标：制定行动计划，并按照计划执行措施，将措施付诸实施。

过程：制订带有原因、解决方案和行动计划、负责人的行动计划表；获取上级的认同和支持；动员和知会相关人员，包括对相关人员实施的培训，全体人员参加的开工会；经过试行阶段，对方案调整的基础上实施措施；评估实施的初步结果，全方位实施措施；检查所有措施的完成情况。

输出：所有完成了的措施；相关的测量方法和收集到的数据。

工具：行动计划、甘特图、SMART 分析法。

提示：需要在现场推动实施和项目跟进。必须将措施和结果进行可视化。

6. 步骤六：评估结果

目标：确认执行的措施是否产生预期的结果；检查项目的目标是否得到满足。

过程：收集执行行动后获得的数据和审核行动影响的区域和流程等；用有效的形式来组织这些获得的数据；将这些数据进行分析，看看执行的结果是否有改进；这些结果与预设的目标是否相同，如果不同的话分析其差距在哪里，有多大？

如果有可能，将完成的行动计划的有效性——评估。如果对结果满意或可以接收，就转往步骤 7，继续下一步。如果对执行的结果不满意，则回到步骤 2，进入下一个循环。

输出：针对满意的执行行动进行梳理，以便形成标准化的措施。

工具：所有上述用过的图表。

7. 步骤七：标准化和进一步推广

目标：保持改进措施，在类似的领域内传播，分享知识和方法。

过程：定义所需的规则和指标；设立相关联的测量手段；更新操作指示、设置要点和程序；确保针对新的操作和活动的沟通或培训；列出其他也可以采用此问题解决方案的地方；向管理层展示解决问题小组的工作过程、采取的措施和标准化情况；建议类似的措施也可以应用在哪些地方。

输出：建立的新标准；有准备地进行新的 PDCA 循环；解决问题小组解散或转向新的改进机会。

工具：流程图、程序等。

8. 步骤八：提出这一循环尚未解决的问题

不要期望在一次 PDCA 循环中就解决所有的问题，问题的解决和过程的改进应在科学性和哲学性之间取得平衡。所以，在这一步骤要总结未能解决的问题，将尚未解决的问题，转到下一个 PDCA 循环，也就是说在下一个 PDCA 循环中考虑未解决的问题。

8.3 解决问题的 5Why 法

准确的认识和确认问题是问题解决的前提。解决不好问题的原因往往是尝试用自以为正确的方法去解决错认的问题。传统的方法通常是直接找到原因，快速解决问题。但是，这只能起到头疼医头，脚疼医脚的作用，无法根治问题，问题往往复生。

上一节讲到 5Why 法的关键是鼓励解决问题的人努力避开主观或自负的假设和逻辑陷阱，从结果着手，沿着因果关系链条，顺藤摸瓜，直至找出原有问题的根本原因。所以，运用 5Why 法这种系统性的分析方法，就能找到问题的根源，从而将问题根治。

8.3.1 5Why 法基本概念

这种方法是丰田佐吉提出的，后来丰田汽车公司在发展完善其制造方法学的过程中也采用了这一方法。作为丰田生产系统（Toyota Production System）的入门课程的组成部分，这种方法成为其中"问题求解"培训的一项关键内容。丰田生产系统的设计师大野耐一曾经将5Why法描述为"……丰田科学方法的基础……，重复五次，问题的本质及其解决办法随即显而易见"。目前，该方法在丰田之外已经得到了广泛采用，并且现在在持续改善法、精益生产法以及六西格玛法中也得到了应用。

1. 5Why法的定义

5Why法，或称为"5个为什么"分析，也被称作"五问法"，或"为什么－为什么"分析，它是一种诊断性技术，被用来识别和说明因果关系链，它最终会揭示出问题的根源。文件中所有带有"为什么"的语句都会定义真正的问题根源，而通常需要至少5个"为什么"，所以称为5Why法，但5个Why不是说一定就是5个，可能是1个，也可能连问10个都没有抓到根源，如图8-2所示。

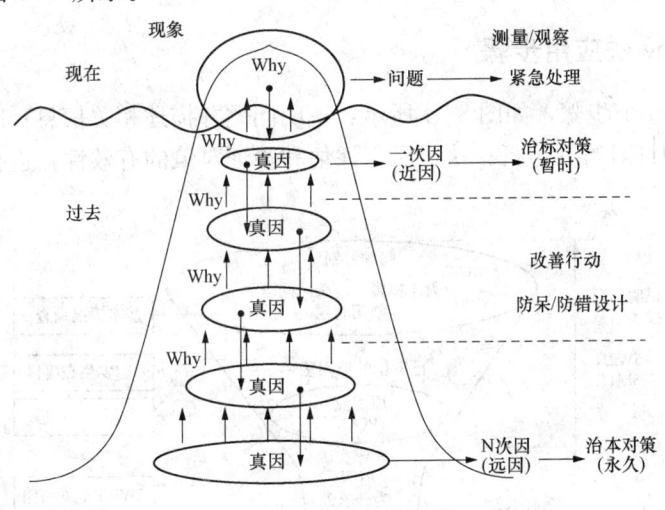

图8-2 5Why法定义

2. 5Why法的原理

使用此分析方法可以恰当地定义问题。不断提问为什么前一个事件会发生，直到回答到"没有好的理由"或直到发现一个新的故障模式时才停止提问，解释出根本原因，以防止问题重演，最终解决问题，如图8-3所示。

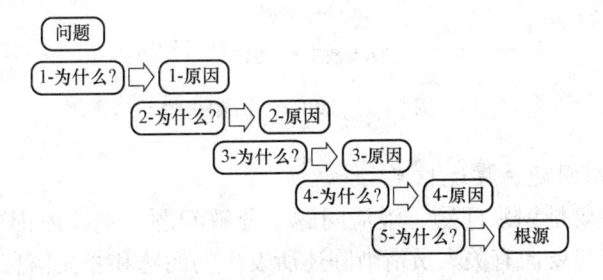

图8-3 5Why法原理

根据问题的陷阱一节，找不到真正解决问题的对策的原因在于没有找到真因，或者认定了一个原因之后不再探索其他原因，或者没有科学地解析故障的发生原因，或者对"故障真因""措施整改内容"理解不足。

要想真正的消灭或解决问题,防止问题再发,就需要追求要因,这就是"5Why"法要达到的目的。它不是根据经验等思考诱发现象的要因,而是有规则地、按顺序、没有遗漏地把真正的要因全部梳理出来,针对最后一个"为什么"探寻整改措施。

5Why法是系统的分析方法。5Why法以现地现物原则判定哪个要因是真正的源头,纠正要因就是整改措施。使用5Why法,总的指导方针是不要认为答案是显而易见的;要绝对的客观,确认所描述的状态为事实,而非推断、猜测,要用数据说话。对于不完全熟悉工作过程或问题对象的个体来讲,组建一个跨专业的工作组来完成分析是最佳途径。

5Why的关键在于:鼓励解决问题的人要努力避开主观或自负的假设和逻辑陷阱,从结果着手,沿着因果关系链条,顺藤摸瓜,穿越不同的抽象层面,直至找出原有问题的根本原因。

8.3.2 5Why法应用步骤

5Why法需要4个步骤,如图8-4所示:说明问题并描述相关信息;问"为什么"直到找出根本原因;制订对策并执行;执行后,评估和验证对策的有效性,进行定置、标准化和总结等。

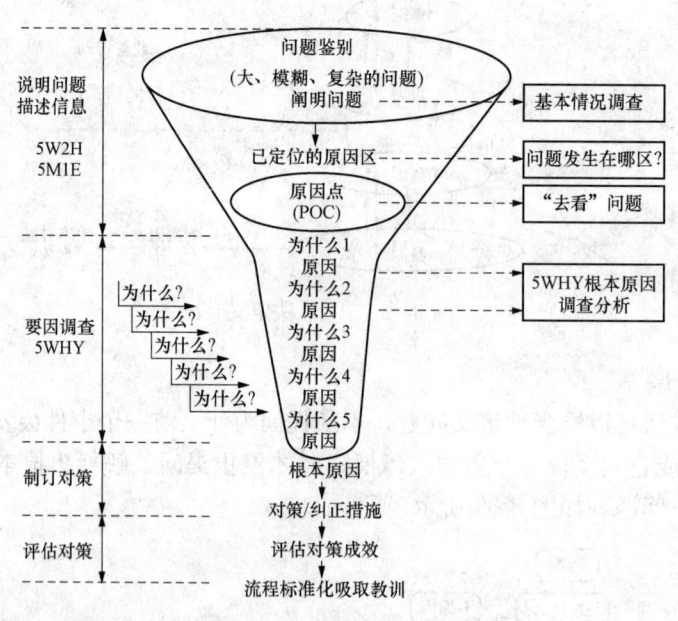

图8-4 5Why法应用步骤

1. 第1步:说明问题、描述信息

在这一步中,主要是识别问题、澄清问题、分解问题、查找原因要点,也就是了解情况、抓住问题。这一步要向有关人员清晰陈述所发生的问题和相关信息,做到让所有相关人员都了解要分析的问题是什么,即使是不熟悉该类问题的人员。

这一步是问题分析和解决的基础千万不能忽视,其应用要点是:确认所描述的状态为事实(What、Where、When、Who等),而非推断、猜测;尽可能分享已知的相关信息;可以的话,使用数据进行说明。

(1) 识别问题

在这个方法的一开始，会了解一个可能庞大、模糊或复杂的问题，会掌握一些信息，但一定没有掌握详细事实。这时候要问自己"到底知道了什么？"以便识别问题。

(2) 澄清问题

这个步骤中要做的事是澄清问题。为了对问题有更清楚的了解，要问：实际发生了什么？应该发生什么？

(3) 分解问题

在这一步要做的事是将问题分解为小的、独立的元素（如果必要），即分解问题。要问：关于这个问题我还知道什么？还有其他子问题、小问题吗？

(4) 查找原因要点

接着，焦点集中在查找问题原因的实际要点上。需要用追溯来了解第一手的原因要点。问：需要去哪里？需要看什么？谁可能掌握有关问题的信息？

(5) 把握问题的倾向

在问 5 个为什么之前，问这些问题或者说知道这些问题的答案很重要的。此外，还要问：谁？哪个？什么时间？多少频次？多大量？来要把握问题的状态和倾向，也就是说这个问题会影响谁，什么时候会再发生，多长时间发生一次，会有多大的量或会有多严重。

2. 第 2 步：要因调查、问为什么

在这一步中，主要是进行原因调查。利用 5Why 法找出真正的要因。如果提出的答案，无法被认为是在第 1 步中问题的根本原因，继续问"为什么"并找出答案。直到问题的根本原因已被识别。其过程如图 8-5 所示。

(1) 识别并确认异常现象的直接原因

如果原因是可见的，直接验证它。如果原因是不可见的，就要考虑潜在原因并核实最可能的原因。通常依据事实确认直接原因。一般问下列问题：这个问题为什么发生？能看见问题的直接原因吗？如果不能，怀疑什么是潜在原因呢？怎么核实最可能的潜在原因呢？怎么确认直接原因？

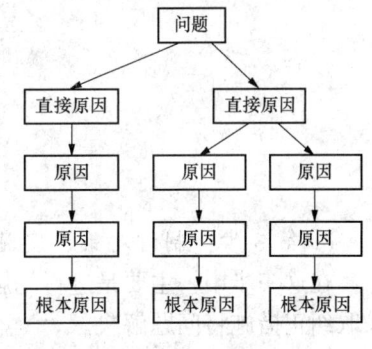

图 8-5 多原因 5Why 分析

(2) 建立通向根本原因的原因－效果关系链

如果通过上个步骤获得的直接原因基本上不是根本原因。这时就要使用"5Why"法来建立一个通向根本原因的原因－效果关系链。

1) 建立通向根本原因的原因－效果关系链的初始问题通常有：处理直接原因会防止问题再次发生吗？如果不能，能发现直接原因的下一级原因吗？如果不能，怀疑什么是下一级原因呢？怎么才能核实和确认下一级有原因呢？处理这一级原因会防止再发生吗？如果不能，继续问"为什么"直到找到根本原因。

2) 在必须处理以防止再发生的原因处暂停一下。之后继续问：已经找到问题的根本原因了吗？能通过处理这个原因来防止问题再发生吗？这个原因能通过以事实为依据的原因－效果关系链与问题联系起来吗？这个链通过了"因此"检验了吗？如果再问"为什么"会进入另一个问题吗？

3) 当确认已经使用"5Why"法来回答上述问题之后，还要继续追问：为什么有了这个问题？为什么问题在整个过程没有被发现一直传递到末端？为什么系统允许这个问题发生？

(3) 运用"5Why"法的要点

在运用"5Why"法时要注意原因的细分，找出每个原因的根源。若问题的答案有一个以上的原因，则应找出每个原因的根源。其过程如图8-5所示。

在寻找原因时，可以在推导的同时进行验证。其过程如图8-6所示。应用时应避免假定臆测的原因，模糊不清的原因。

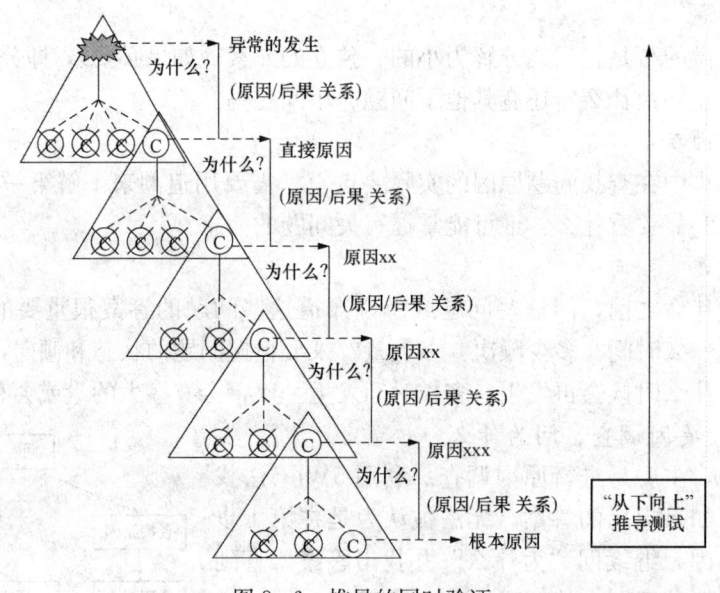

图8-6 推导的同时验证

3. 第3步：制订对策、实施措施

在这一步中，主要是进行问题纠正。即根据根本原因，制订相应对策、提出解决方案并采取纠正措施将问题解决。

(1) 采取明确的措施处理问题

这一步要注意的是要采取明确的纠正措施来解决问题，至少要求采取短期临时措施来防止问题或故障扩大。

1) 实施临时措施去处理异常现象，直到根本原因被处理掉，这时要问：临时措施会遏止问题直到永久解决措施能被实施吗？

2) 实施纠正措施来处理根本原因以防止再发生，这时要问：纠正措施会防止问题发生吗？

(2) 对纠正措施的要求

纠正措施在计划实施中通常先确定重点的实施项目及其完成时间，再明确责任分工，制定出进度甘特图进行管理。纠正措施或解决方法要便于管理、具体步骤可监控，将所有的解决方案涉及的人员参与到实施过程中；将相关信息通知所有人员，包括计划、目标和行之有效的实施方法等；确保所有人员清楚各自的工作内容并与上级人员保持密切联系；对任何工作均不能持理所当然的态度，慎重对待、反复检查。

4. 第4步：评估对策、措施标准化

在第三步制订并实施对策后，要评估对策成效并验证其有效性。如果有效，则对其进行

定制、经验总结,最后达成标准化。所以,这一步中,主要是采取预防措施,跟踪并确认改善措施的结果。通常利用表格管理法和看板管理法,制订表格、张贴在工位,随时记录工作状态。

在跟踪并核实结果时,通常要问:解决方案有效吗?如何确认其有效?

有很多纠正措施,实施是否完成、措施是否有效的评价基准不明确,评价通常只停留在时间上,没有对完成的程度、质量做评价。因此,对措施完成的评价方法不能只有时间,一定要加上可以量化的程度。

8.3.3　5Why法应用方法

在运用5Why法时,常常采用两种分析方法,应用状态推理法和原理原则解析法。开始的时候,对于容易理解和分析的部分可以从应有状态入手,运用"应用状态推理法"分析;遇到比较难解和解析的地方,可以利用从原理原则入手,运用"原理原则解析法"来分析。

也就是说,当引起某个问题的要因,如零件和制造条件等,在一定程度上已经明了,需要进一步分析,从而得出防止再发的措施时,通常使用"应用状态推理法"。当引起某个问题的要因,如零件和制造条件等,无法确定,或者即使确定了还存在其他要因的可能性很高,需要找出其他的要因,并得出防止再发的措施时,通常使用"原理原则解析法"。

1. 应用状态推理法

应用状态推理法是对照目前应有的状态,发现异常现象,找出问题,重复问"为什么",从而找出要因。这种方法适用于异常的原因比较容易明确,问题的原因接近于单独原因的情况。

比如:出现螺栓拧不动。根据以往的经验,脑海里会浮现螺栓、扳手的应有状态,将应有状态和实际的状态对比,从而得出结论。

以一眼能看明白为单位列举项目,以现场现地现物做调查,只分析判定为NG(不排除)的项目,在分析的最初阶段就聚焦在问题点上。如果调查项目B(螺栓和铁板是否生锈)遗漏了,那么之后的a、b、c也全部会遗漏,真正的"根源问题"将找不到,如图8-7所示。

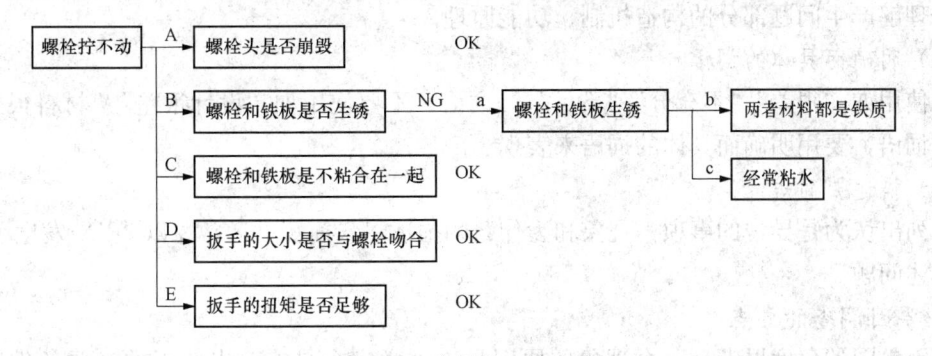

图8-7　应用状态推理法

2. 原理原则解析法

原理原则解析法适用于现象的发生机理比较复杂,"根源问题"数量比较多的情况。引起问题的要因无法确定,或者即使确定,还存在其他要因的可能性很高。大多数用于"应有状态推理法"中没有发现的项目。这种方法是从理论展开,能防止跳跃、遗漏。如图8-8

所示。

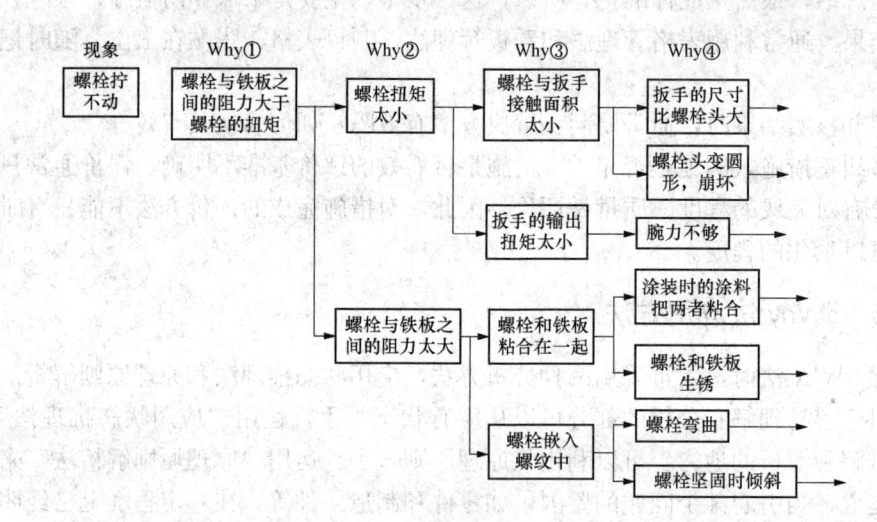

图 8-8 原理原则解析法

8.3.4　5Why 法应用要点

1. 问题描述的要点

（1）梳理问题和把握事实

整理并梳理有可能产生问题的对象、物品或事项，牢牢把握其中的事实。整理并区分问题，掌握事实状态。如果是故障解析，在"为什么"解析之前，首先要明确发生的现地和现物的状态、故障的详细内容。

（2）充分理解构造和原理

实施"为什么"解析的时候要集合大家的智慧。如果是机器故障，解析时要把出现问题的部分和相关联部分的草图现场画出来。如果是业务问题，也要写出发生问题的业务流程。要充分理解产生问题部分的构造机制、功能原理。

（3）明确而具体的词语

不使用如"很差""不充分""不足"等词语，不要使用如"设计很差""材料很差"等常见的词语，要用明确而具体的词语来表现。

（4）描述要简短

只列出认为是异常的事项，现象和为什么的描述尽量简短，通常要以"XX 发生了 XX"形式描述问题。

2. 要因调查的要点

从因果图的角度思考，一个现象的原因是否列举完全是追踪出要因的必要条件。相反的，也可以思考"如果这个原因不发生，前面的现象会不会发生"，并以这种方式确认。持续问"为什么"直到出现能引出再发措施的原因。

（1）客观描述问题及原因

在问题及原因描述时，只记录事实，要确认在现象栏中都是事实，而非推论。注意避免不自然的推论。推论要理性、客观，千万要避免借口类答案。

(2) 避免责任推卸

避免对原因的追求牵涉人的心理，牵涉往往就导不出防止再发的对策。如：作业者心情烦躁、负责人很忙、检验员在检验时想着其他的事情。矛头要指向能够导出防止再发对策的设备层面、制度层面、执行层面等。原因追究要避免人的心理层面，应该追究硬件方面或管理机制方面的原因，围绕问题本身，避免责任推卸。

(3) 注意层和层间的相关性

每个为什么的问题和答案间必须有必然关系。两个为什么之间必须紧密相关，不要越过一层直接跳步，如图 8-9 所示，不能说"为什么设备停机了？是因为限度开关失效"。

(4) 以追溯的方式确认正确

在"为什么"解析完了之后，一定要从最后的"为什么"部分开始以追溯的形式将问题逆序得一一解决，以确认解析是否正确。追溯的时候，用"因为 XX 所以 XX"方式。如图 8-9 所示，可以用"因为设备过载，所以设备停机"来验证解析正确。

(5) 分析要充分

分析不充分的话，通常只能是临时应对措施（异常处置），而非对策（再发防止）。图 8-9 所示的情况，如果只分析到限位开关失效，更换限度开关，问题会暂时解决，但是过段时间还会出现。只有分析到加工粉末的出口正好对着限度开关，则移动限度开关位置后，问题才能彻底解决。

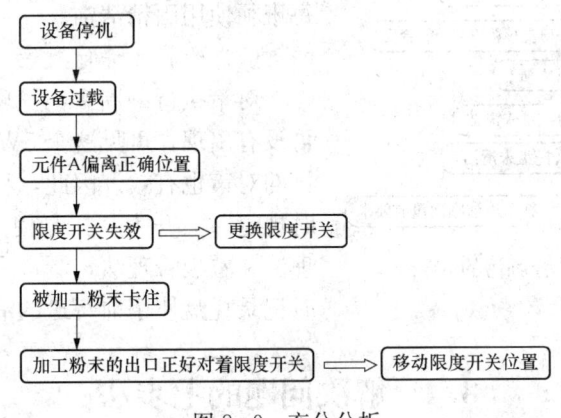

图 8-9 充分分析

3. 制订对策的要点

制订正确的对策必须能防止问题复发，也就是说，实施了纠正措施后不再发生问题。即使再次发生，也很应该容易发现，或有制订好的体制促使发现问题。

4. 评估对策的要点

对纠正措施效果的评估与确认，需要眼见为实。必须亲自去了解现实情况，亲自到现场，亲自看实物，亲自接触实物。

8.3.5　5Why 法应用示例

1. 汽车故障 5Why 法应用

(1) 步骤 1 说明问题

将问题描述清楚，"有一台汽车故障不能行走"。

(2) 步骤2 要因调查

问"为什么"：为什么汽车不能行走？因为引擎故障。为什么引擎故障？因为火花塞不点火。为什么火花塞不点火？因为火花塞潮湿沾水。为什么火花塞潮湿沾水？因为引擎盖漏水，以致水进入。

(3) 步骤3 制订对策

如果只是把火花塞换了，汽车是可以走了，但是不用多久火花塞又要潮湿，汽车又要发生故障。如果把密封也换了，那么火花塞就可以使用寿命较长。

(4) 步骤4 评估对策

如果把密封也换了，执行一周后，没有问题，那么火花塞就可以使用寿命比较长了。

2. 粉尘状贴合脏污5Why法应用

(1) 步骤1 说明问题

11月2日白班，JHG0052114水胶贴合后，检查发现有粉尘状的贴合脏污，不良比例为6/150＝4.0%

(2) 步骤2 要因调查

问"为什么"，全部为什么列入图8-10中，直到找出根本原因。

(3) 步骤3 制订对策

制订托盘使用临时规定：规定托盘使用前，每班须使用酒精清洁。

(4) 步骤4 评估对策

对策执行一周后，发现粉尘状贴合脏污现象再没有出现，可见这个5Why的分析有效，其制订的对策也有效。因此，将上述的"托盘使用临时规定"上升为"托盘使用规定"。利用表格管理法和看板管理法，制订表格、张贴在工位，随时记录托盘使用前每班的清洁状态。

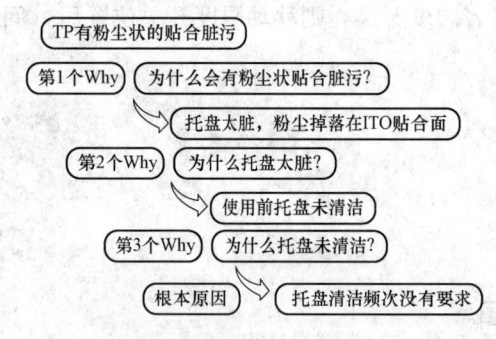

图8-10 粉尘状贴合脏污的5Why

8.4 解决问题的七步法

无论是维护维修、改进生产设备，提升产品产量和质量，处理客户投诉，还是与供应商交涉。工作中面临的各种内部与外部问题都可以利用系统的解决方法加以解决。

解决问题七步法的学习目的是学会一种通用的问题解决方法，可以用于企业管理，也可以用于销售与市场管理，更能用于故障诊断、事故处理。

8.4.1 解决问题七步法概念

1. 七步法的定义

解决问题的七步法是系统解决问题的方法，是指通过七大步骤，应用七大统计分析工具，配合其他用于分析、形成思想的工具，来合理、有效地解决问题的方法。系统解决问题的方法是有效利用有限资源以改善经营的有效方法。

这七步一般分为：第一步，定义问题；第二步，分析现状；第三步，确定原因；第四步,寻找解决方案;第五步,实施解决方案;第六步,将解决方案标准化;第七步,确定下一个问题,如图 8-11 所示。

2. 七步法的预期

解决问题七步法作为查错与处理能力的基本方法,要解决的就不只是单个问题,而是如何去解决成百上千问题的思路。

有问题就应该解决,似乎顺理成章,然而很多时候问题并未得到有效解决。究其原因,一是欠缺解决问题的意识;二是缺少解决问题的方法。七步法在这方面有着良好的效果。

一方面,解决问题七步法提供的是解决问题的方法,特别是当遇到有较大不确定因素的问题,没有太多相似案例可以借鉴时,七步法很容易派上用场,它提供的是一种有效的思维逻辑。

图 8-11 解决问题的七步法

另一方面,当需要借助解决问题的过程,培养人的问题意识和解决问题的能力时,问题解决七步法更能体现其价值。因为仅仅解决单个问题不过是就事论事,而要给一个团队养成解决问题的习惯,才是一个团队学习能力的体现。

学习并掌握了解决问题七步法,可以使每个人都使用相同的方法,解决问题时有共同语言。有相同的问题检查列表并覆盖所有必需的步骤,在解决问题时有一致性使得对于大规模、高复杂性的问题解决具有连续性。同时,对解决问题有一个可测量的和可重复的过程。

8.4.2 解决问题七步法应用步骤

善于使用解决问题七步法,可以更容易地收集和分析信息;可以识别重要的问题;可以系统地分析复杂问题;更容易找到问题的真正原因;问题将得到根本解决,而不是仅仅流于表面;不会因为解决问题引起意外事故;可以跟踪问题解决的结果,因而使得团队的接续合作更有效;此外,解决问题的方案也是给团队成员积极奖励,提供共同语言。

这七个步骤中的每一步都是解决问题的标准流程,按照这个流程和步骤对在企业的任何岗位上遇到的问题做标准化解决,就能够得到标准化、结构化的解决问题的中心。

1. 第一步:定义问题

问题解决七步法的第一步是定义问题:分析现状,找出存在的问题,包括确认问题、收集和组织数据、设定目标和明确测量方法。即,简明地将现在的状态和对当前的影响写出来。执行这个步骤的目的是:明确目前状态和对当前有影响的问题。执行这个步骤的输出结果是:问题陈述。执行这个步骤所用工具:描述清单,检查表。

什么是问题?问题就是存在于期望、希冀或正常应该的状态和实际发生状态之间的差别。一个好的问题陈述将有助于集中在正确的方向上。糟糕的问题陈述会浪费时间和精力。完成一个精确的问题陈述解决问题是最重要的一步。

(1) 本步骤的注意事项

要客观地描述必须改变的症状,描述症状的影响,简洁、具体并且是可以衡量的。要观察和描述事实,而不是结论或理论,必须是没有争议的事实。比较好的方式是建立一个团队进行头脑风暴,便于获得不同的观点。陈述必须一次只关注一个问题,并且是可以被评估和检验的。小组中的每个人都必须同意这个问题，承认这些数据，如果不是每个人都同意，不能进行下一步。

比如："信号 X 在 1 月 1 日 13：30 分，在使用 SNC20 工具时出现，导致 5 片晶元损坏，从而影响后续的所有产品质量"。

(2) 本步骤的关键点

定义需要改进的区域和内容；减少复杂的情况，使用简单可行的元素；定义需要优先改善的区域；定义问题并列出里程碑和目标。

(3) 如何准确描述

问题的定义必须是对问题的客观描述。描述应该和实际，或计划和现实之间的差别。要描述出问题的"什么、谁、何时和何地"。显示的应该是问题而不是原因，也不是解决方案。应该包含一些数据，如出现的频次，大小和时间。一定要准确描述而且要知道为什么这个问题重要。

例如：现在的状态是，货运到客户那里时间太长而且太贵。实际上想说的是，快速提高供货期，减少运费。

现状描述：电子部件运到客户处，平均耗时 14 天，占销售单位价格的 13%。

希望的状态：希望交货期在 2 天之内，运费不超过货价的 3%。

实际应该描述为：改进货运模式，在 30 天内，争取将供货期从 14 天降为 2 天。并且把运输费用从货价的 13% 降为 3%。

2. 第二步：分析现状

本步骤是分析现状：分析产生问题的各种原因或影响因素。执行这个步骤的目的是：澄清与问题相关的所有因素，并清晰标明当前存在的情况。执行这个步骤的输出结果是：现状分析文档，过程流程图，支持信息和数据；为衡量最后的解决方案是否成功，提供了一个"基准"参考文档。执行这个步骤所用工具：图表、直方图、流程图。

在整个过程中沟通是至关重要的，关键点是保持畅通的沟通管道，让团队成员和利益相关者之间的良好交流。一定要在每一步中都要和利益相关者相互交流。

为了成功地解决一个问题，我们必须首先充分了解它，花时间去研究和分析现状。为确保问题彻底解决，必须考虑到所有的意外事件，并确定包含了所有的因素。

(1) 本步骤的注意事项

为了有效调查，需要准备分析当前状态的文档，文档中要包括分析所用的信息和数据。需要问一系列问题进行分析：谁与这一问题的解决相关？对利益相关者的影响是什么？影响什么时候发生？在什么地方发生？它为什么重要？我们怎么处于现在的位置？他有什么历史和由来？利益相关者价值几何？

(2) 本步骤的关键点

收集和分析有关问题和处理的数据；描述和显示现有状态；表明潜在的问题根源。

3. 第三步：确定原因

本步骤是确定原因：找出影响质量的主要因素。执行这个步骤的目的是：识别和验证问题的根源。执行这个步骤的输出结果是：最可能的根源，相关之间的物理模型，因果图，验证根本原因的数据和分析。执行这个步骤所用工具：头脑风暴、因果图（鱼骨图）、流程图、趋势图、检查表。

在这一步骤中,需要确定尽可能多的可能原因。组织梳理可能的原因,关注那些频繁的和重复性的问题,收集信息和数据来验证根本原因。

(1) 本步骤的注意事项

团队的大小要适宜,在做头脑风暴时,组的规模大一些,在寻找根源问题时,可以把团队再分组,以便于有效地管理客观数据的输入。

本步骤需要问一系列问题,以便于得到输出结果:为什么会发生这个问题?这个问题的所有可能原因是什么?哪个原因造成的影响最大?如何验证根本原因?需要什么数据?根据数据,正确地描述出问题了吗?基于数据,能做出解决方案吗?或者,需要更多的信息吗?

(2) 本步骤的关键点

确定可能的原因,分析每个可能的原因对问题影响的最终结果;选择最可能的原因用于进一步调查;分辨和确认最根本的原因。

(3) 本步骤的任务

完成解决问题的关键是要针对问题的根源完成四个任务:寻找原因;过滤、定义、预测因素;分析过程并执行;确认根本原因或否定次要原因。

本步骤要完成的任务是寻找原因:团队审查所有相关数据;从不同的观点观察这个问题,包括不同的输入、技能、现有的和历史的知识。利用头脑风暴法、列表法和组织团队找出所有可能的原因。

从虚拟工厂、供应商、行业出版物、网络中搜索与此问题类似的研究或文档。使用因果图进行原因和结果链分析。使用工艺流程图对过程进行分析,必要时使用图片和方程。不要被困在一个原因上,特别是有许多人认为这是唯一的一个原因时。需要同时对几个问题并行探讨和过滤。

探索问题背后的逻辑关系,要分开来考虑,事情是以什么样的顺序发生的,需要什么必要的条件,假设是什么。这个问题的根源是否真的有意义,也没有其他的观点和意见。

4. 第四步:寻找解决方案

本步骤是寻找解决方案:制订措施,提出行动计划,包括寻找可能的解决方法、测试并选择之、提出行动计划和需要的相应资源。执行这个步骤的目的是:寻找解决方案,用于测试并找出最终问题的根源。执行这个步骤的输出是:提出解决方案及对每一项解决方案的评价方式;对解决方案的测试做出选择;记录测试的结果;对选择的解决方案的测试做出计划以确保它能好用。执行这个步骤所用工具:趋势图、帕累托图、概率图,实验设计分析等。

在这一步骤中,需要确定现实与理想的差距,或者说错误有多大。确定边界条件,收集所有可能的解决方案,评估这些解决方案。使用决策方法选择"最好"的解决方案,并一一测试这些解决方案。

(1) 本步骤的注意事项

本步骤需要问一系列问题,以便得到输出结果:哪些是可衡量的预期结果和现状结果之间的区别?能限制解决方案的边界条件有哪些?我们将使用什么标准来评估所提议的解决方案?我们用什么样的决策方法来选择解决方案?如何去测试我们选择的解决方案?如何去衡量测试结果?谁来决定是否向前推进?

(2) 本步骤的关键点

确定边界条件,收集所有可能的解决方案,评估这些解决方案,将其排序,并一一测试这些解决方案。

(3) 本步骤的任务

本步骤要完成的任务是过滤、定义、预测，分析过程并执行。

1) 过滤原因的数量，使之可控。采用滤波器的方法，要使原因的数量减少到一个很小的数字。要根据已知的数据和经验进行过滤，包括排列优先顺序、团队投票认可。

2) 定义实验的方式，来证明或反驳原因。我们需要什么数据、样本大小、产品；采取什么路线、过程避免数据混淆；采用统计试验设计与分析，进行基本统计和就地统计。

3) 预测结果和结论。实验的可能结果是什么？能在结果中得出什么结论？模型的结论符合问题的各方面现象吗？这个原因能解决所有的问题吗？

4) 分析过程并执行。优化验证实验，分配给问题的所有者。在得到团队批准后，由解决问题的负责人采纳。制订执行时间表。

5. 第五步：实施解决方案

本步骤是实施解决方案：进行实施行动计划，将解决方案落地。执行这个步骤的目的是：实现和测试解决方案，并确认其就是产生问题的那个根源问题，以满足改进的目标。执行这个步骤的输出结果是：可交付的成果，对解决问题的度量指标，所需资源，实施计划，支持用或不用某个方案的决定。执行这个步骤所用工具：行动计划表、甘特图等。

在本步骤中，需要通过确保那些关键元素，以增加解决方案的成功机会。

(1) 本步骤的注意事项

本步骤需要问一系列问题，以便于得到输出结果：可交付的最终成果是什么？衡量的指标是什么？需要哪些资源？我们能完成可交付成果的计划是什么？何时可以交付？如何确保会有正确的反馈？如何确保反馈立即转化为实际行动？我们能认可所有干系人的想法吗？

(2) 本步骤的关键点

实施解决方案的步骤共5步：定义可交付成果，确定的度量指标，确定所需的资源，获得团队支持，制作行动计划并执行。

(3) 本步骤的任务

本步骤要完成的任务是确认问题最根本的原因并更正问题。基于反馈数据，我们准备继续探讨解决方案吗？还需要更多的信息吗？这些检测方法还可以优化吗？解决方案能包含住全部原因吗？问题的根源经验证是否可以根除？

6. 第六步：将解决方案标准化

本步骤是将解决方案标准化，对结果进行评估、分析数据、将解决方案标准化。执行这个步骤的目的是：修改过程和系统，以确保持续的改进。执行这个步骤的输出结果是：将解决方案做成符合企业格式的文档，将文档更新归档。

(1) 本步骤的注意事项

本步骤需要问一系列问题，以便完成解决方案标准化：如何完成这个问题解决方案的归档？其他能用的解决方案是否也需要归档？开发何种所需的技能来维持这个解决方案？需要什么工具来维持这个解决方案？这个解决方案是否符合企业的价值观？如何以及和谁分享这个解决方案？

(2) 本步骤的关键点

将解决方案标准化的方法：修改程序，更新文档，培训，增设奖励指标。

7. 第七步：确定下一个问题

本步骤是确定下一个问题：继续进行推广，以便于在下一个改进机会中重新进入下一个问题的第一步。执行这个步骤的目的是：评估前序的成就和经验教训，并确定从这里去往何处。执行这个步骤的输出结果是：将团队保留或者解散；文档归档以便于事后做剖析和引用；举行事后剖析会来讨论之前的工作情况。

(1) 本步骤的注意事项

本步骤需要问一系列问题，以便完成下一个问题的确定：对自己的目标满意吗？怎么知道是否满意？什么地方做的好？是否可以做得更好？谁需要知道这个项目的结果？沟通的结果如何？达到项目的目的而结束项目吗？应该解散团队吗？怎么庆祝成功？学到了什么教训？如何用所学到的知识，防止未来出错？

(2) 本步骤的关键点

事后剖析的好处是经验分享和学习。可以将过去的成功经验进行归档；更好的识别错误而不重复犯错；分享最佳方法，预防未来的问题。

8.4.3 解决问题七步法应用实例

将问题的解决分成七个步骤，并不是一成不变的。也可以用更简单的四步法解决，也可以用十个步骤去解决，分几步并不重要，关键在于提供了解决问题的有效思路。

对解决问题来说，七步法只是其形，使用者之心才是其神：在现状把握时是否有细致之心；在设定目标时是否有挑战之心；在要因分析时是否有斟酌之心；在对策研讨时是否有创新之心；在计划实施时是否有务实之心；在效果确认时是否有客观之心；在效果巩固时是否有反省之心。

当员工真正养成了这些品质，问题的解决就会更有成效。即使是基层员工，一旦拥有良好的思维习惯，一定能在未来担起更重的担子。

例题：房前的草坪上有几个大的斑点，试用解决问题的七步法进行分析。

为解决这个问题，召集了相关的人员成立解决问题团队。包括业主、两个邻居、园林设计师、保姆、化学喷雾公司代表、十几岁的儿子及其一起玩足球的几个朋友。

1. 定义问题

定义问题，目的是简明地将现在的状态和对当前的影响写出来。这个步骤的输出结果是"问题陈述"。因此，目前存在的问题是："草坪上有几个大的斑点"，或者说"草坪上有几处枯黄的地块"。

2. 分析现状

分析现状，目的是澄清与问题相关的所有因素，并清晰当前存在的情况。这个步骤的输出结果是：现状分析文档，过程流程图，现有信息和数据。

现状分析文档与现有信息和数据：洒水装置运行时间为晚上 7 点，每天运行 20 分钟；斑秃点没有规律，是随机出现的；请了专业的化学喷雾公司，做了杀虫服务；孩子们每个周末都过来踢足球；院子的栅栏是围起来的，并且锁着门；邻居家的花园没有类似的斑秃点问题；斑秃点问题是开春之后逐渐显现出来的。

过程流程图如图 8-12 所示。

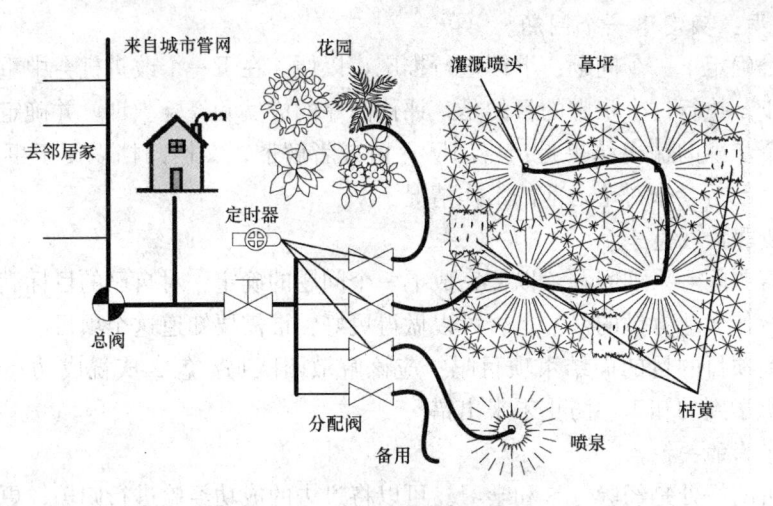

图 8-12 草坪枯黄过程流程图

3. 确定原因

确定原因，目的是识别和验证问题的根源。这个步骤的输出结果是：最可能的问题根源，相关的物理模型，因果图，验证根本原因的数据和分析。

头脑风暴开始：绿色的草坪是水、施肥、温度、疾病、害虫、啮齿动物、外力破坏等的函数。而水对于草坪是时间、风、喷头范围、污染、水压力、蒸发、渗透入土速度等的函数。施肥是肥料类型、施肥频率、施肥时间的函数。温度是典型天气、阴影、墙壁反射等的函数等。

使用因果图作为工具，进行人工、机械、方法、材料等方面的因果分析，如图 8-13 所示。

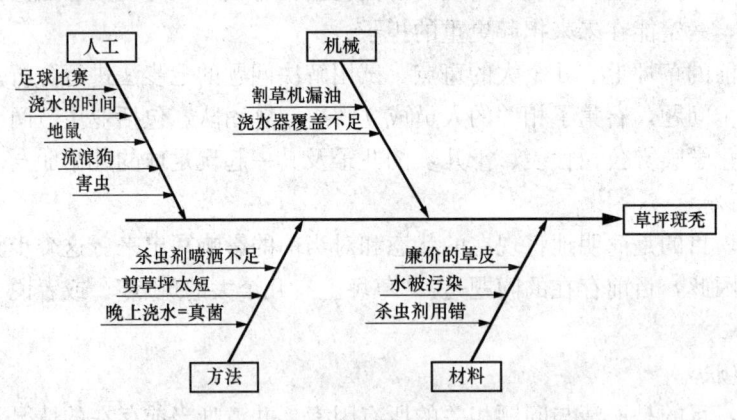

图 8-13 草坪枯黄因果图

4. 寻找解决方案

寻找解决方案的目的是寻找能把问题消除的各种解决方案，用于测试并找出问题的最终根源。这个步骤的输出是：提出解决方案及其每一项解决方案的评价方式；选择对哪种解决方案进行测试；对选择的解决方案的测试做出实施计划以确保能顺利实施；记录测试的结果。

(1) 过滤、定义与预测

对一个步骤中因果图中所列原因——进行过滤、定义与预测，将这些分析列成检查表，见表 8-1。

表 8-1　草坪枯黄原因检查表

数据模型	斑秃点的随机性	邻居没有类似问题	逐渐变暖的天气	栅栏围着并锁着门	原因的可能性
踢足球	不影响	对	无影响（常年踢）	对	中
浇水时间短	影响	对	对	对	高
有地鼠	影响	不像	不像	对	中
有虫害	影响	不像	对	对	中
流浪狗	影响	不像	不对	不对	低
割草机漏油	不影响斑点大	对	对，开始割草	对	中
浇水器覆盖不足	影响	对	对	对	高
杀虫剂用错	不影响	对	对	对	中
晚间浇水	影响	对	对	对	高
草坪剪得太短	不影响	对	对	对	中
草坪廉价	不影响	对	对	对	中
水质不好	不影响	对	不对	对	低

按照上述分析，经过滤之后，将喷水时间短、浇水器覆盖不足、晚间浇水这三项作为问题的根源原因。

(2) 分析过程

在分析时需要收集一些数据来证明或者反驳上述假设，比如：可以对照绿色草坪和枯黄草坪是否使用了同样量的水，可以对照今年与往年春天的气温趋势。

在分析时，也可以使用更快速、更简单的检查方法，比如：对照绿色草坪和枯黄草坪周围的土地哪个干燥？查看喷水装置，喷洒一下检查它的覆盖率。

(3) 执行测试

实际操作时，解决方案是有限制的，比如，不能尝试减少水量从而杀死草坪，也不能把这个试验做 6 个月。所以，只能在限制条件下从可行的方面着手做测试。

针对上述分析出的三个根本原因，可以选择执行解决方案，即进行喷水装置喷洒测试：

1) 测试喷水时间长短的影响，按照 10 分钟、20 分钟、30 分钟、40 分钟四个档位进行。

2) 测试浇水器覆盖范围的影响，将杯子放在枯黄草坪及其周围不枯黄的草坪，看看杯子收集的水量；如果不同，加大水泵出口压力。

3) 测试浇水时间的影响，改变浇水时间，更改在其他时间，比如清晨 6 点进行。

对上述的三个测试方法——实施，并记录数据。在做出对比试验两周后，查看草坪的效果有否改善，完善记录数据。

5. 实施解决方案

实施解决方案，目的是实现和完成解决方案，并确认根源问题，用以改进和解决问题。这个步骤的输出是：可交付的成果，对解决问题的度量指标，所需资源，实施计划，支持用或不用某个方案的决定。

如果更改喷水的时间点、增加喷水时间、覆盖范围，在两个星期的时间是否会使枯黄的草坪变绿？能进行量化吗？

如果上述测试之后枯黄草坪没有任何变化，则问题的根本原因就和水无关，那么解决方案就是错误的。如果有一些改善，那么就可能与水相关。使用上述测试时的记录表，分析出哪一个测试有效，则持续应用此解决方案。

6. 将解决方案标准化

将解决方案标准化，目的是修改过程和系统，以确保持续改进。这个步骤的输出结果是：将解决方案做成符合管理格式的文档，将原管理文档更新并归档。

假设，最终测试得到的是"在清晨6点，喷水30分钟，将水压提高0.1MPa（增加覆盖率），会使枯黄草坪在两周内返青"。

那么就需要把这个解决方案书写下来，张贴在室内控制喷水的阀门处，如果是使用控制器定时喷水，就要修改控制器的程序，更改喷水控制系统使用说明书。

7. 确定下一个问题

确定下一个问题，目的是评估前序的成就和经验教训，并确定从这里去往何处。这个步骤的输出结果是：将团队保留或者解散，归档便于事后剖析和引用。

如果上述的草坪斑秃现象已经圆满解决，就要一一通知前序的团队成员处理结果，团队解散。如果没有圆满解决或者出现了新的问题，那么就要重新召集团队，对此问题从头再来一遍。

参 考 文 献

[1] 陈旭东，孔庆玲．现代企业车间管理．北京：清华大学出版社，2011．
[2] 董春利．自动化类专业英语．北京：中国电力出版社，2013．
[3] 董春利．传感器与检测技术实训教程．北京：机械工业出版社，2017．
[4] 美崎荣一郎．别告诉我你会记笔记．糜玲译．北京：中信出版社，2011．
[5] 博赞．思维导图．叶刚译．北京：中信出版社，2011．
[6] 孙玉叶，夏登友．危险化学品事故应急救援与处置．北京：化学工业出版社，2008．
[7] 黄林军．职业健康与安全管理体系理论与实践．广州：暨南大学出版社，2013．
[8] 董春利．国内外危险区域划分及仪表电气防爆概述［J］．炼油化工自动化．1994（4）．
[9] 戚安邦、张边营．项目管理概论．北京：清华大学出版社，2008．
[10] 徐云升．实验数据处理与科技绘图．广州：华南理工大学出版社，2010．
[11] 董春利．论电气控制设备与系统产品样本与技术资料的编写［J］．电气制造．2010（4）．
[12] 卡耐基．卡耐基演讲与口才．刘祜译．北京：中国城市出版社，2006．
[13] 黄玲．毕业论文写作与答辩．成都：四川大学出版社，2007．
[14] 达伦·布里奇，戴维·路易斯．解决问题最简单的方法．秦彦杰译．北京：新世界出版社，2012．
[15] Intel. ESAP Contents (Full Version)．ESAP Group. Phonix：Intel Corpration，2008．